JN271565

The Dymaxion World of BUCKMINSTER FULLER

バックミンスター・フラーの
ダイマキシオンの世界

The Dymaxion World of BUCKMINSTER FULLER

R・バックミンスター・フラー
ロバート・W・マークス 著

木島安史 Yasufumi KIJIMA
梅澤忠雄 Tadao UMEZAWA 訳

鹿島出版会

THE DYMAXION WORLD OF BUCKMINSTER FULLER
by
R. Buckminster Fuller and Robert Marks

Copyright ©1960 by R. Buckminster Fuller
All rights reserved
including the right of reproduction
in whole or in part in any form
Published 2008 in Japan
by Kajima Institute Publishing Co., Ltd.
Japanese translation rights arranged
with Doubleday & Company Inc., Garden City, New York
through Japan UNI Agency, Inc., Tokyo

序　文

　この本の文体と語法は，その主役にまさにぴったりである。そしてこの主役は，変幻窮まりなく，あてもなくさまよう一人の男なのである。バックミンスター・フラーの目には，他の人には渡り鳥の飛跡としか見えないものが，地球規模の経済構造として映る。また彼は，交錯したエネルギーの軌跡は，宇宙が自ら描いた筆跡であることを見出した。

　バッキーの思想を正しく伝えることは困難な仕事である。彼には天才の持つ，常に前進を続ける空想力と空想的論理が備わっていた。また彼は，今ではサイバネティックス系においてポジティブ・フィードバックとして知られている特質，つまり，伝達された情報を何度も繰り返すことによって，増やしていくという特質をも備えていた。彼が生み出す思い付きは，一つ一つ再び彼の頭の中へ戻され，そこではより広い視野とより深みを持った，新鮮な思想の数々を生み出す。

　バッキーの考えを理解するのは決してやさしいことではなかった。これは，彼の考えを理解するのに充分な知識を持っている人や，また彼をもっとも良く知っていて，もっとも敬愛した人にとってさえもそうであった。この理由は，心理的な問題であると同時に，また言葉の意味の問題でもあった。彼の言葉を理解するには通常の人間の意思伝達の回路では間に合わなかった。自分について余りにも多くのことを余りにも流麗に，余りにも豊富に，そして余りにも速く語るのが常であった。簡単な質問をするだけで，多くの見識がほとばしり出てきた。そしてそれらを彼は造語や，ハイフンで結ぶというラテン語法や比喩などでキラキラと輝いている鋭い，彼独特の符牒で表現するのである。

　彼の主要な考え方は，もっとも優れたギリシャ的思想を連想させるほど，簡単な骨組みをもっていたにもかかわらず，偶然に彼の考えを聞いた人にとっては，全く曖昧なものに映るということがしばしばであった。そしてこれは，単に余りにも多くのことがそこに含まれているという理由によるものである。ユークリッドの原文による6冊の著書は，一度聞いただけでは，そしてまた，その文体を会話体に換えない限りは，それを理解することは望めないであろう。そしてバッキーの場合にも，このユークリッドに比肩する程の豊富な学術内容が判り易い言葉に直されないままに語られるのが常であった。そしてそのような彼の話を聞いていると，必ず何となく判ったような気にさせられてしまうのである。というのは，彼の話しぶりは，彼が何を話そうと聞く人はごく自然に受け入れてくれて，彼と同じくらい楽に「二乗し」，「四面体をつくり」，「内や外へいったりきたりする」ことができ，四次元ホッピングに乗ってピョンピョン跳びながら，パルナッソス山の斜面を下ることもできるのだと彼が信じ込んで話しているという印象を与えるからである。

　この本は，バッキーの生涯とその業績に対する私の印象や解釈，そしてほぼ18年にわたる親交による，私の彼への深い愛情を示すものである。今日のアメリカには，彼ほどに聞く人を根底から納得させる人物はいない。これは彼に対する私の個人的な厚意による偏った意見かもしれないが，何百時間も真剣に議論を重ねた上での結論なのである。

　　　　　　　　　　　　　　　　　　　　　ロバート・W・マークス───ニューヨークにて

バックミンスター・フラー——あなたはニューヨークでもっとも優れた人です。真に鋭敏なあなたの用いるアンテナや，広い視界を持つファインダーは，天の与えたもうたものです。あなたの予言はほとんど的を外しません。そしてその多くは完璧に的中します。あなたの予言法の故に，私はあなたが好きです。このようにあなたに直接話しかけるのは，本の論評としてはひどいやり方かもしれません。それは承知の上です。本来なら，あなたの言っていることのすべてを書いて，それをバラバラにして，もう一度くっつけてみて，その行間に，私があなたよりどんなに頭が良くて，うまくやれるかを見せびらかし，肝心のあなたの思想には触れないままにすべきなのでしょう。

　そんなことは，やる気があってもできることではないし，たとえできたとしてもやる気はありません。あなたが非常に重要な事柄を述べるのに，すばらしい独自の文体を今や身につけたと，私が言ってみても，思いもよらない結果をひき起こしてしまうだけでしょう。あなたがニューヨークでもっとも優れた人だと言ってみても，あなたに賛辞を述べたことにならないでしょう。この檻に閉じ込められた患者の群の街では。そしてあなたを知っている人ならだれでも，あなたが途方もなく鋭敏であることを知っていますから……。貴重な「ユニット」であるあなたの，忠実な賞賛者であり，友であり，あなたの力となる。

フランク・ロイド・ライト
タリアセン
スプリンググリーン，ウィスコンシン州
1938年8月8日

　フラーの著書『月への九つの鎖』（リピンコット社，1938）に対するライトの論評からの抜粋。引用した一節は，『サタデー・レヴュー・オブ・リタレチャー』1938年9月17日号で発表した。

バックミンスター・フラーのダイマキシオンの世界―――目次

序　文……………………………………………… 7

フラー　その人と哲学……………………………… 13

慣習への不服従と
ニューイングランドの良心……………………… 24

着想の結晶化：
４Ｄがダイマキシオンとなる…………………… 29

ダイマキシオンの輸送単位………………………… 40

エネルギー構造へのダイマキシオン……………… 47

エネルギーと共エネルギーの幾何学……………… 55

地図製作法（作図法）……………………………… 68

ジオデシック構造物………………………………… 75

訳者あとがき………………………………………259

作品解説

- アスター飛行艇；ストッケード・システム……………92
- 多層デッキ４Ｄハウス　空海一体世界……………96
- ダイマキシオン・ハウス……………108
- ダイマキシオン浴室……………116
- ダイマキシオン・トランスポート……………124
- メカニカル・ウイング……………136
- ダイマキシオン展開型ユニット……………138
- ダイマキシオン居住装置……………150
- 共エネルギー幾何学……………164
- 地図と海図……………170
- テンセグリティ……………186
- オクテット・トラス……………192
- 気のきいた発明品……………198
- 自律的な箱……………202
- ジオデシック　発明と改善……………204
- 破天荒な居住装置……………216
- フォード　ドーム……………218
- 開閉可能　ジオデシック　種入れ……………221
- ジオデシックとアメリカ海軍……………225
- レイドーム……………230
- 厚紙ドーム……………234
- プライドーム……………238
- 世界各地の実例……………242
- カイザー　ジオデシックス……………246
- ユニオン・タンク車会社のジオデシック……………250
- 金属構造アメリカ協会……………252
- 包括的全体計画……………253

1　バックミンスター・フラー

フラー その人と哲学

　考え方の新しさとか，知的な構想の説くところに敏感な人びとにとって，バックミンスター・フラーは，われわれの時代のもっとも重要な人の一人である。そうでない人びとにとっては，フラーは驚くべき人であったり，計り知れない人であったりする。ほとんどの人びとにとってはフラーは謎の人である。

　40年という短い間に，フラーは，建築家として，あるいは技師として，また発明・企画家，地図製作者，数学家として新聞のトップ記事をかざってきた。それにもかかわらず，フラーはこれらのどれをも職業としているのではない。フラーは，世界は，互いに孤立した部分の総合したもの以上の何ものかである，とみる天分をもってあてもなくさまよう人なのである。

　フラーはかつて言ったことがある。「私は柱から下った住宅を計画したり，新型の自動車を大量製産したり，新しい地図投影方式を発明したり，ジオデシック・ドームや『エネルギー幾何学』を発展させたりすることを始めたのではない。私は宇宙について着手したのである。それは，エネルギー・システムとして（その中で，われわれの経験したこと，あるいは経験する可能性のあることは，単なる局部的な諸例にすぎないのだが）たびたび明らかになる再生産諸原理の組織体としての宇宙である。私は一足の空飛ぶスリッパで終らすこともできたのである。」

　この言葉は，フラーの語録の好例ではあるが，説明を加える必要がある。これは信条である。これはピタゴラスやニュートンの伝統をひいた，宇宙は全体として，秩序正しさを示す何らかの痕跡を残すもので，それはエネルギーの相互関連の認識可能な様式である，という主張である。これらの様式は，もっと使い易い形に言いかえることができる。

　「弁による調節」というのが，フラーが言いかえ用に用いる特別の用語である。フラーはこう思っている。「弁による調節という言葉は，その究極的な属性が，開閉頻度と開閉角度の調節によってのみ決定される総合計画の概念を包含しているのだ。」

　フラーの独自の言葉の世界の中で，これでもかという程しつこく繰り返される，もうひとつの用語は「再生産的」という言葉である。辞書をひくとこの言葉の意味は，多少の差異はあるにせよ，再び生れてくることのできる能力とか，再び造るとか，もう一度生み出すとかである。しかし，フラーの特別の言い方では，「再生産的」という言葉は，「多軌道で，周期的で，歳差を持つが共心的な」という意味であり，これ自体が再び定義を必要とするような定義である。この言葉によって，フラーは，ある時にはあるひとつの相を，次にはまた他の相をといったように，ありとあらゆる相を示すことのできる能力を意味しているのである。しかし，それぞれの相は，年輪のようにあるいは水に投げられた石によって生じる波紋のように，それぞれ独自の軌道を持っているのである。そして種々の軌道は，同心円状あるいは球殻状に，外側にあるいは内側に進むのである。種は再生産的である。結晶は再生産的である。エネルギーそれ自体は，常に産出力をもった型作りをする存在である。エネルギーの形は変幻自在である。エネルギーは，鷹の気息となって，また絶壁の外角となって現れることができ

る。エネルギーは自ら自身を，輻射，質量，模様，あるいは労働の源泉という形で，おおいかくしてしまうこともできる。そして基本的な法則によると，エネルギーは創り出すことも，消失させることもできないのであり，宇宙の機構の内で，エネルギーは，神に祝福を受けて，常に変わらぬ再生産の喜びとともに徘徊する宿命を持っているのである。

　科学的方法と社会的有用性の双方に関連して，フラーにとって基本的に重要なことは，物理経済的にとらえた全体像，即ち，自然の全体形質である。これは包括的かつ普遍的であることを固有の性質として持つ型であり，局部的なものとは対比をなしているものである。型の特定の部分，部分的な計画は，総合計画，抱括案から引き出すことができる。しかしこの反対のことは言えない。自然や，社会や，産業複合体においては，全体そのものは，そのそれぞれの部分部分の総計の結果として起る単なる効果以上のものを表現するものである。フラーは，総合された時の行動性を共エネルギーとして言及している。フラーは共エネルギーを「その構成要素や，あるいは構成要素のどんな半組立品の行動からも予言することができない，全体系の行動」と定義している。

　共エネルギー的効果のひとつの例証として，合金の性質がある。幾つかの金属が結合状態にあるときの物理的性質は，それらがばらばらに並べられた時の性質からは判らない。典型的な例は，クローム＝ニッケル合金鋼の引っ張りに対する強さである。クローム単独の引っ張り強さは，おおよそ，1平方インチ当り7万ポンドである。ニッケルはほぼ8万，鉄は6万ポンドの引っ張り強さを持っている。これらの強さの総計は，21万である。しかし，3つの金属の合金の実際の強さは，1平方インチ当り30万ポンドのオーダーであり，これは合金のもっとも弱い構成要素の6倍の強さを持ち，もっとも強い構成要素の4倍の強さを持つものである。

　それにもかかわらず，一般法則からは，個別の諸例を誘導することができる。このことは現存するジオデシック・ドームに対する，フラーの研究態度を，ある程度説明している。フラーはどんなものでも，一般的な重要性を持ったドームなどというのはひとつも認めない。それぞれはフラーにとって，自らがエネルギー幾何学と呼ぶところの包括的体系の，部分的な適用以上のものではないのである。この幾何学は包括的な型から，独特の諸例が派生したものである。この幾何学は，フラーが「宇宙内の諸地点間の最も経済的な相互関連およびそれらの変化の傾向」と呼ぶところのものについて，数学的に詳しく説いている。これによれば，すべてのジオデシック・ドームの応力型が決定される。

　エネルギーを質量に関係付けているアインシュタインの方程式と比べてみることもできる。原子核分裂反応の手順については全く何も詳細に記されてはいない。しかし方程式からは非常に多くの結論がひき出され得るのであり，たとえば，ある（与えられた）質量の物質から，どの位の量の使用可能なエネルギーを引き出すことができるかを非常に簡単に知らせてくれる情報が導き出されている。一言でしかも，一般的に述べれば，すべての特殊な諸例を包含しているのである。

　過去においては，純粋科学者は，自らを物質界と，物質界における正確な関係の体系の中に，閉じ

込めていた。ピタゴラスは神秘主義の中をさ迷っていたにもかかわらず，本質的には数学者であった。ニュートンとアインシュタインは数学者であった。コペルニクスは天文学者であった。マックス・プランクは物理学者である。フラーは，精密科学と社会科学の双方に等しく関心を持っているということにおいて，さきの伝統からはずれている。フラーは，その機能の構成要素が力の場（それぞれの力の場は，他の局部的に位置した力の場を互いに貫き通し，影響を与えている）であるような自然，すなわち，諸構造からなる構造体（フラーの用語は「大小振動宇宙」である）としての物質界を包括的に見ることに対し，情熱的な関心を持っている。しかし，フラーの関心はまた社会的でもある。その関心の深さにより，根気強く問い続ける。拡大し続ける科学技術によって，いかにして自然のエネルギーに関する知識だとか，エネルギー制御による利益を，最大にすることができるだろうか。実際のところ，社会的であると同様知力のある存在であるわれわれは，いかにしたら科学技術による利益を極限まで増大させることができるのであろうか。

　これがフラーの世界観の本質である。「フラーがこの40年間仕事をしてきた，このような関心によって」彼は一見互いに関連していないようないくつかの領域を結びつけてきた。この世界観のもうひとつの次元は，ダイマキシオンという用語で表現されている。この言葉は，フラーの種々の発明品や，開発や，考案した企画に含まれている意味を評するためにフラーが用いたラベルである。この特色のあるフラーのトレード・マークのもつ機能は，仮定事項は不必要に増大されるべきでないと主張する原則，すなわちオカムの刃と，ド・マウパトウスのいわゆる最少努力の原則との間のどこかに位置する。もっとも簡単な形でいえば，フラーのダイマキシオンという概念は，合理的な世界での，すべての社会活動や産業活動において，合理的行動というものは，単位当りの入力についてもっとも効率的に包括的に実行することを要求するのである。このように，ダイマキシオンという構成をとることによって，利用可能な科学技術の範囲内において，実行可能なもっとも高い効率を産み出すことができる。

　さらに，フラーが偉大な伝統に従っている領域がもう一つある。方法の領域である。フラーは彼独特の思考方法によって，その創造的業績を拡げたのである。

　人生の危機の時にあって，フラーはオランダのストーブで暖まった部屋のデカルトのように，人類のジレンマの全体，すなわち人びとが生きていく途上や，人が発展していく可能性の途上に立ちふさがっている，すべての障害物を見渡すことに心を注いだ。フラーの哲学の出発点は，起こり得る事象の全体性である。これを人の心にぶつかってくるような方法でもって明示したものが，フラーの呼ぶところの「宇宙」である。フラーはこう思っている。「宇宙は，すべての人びとが，意識のうえで，理解し，互いに伝達し合った経験の集合体である。」その伝達は自己伝達として，内側に向けることもできるし，また，社会財産として他人に伝えることもできる。しかし「宇宙」という言葉は全体として，ヘーゲルの絶対と同様に扱い難い概念である。われわれの精神は，われわれが「物」とみなすもの，また「物であること」の本質，すなわちフラーが「事象の配列および配列の型の特徴」と好んで呼

んだものを，理解することができる。これらのものは個人的な経験である。これらの実在性は，われわれの感覚による情報によって保証されている。宇宙は全体としては，われわれには理解できない。しかもなお，もし，ある有限個の事象だとか経験が個々に存在している時には，それらはまた同時にひとつのまとまりとして存在しているというのも必然的な結論である。

　フラーは，全体というものを事象の集合とみなしている。「すべての人びとの経験の集合体」としての宇宙も，そのような集合である。われわれは百科事典のすべての見出しを同時に考えることはできないけれども，集めるということに関して，百科事典が完全であることは信用できる。フラーが心に描いていた宇宙は同時には理解され得ることのない事象の拡がりを示している。にもかかわらず，これらの事象は機能している全体の一部分として欠くことのできないものであり，われわれが，個々の部分を研究したり，分類したりする個々の行動の何よりも先に存在しているのである。物理学の成果によれば，物質界は完全にエネルギーで説明される。そして熱力学の第一法則すなわちエネルギー保存の法則は，エネルギーは生成されることも，失われることもないということを示している。このことから，エネルギー全体量は限定されているという帰結になる。しかし，物理，エネルギー現象以外のいくつかの現象は，この法則に従わないことが知られている。これらは，非物質的な現象，心理学的な事象として忘れ去られていたことの無限の拡がりである。

　フラーが「宇宙」という定義を下すのは，すべての経験を，限りあるものとして取り扱おうとする試みなのである。フラーの表現によればこうである。「この言葉を使うことにより，従来は非物質的で二流どころだった科学的活動が，有限な全体の不可欠な機能として，持ち前の責任能力を持つものとして，正会員の資格を持つようになる。」

　この言葉の後半は説明する必要がある。フラーはすべての，人間の経験を，有限な量を持ったエネルギー事象であるとみなしている。遂行された実験，書かれた書物，表現された思想，完成された構造物などすべてのものは，有限なエネルギー事象なのである。これらのものが一緒になって，全体つまり構造付けられた量子のおびただしい量を形成するのである。フラーの方法は，経験を他のあらゆるエネルギー現象と同様に有限なものとし，そしてこの方法は，エジングトンの科学の定義（「経験した諸事実を整頓しようとする試み」）や，マッハの物理学の定義（「経験したことをもっとも経済的な順序に整頓しようとする試み」）を包含するものと，フラーは思っている。フラーは自分の定義は実際上も正しいと証明されたと思っており，時折，「経験保存の法則」として，それに言及する。

　この定義を下すという形で，フラーが乗り出した，科学的，また哲学的探検は，フラーの呼ぶところによれば，「相互補足的複合体や自己変形や，自己増殖，分裂や，相互解離や，会合の規則正しい構成化過程に対する，またそれらの，活動の固有の自由度の最大値と最小値に対する，またそのような固有の事象構成化の相関頻度や，全体の遅滞に対する，自然で，論理的な探究」である。

　実際において，フラーは「宇宙」を，一般法則化されている数学的な図式に細分化するという段階

的方法を試みたのであり，これによる最終生産物は，ダーウィン説と根本的に対立する進化戦略である。

　フラーは，経験の蓄積を変化の転換要素にした。経験は有限である。経験は貯めたり，学んだり，教えたりすることができる。経験は意識して努力することによって，人類に役立つものに変えることができる。ダーウィン説の進化は，個人の意志とか意向とかには，関係のない方法で進むと仮定されている。ダーウィン説では生存のための機会適応と断定してしまっている。フラーの方法論は，蓄積され得る，人類の経験を意識的，選択的に用いることに基盤をおいている。

　自分の「有限な計数論理」により増大され，先の考え方を発展的に拡大することにより，フラーは，人類の生存と成長の方向に向けることのできる利益にのみ唯ひとつの関心をもち，包括的で世界的規模の経済戦略を求めるようになった。エネルギーと「宇宙」について，このように仮定することにより，フラーは産業化という究極的な哲学へと導かれた。これは彼の主張するところによれば「これは，人類の自らの進化的な構成変化に対して，限られてはいるが，意識的に参加することを可能にし，実行させるもの」である。

　この言葉から，フラーは脱マルクス的マルクス主義をいだいていると考えられる。カール・マルクスは，政治的変革によって，社会をより良くする方法を提案したのである。しかしフラーは，政治を時代遅れの活動であって，究極的には科学技術から導き出されるべきものを，言葉の遊びで手に入れようとする素朴な試みであるとみなしている。議会の法律によるよりは，種々の抗生物質によった方が，より多くの生命が救われるのである。社会的な立法からよりは，合金や重合体からの方がより多くの小屋を得られるのである。立法行為がその精神においてどんなに慈悲深いものであろうとも，実際のところ，その目的に適した科学技術の裏付けがない限り，それは無益なものなのである。このことから仮定されることは次のようである。6尾の魚を持っているときに，それを5人の間で分ける方法は，見つけられるのである。難しいことは，魚のない時にどうやって割り当てを用意するかということである。

　フラーは，未来に起るかもしれない出来事を取り扱う，「将来の事象の制御」すなわち，社会の組織化された全体能力こそ，真の財であると考えている。フラーがどんな時代でもその時代の財を評価するときは，その評価は，その時点における生産と供給の科学技術的な水準を明確に量的に見積ることによって成されるのであり，その場合問題となるのは，その時代の道具や設備を新たに開発したり，作り出したりせずに，x日間生き続けることの出来る人間の数である。フラーは，アダムとイブがエデンの園に留まっていた時には，彼らは財と名のつくものは何も所有していなかったと思っている。しかし，もし彼らが「未来の日々」のために，ほんの10日分の果物を採集して貯えたとしたら，財は生まれていたであろう。人類の財は，現在の「園」に人類が何をつけ加えるかによって決定される。変化の素因は労働と工夫である。この双方がエネルギーの機能なのである。

このように，フラーにとって真の財というものは，その時に，人類が宇宙的エネルギーの諸形態をどこまで利用したか，そしてまたその過程において，再利用のできる経験をどこまで発展させたかということ以上の何ものでもないのである。エネルギーは生み出すことも消失させることもできないのであることから，フラーの財の主要な構成要素は減らすことのできないものである。もうひとつの構造要素すなわち再利用のできる経験は，それが行動に利される度ごとに増大されるのである。経験は増えることだけができるのである。時間と同様に，その量は減少され得ないのである。このことから，このように考えられた財は，使われる時にのみ，そして使われた時には常に増大するという結論が出る。この財は金銭から導き出せない。逆に金銭は財から導き出すことができる。フラーは，世界中にほぼ400億ドル分の金しかないのに，飛行機の開発だけにでも3兆ドル分の真の財が，この半世紀の間に投資されたと，皮肉をこめて述べている。自然を利用する原動力，つまり宇宙の質量エネルギーを人間の利益のために「弁による調節」をすることは，直観と経験から生まれる創造的英知なのであり，これは世界的規模の産業複合体において使用に付されている。
　財は，今のところ実質的限界をもっていない。そのすべての構成要素は無尽蔵であり，そしてすべてが在庫表に載っていて，開発したり開拓したりする際に利用できるようになっている。「毎日　毎日の，経済上の水路は，科学の力によって宇宙の貯水池に結び付けられた。」これが，1958年のインドにおけるネールとの会談においてフラーが唱えた哲学上の観点である。人類の生存は，科学技術的な問題であって，政治的な問題ではない。豊富さというものは生産によるのであって，外交議定書によるのではない。人類が疾病に苦しめられ，飢えに脅かされている社会を，統制のとれた豊富さを持つ王国へと変える可能性は，自分の経験した諸事実を秩序付ける人類の能力に依存しているのである。そのような秩序は「包括的で，予測的な計画科学」を必要とするのである。
　この「包括的で，予測的な計画科学」という重要な考え方に対するフラーの献身がおそらく，職業の世界におけるフラーの典型的な立場に対する理解の糸口となるだろう。ちゃんと職についている人びとは，職をもたない人びとに対して疑い深くなる傾向がある。どうも人間というのは分類してラベルを付けたがる衝動をもつものらしい。焼印の付いてないのは注意人物なのである。そしてフラーは，今まで述べられたように，どんな標準的な分類にも適さないのである。フラーは聞き慣れた分類のどれにも属さないのである。これは，フラーがその後半生の年月や思索を，「包括的で，予測的な計画科学」という語句が意味するすべてを追求することに捧げてきたという事実によって部分的に説明されるかもしれない。しかしいまだに，このような，すべてのものを包む探索の旅を含むような，職業の分類法は私たちの社会にはない。
　困難を避けるために，フラーは時折自分のことを機械工であると言う，（フラーは国際機械工協会の正会員である）あるいは船員であると言う，（彼は米国海軍の「れっきとした」大尉の位を持っており，〔辞職した〕海軍予備役の一級の終身地位を保有している）。この身分証明の双方ともフラーの好

きなものである。双方ともに，本質的な人間経験——生きることや，道具を用いてものを作ることや，困難を利益に変えること——に関する技能や能力を示すものであると，フラーは思っている。

　長年の間，実際に働いている技師達や，キイ＝ネイム産業家達は，親切ではあるが優越感を持った目でもってフラーをみつめてきた。そして度々，フラーのことを常に刺激的で，笑いの種の引き合いに出すのにもってこいの考えをもった，愛すべき気狂いであるとみなした。『フォーチュン』誌は1946年に，フラーを次のように風刺した。「ずんぐりした小さな強い男で，牛乳びんのような体格をもち，たたき込み式のふた付き机とジェット・エンジンの間との混血児のように働く心を持ち，人生で唯一の単純な目的を持った男だ。その目的とは世界を作り変えることである。」タイム誌はそれより10年早く，フラーのことをずっと慈悲深い調子で，「つじつまの合わないままに論理的結論へ達してしまう」ことで有名な，産業界の予言者であると語っている。過去の時代において，自動車や航空機や建設に関係した，多くの役人達が，自慢気にフラーと友達であると述べたり，フランク・ロイド・ライトを含めた建築家達が，時折，技術上の問題についてフラーに相談したりしたにもかかわらず，フラーが考えていることの重大性や視野の広さを理解していたのは，畑違いの数学者達や，焼印のつけられていない人びとだけであった。今日では，フラーは4つの名誉博士号を持ち，世界の指導的な総合大学のほとんどで講義した経験がある。しかし，1920年代の後半は，彼の話は，大学の外での講義とか，創造的な人びとが抽象的な事柄について抽象的な話を進めている，薄暗い室の中でしか聞くことができなかった。しかしその時でさえも，フラーは話を聞いた人びとに影響を与えないことはほとんどなかった。新鮮で思いもかけない，「共エネルギー的」な特性——風よりもそれが当った帆の方が知的なうなりをあげる——を持った結末を，フラーの考え方は常に生み出すかのようであった。

　フラーの経済や科学にわたるそれぞれの考えは，はめ絵の小片どものように全体を構成するように仕組まれているのである。単なる断片だけにふれた人は，フラーを哲学上の知識で泥いじりをしている男ぐらいにみなすであろう。しかしこれらの一片は，いつも互いにぴったりと合うのであった。そして一度組み合わされた時には，明確な画像を作り出すのではあるが，その意味を理解できるような人はほとんどまれといってよかった。これを示す端的な例は，エネルギーと質量とを結びつけた方程式であるあのアインシュタインの相対性理論をつきつめていくと世界経済が革命的に変わるというフラーの話である。1935年に書かれ，1938年にJ・B・リピンコットにより出版された『月への九つの鎖』という本の中において，フラーは三つの章をアインシュタインに献げているが，そのうちの最終章をフラーは「$E=MC^2=$マーフィー夫人の馬力」と名付けた。

　理論が実験を誘発し，実験が科学の歩調を決め，科学がまた科学技術の，科学技術が産業の，産業が経済状態の，そして経済状態が日常世界の歩調を決めるのであると，フラーは議論している。この当然の結果として，光の速度の計測とか，エネルギーに関する新知識——この2つは宇宙に関するアインシュタインの新理論の起源となっているが——とかは当然の順序を追って，「人類の日常の世界

の構成を究極的に，ついには根本的に変えてしまう連鎖反応に触媒作用を及ぼす」に違いないのである。

フラーは書いている。「この途方もない事実も明白なことであるようにみえる。ニュートンの静的な規範は，光速度においても有効であるアインシュタインの動的な規範によって置き換えられるべきであったのだ。『何の変化もなしに』という経済的保守主義者の規範は道を譲らねばならなかった。事象の新たな趨勢により，保守主義者達は，いやいやながらも，『常に加速していく変化』を自らの経済的規範として採用しなければならないようになるであろう。」

フラーの本を出すことになった編集者達はその原稿を読んだ時，フラーの推定にびっくり仰天させられた。彼らにとってアインシュタインは大神であり，神聖にして侵すべからざる存在だったのである。アインシュタインの生息地は，希薄な大気——それも特にヨーロッパの上の方に浮いている部分——のずっと上の方であって，またアインシュタインの著書は非常に難解であったために，その意義は，ヨーロッパの12人の伝説化された有名な科学者にだけ理解できるのであった。しかるに，あの偉大な人とマーフィー夫人とを結びつけるこのフラーという向こう見ずな男は何者なのだろうか。

フラーは背伸びをし過ぎているという編集者達の主張に対して，彼は簡単にこう答えただけだった。「これをタイプしてアインシュタイン博士のもとへ送って，博士が何と言うか確かめてみたらどうだい？」

そこでその本がプリンストンへ郵送された。

3ヶ月後のあの記念すべき日に，アインシュタインは，タイプされた原稿をかかえて，プリンストンからニューヨークへやってきてフラーに会う手はずを整えた。

アインシュタインは，打ち解けて話した。

「あなたの興味深い本を読みました。私のことを扱っている三つの章に関してですが，最初の私の哲学についてと，次の，私のエネルギー方程式の公式化についてのこの二つの章は，私にとって申し分のないものです。しかし，お若いの，私とマーフィー夫人に関したところには驚かされました。私は自分が今までしてきたことのどれをとっても，ほとんど実際に適用することができないと考えてます。私は，宇宙進化論学者や，天体物理学者達が，エネルギー宇宙を大ざっぱに説明する際の参考のためにだけ，私の理論を提出したのです。」

オットー・ハーンとその協力者達が，ベルリンのカイザー・ウィルヘルム研究所で，ウランの核分裂の可能性を発見したのは，その3年後であった。そしてそれから数年のうちに，フランクリン・D・ルーズベルト大統領に対して，核分裂の恐ろしい可能性を知らせたのは，アインシュタイン自身であった。これに続いたのがマンハッタン計画であり，そこでの開発の結果生まれたのが原子爆弾であった。これは，抽象的な理論の客観的な現実性についての，激烈な，物理的証明であった。

フラーによれば，「アインシュタインのこの世のものとは思えないこの仮説は，抽象的な理論の史上もっとも重要な応用となったのである。局部的なエネルギーはいずれも各元素の質量という形で表

わされているが，このE＝mc²という仮説方程式がその一般的な計算式である」ということが分かった。

　第1次世界大戦前にはほぼ20億ドル（1915年当時に1,191,000,000ドル）であった米国の国債の額を見て震えあがった保守主義者達は，経済原理に合わない変化を不注意にも避けなかったことを示すものだと考えていたが，40年余り後には，不承不承ながら，国債の額をほとんど3,000億ドル（1958年に276,343,000,000ドル）にまで急増させてしまったのだとフラーは主張している。1950年代後半にあっては，年間負債額は，毎年400〜500億ドルの割合で増大したが，これは「冷戦」によりやむを得ずだんだんと増大したものである。そしてその「冷戦」は，世界の科学技術の革命的な変化の結果だった。「今誰が気狂いか」という問いは，かつては本当に「誰が気狂いか」という意味であったとフラーは考えている。

　ところが，新しい説明では「今誰が気狂いか」という問いは，「月へ行く数十億ドルの契約を与えるのに，誰が一番まともで，たくましい男か」という意味であると，フラーは思っている。

　マサチューセッツ工科大学（M.I.T.）で，学生たちに講義をしているある時，フラーは，エネルギー幾何学の研究範囲のあらましを述べて自然の基本的エネルギー構成型が，共通な単位として，四面体（四つの面をもった角錐）をもつ，幾何学的立体の諸種類によっていかに表現されるかを示したことがある。その際に，M.I.T.の副学長であった，ジョン・エリー・バチャードが，フラーを学生達に紹介しながら，非常に厳粛な態度でこう話した。「私はフラー氏を天才と呼ぶことをさし控える。何故ならそれは，普通外人の方のためにとっておく言葉だからである。」

　講義がコロンビア大学の数学クラスの前で繰り返された時，その当時大学の数学科の教授であったエドワード・カスナーが，一言だけ簡潔に述べた。「私が今夜ただひとつ残念に思うことは，ユークリッドとピタゴラスがここに出席していないことであります。」

　1934年に，ノーベル賞受賞者で，フラーのもっとも親しい友人のひとりとなった，クリストファー・モーレーが，自分の著書の『流線』の献辞の頁に以下のような言葉を載せた。「単なる技術的巧妙さからではなく，人生に対する有機的な洞察力から新機軸を生み出してくる，科学的な理想家である，バックミンスター・フラーに献げる。」

　このような評価を回想していると，フラーの本質的な考え方が，たとえ見せかけにせよ，一般的に受け入れられるようになるのにかかった時間の長さを説明するのは，容易なことではないのである。40年以上の期間に亘ってフラーの提案や，発明品や，発見した事柄や開発した事柄のほとんどは，歓んで迎えられて，そして握りつぶされてきたのである。その結果，新しく作ったものは，すぐにでも使える価値のあるものでさえも，幾分礼儀正しい新聞において，雷の如く轟く「今日は」と「さようなら」という言葉で迎えられたのである。歓呼の声といらないという声が同時に存在しているのが常であった。実業界は，マジソン街の言い回しを喜んで引用して，フラーを「失敗ばかりしている」と評した。

　しかしフラーにとって「失敗」はなかった。フラーは実業界にいるのではなかった。フラーにとっ

て「失敗」という言葉は，事業というものを評価するために発明された言葉であった。実験に先立って作られた理論は誤っていることがあるかもしれないが，自然は決してそのようなことはない。物理学の諸原理は，自然に対して忠実である。それらはひとつの系の内においては規則性として観察される。そしてフラーのすべての実験は，これらの規則性や力や応力の現実の構成を取り扱ってきたのである。フラーのモデルはすべて，実用的な試験に合格したのである。それらは立派に通用した。フラーの初期のダイマキシオン住居や，ダイマキシオン自動車や，さいころ型風呂場や，ダイマキシオン地図や，フラーの最初のジオデシック・ドームは，フラーが言うところの「実際への適用」であった。これらは実験的に確かめられており，理想的で，しかも実行不能な建設の原型であり，工業的に再生産可能なものであった。

　しかし，目的に向かって一直線に走っていく実際的な人びとは，フラーを職業夢想家とみなし，フラーの原型からは特に大したものは生まれてこなかったようであると評していたのであるが，ようやく1955年から1956年になって，産業界や軍はフラーの建築物が圧倒的な技術的有利性をそなえていることをもはや無視できなくなってきたのである。人びとは，フラーが何故せっかくうまくいった自分の発明品や，試験的模型を，充分に利用しないのかと考えた。また，なぜ4,000ドルかそれ以下の収入で，「ぐずぐずしていることに満足していて」，自らの「技術者としての認められた地位」——これはフラーの言葉であるが——を，すべて棒にふって，市場のソクラテスのように自説を説いてまわっていたのだろうかと。

　フラーの人間的エネルギーや努力は，次のような唯一の情熱的な行動に傾けられていたということを理解していた人はほとんどいなかったのである。つまり，あらゆる人びとのためのすべての科学技術の完全利用を，「可能な限りの最大の加速度で」促進すること，なのである。

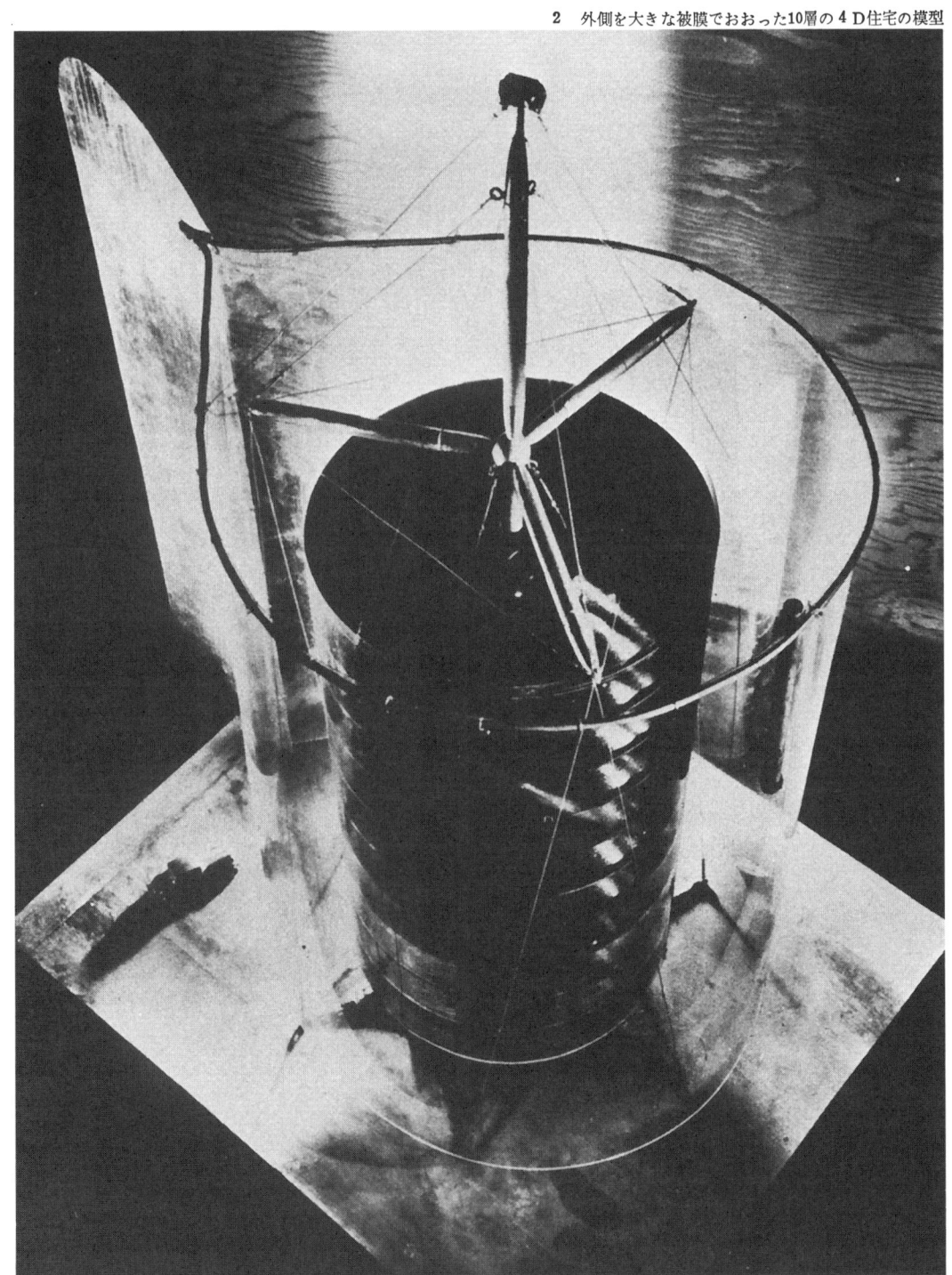

2　外側を大きな被膜でおおった10層の4D住宅の模型

慣習への不服従とニュー・イングランドの良心

　私は表面的には反抗的に見えても，本当のところは服従しているのです，ただ学校や，政治や，産業界で標準とされている様式よりはもっと幅広い様式に対してですが——とフラーは穏やかに主張するであろう。しかし，フラーは知的にも気質的にも慣習に服従せぬ人である。フラーにとって，重力の法則を批判したり，ユークリッドの三角形の内角の和が180°より多くなったり少なくなったりするように仮定したりすることは思いもつかないことなのである。しかしフラーが生まれてきた世界は，このような理論的妥当性に欠けるようにフラーには思われた。そしてそのような世界にあっては，彼の少年時代の英雄であったロビン・フッドのように彼もまた，近視眼的ないわゆる「実際的」なしきたりのもつ非実際性に対して，ずっと反抗し続けてきたのである。

　おそらく例外は，自分の祖先に対するフラーの感情である。幾世代にも亘って，フラーの先祖達はニュー・イングランドで因習に従わないという主義を通してきたので，フラー家では因習に従わないということが，それ自体因習になっていたのであった。

　フラーの曾曾曾曾祖父である，英国海軍のトーマス・フラー中尉は，ワイト島に生れ，1630年に休暇で米国へやって来たわけだが清教徒の精神にあおられ好奇心をそそられたのである。ニュー・イングランドで自由熱に感染して，そこに留まった。その孫であるティモシー・フラー牧師は，ハーバードの1760年の卒業生であって，連邦憲法制定議会へのマサチューセッツ州の代表であった。彼は奴隷制を禁止すべきだと思っていたので，奴隷制を禁止していない憲法草案に賛成の投票をすることを拒否した。彼の息子である，ティモシー議員は，1778年生れであり，ハーバード大学の速作りプディングクラブを作った人である。学生騒動に参加した罰として，彼はハーバードを1801年に，1番でなく2番で卒業した。

　フラーの祖父であるアーサー・バックミンスター・フラー牧師は，ハーバードの1840年の卒業生であり，熱烈な奴隷制度廃止論者であった。彼はボストンの第一ユニタリアン派の教会の牧師であり，第五マサチューセッツ連隊の従軍牧師であったにもかかわらず，南北戦争におけるヴァージニアのフレデリックスブルグで浮き橋を渡って，戦に勝った北軍の突撃の先頭にたち，その戦闘で敵弾に倒れた。フラーの父親であるリチャード・バックミンスター・フラーはハーバードの1883年の卒業生であり，ボストンの輸入商人であって，8代のうちで牧師でも法律家でもない唯一のフラーであった。

　フラーの大おばにあたるマーガレット・フラーは，有名な男女同権論者であり，作家で編集者で，そして話好きな人であり，時折歴史上に「先験哲学主義の高位の尼僧」としてあげられている。彼女は婦人権拡張における闘士の草分けであった。彼女はエマーソンの友達であり，自ら編集した『ダイアル』という文学雑誌をエマーソンと一緒に創刊した。これはエマーソンとソローの作品を最初に発表した雑誌である。ホーレス・グリーリィが『ニューヨーク・トリビューン』紙を設立した時に，彼女は『トリビューン』の文学担当編集長となった。彼女のコラムは常に第一面の中央を占めていて，アメリカ人の原動力の源となった。その中で，マーガレット・フラーは，アメリカ人がヨーロッパ人の

創作様式を模倣する傾向を有していることを，終始一貫して非難し続けた。彼女は表現力の才能があるならば，どんな分野の人でも擁護した。常に個人主義者として，彼女は友達のブロンソン・アルコットが行なっていた，相互協力的な社会的実験からは距離を保っていた。その社会的実験は，ブルック農場として知られている共同社会組織であった。彼女は質問した。「何故に自らを原則に縛りつけてしまうの？」「人間は誓約に束縛されず，拘束されないままでいるべきです。」

リチャード・バックミンスター・フラー・ジュニアは，1895年にマサチューセッツのミルトンに生れた。彼はミルトンの公立学校に通い，その後ミルトン・アカデミーへ通った。そして最後に，大学の名簿に名を連ねている，フラー姓としては連続した直系の5代目を代表して，ハーバード大学に入学した。

フラーは若い頃に，自分が質問したどの問いに対しても，教師が満足のいく解答を与えられないという経験をした。たとえば，ある日のこと，幾何学の教師が，もっとも基本的な定義の説明をしようとしたことがあった。彼女は黒板に点を書いて，そしてそれを消してしまった。彼女は言った。「点は存在していない——それは無次元です。」それから彼女は直線を引いた。そして続けて言った。「直線は多くの点から成りたっています。でも直線も存在しません。」バッキー（フラーの名称）は，彼女が平面を多くの平行な線によって定義するのを，目を大きく開けて見つめていた。彼の両眼は，彼女がどんな平面も存在していないのだと述べた時に，更に大きく開かれた。最後の一撃は，彼女の「立方体」に関する説明であった。彼女は言った。「立方体は，正方形の平面を積み上げた，中身のあるものでありその各辺の長さは等しい。」

「少し質問があります。」とフラーが手を挙げて言った。「どの位の間立方体はそこにあるのですか。これから先どの位の間そこに存在し続けるのですか。重さは幾らですか。温度は何度ですか。」

フラーは，ハーバードにしばらくの間しかいなかった。1年生の半ばに，中間試験の時期が来た時に，フラーはもう充分だと思った。彼は試験をすっぽかして，ニューヨーク行きの汽車に乗り，ウィンターガーデンで当時上演中のショウの合唱団にいた知り合いの女の子を訪問した。彼は合唱団の列を舞台裏からも見てみた。それから洗練された，愛想のよいしぐさでこう言った。「私の晩餐に貴女方皆様を御招待したいのです。」

フラーは，当時のニューヨークでもっとも上流で，値の張るレストランのひとつであるチャーチルの店でぜいたくにもてなした。給仕が伝票を持ってくると（それは銀行家の扱う様な金額になっていた），フラーは堂々とした飾り書きで自分の名前を署名し，そして威厳をもって「これをわが家の勘定につけておいてくれ」と言ったのである。

ケンブリッジ（ハーバード大学のある町）に戻った時，フラーは，大学における自分の現状は格子窓に閉じ込められたようなものだと気が付いた。その次の週にはフラー家では，ケベックのシェルブルックにある紡織工場で見習い水車大工としてバッキーを働かせるように，手はずを整えてしまった。

バッキーは罪を深く悔いていた。彼は，自ら「工学的探険の独学課程」と呼ぶところのものを選択し，機械と機械学の世界に奥深く入り込み，よく研究した。バッキーは，熱烈な興味を持った専門技

術家となっていた。

　その翌年の1914年に怒りを和らげた家族の人びとは，バッキーのハーバードへの復学を許可してもらうことができた。しかし，フラーは未だに生れ変わっておらず，依然として反大学派であった。しばらくしてフラーは再び放校された。今度の理由は，いわゆる「大学の正式の履習課程に対する相変わらずの無責任さと興味の欠如」である。その後フラーはニューヨークにあるアーマー商会へ働きに出て，そこで肉の運搬人として働き始めた。2年後，彼は出納係助手になった。その間に第1次世界大戦が始まっていた。フラーは何度か陸軍に入ろうとしたけれども，その度に視力が弱いという理由で不合格となった。けれども1917年に彼は海軍に採用され，そしてすぐに戦地勤務を命じられた。海軍はそれ程条件が厳しくなかったからである。数カ月後にフラーは，有名な建築家でまた壁画家であり，後にローマのアメリカアカデミーの理事になった，ジェームズ・モンロー・ヒューレットの長女であるアン・ヒューレットと結婚した。

　海軍での年月はフラーにとって，奮闘を要するものであったが，また同時に極めて重要なものともなった。フラーはそこで，生存の問題についてや，海とか寒さとか風とかいう厳しい条件について直接の経験を得た。フラーはそこで，敵対的な環境に直面した時に人間を生きのびさせるのに必要な科学技術というものをかいまみた。今後は，危険の方からフラーの創意に対して挑戦してきたのである。フラーは最初，遭難救助船隊の司令官として行動した。フラーはこの任務にある間に，水上飛行機の操縦士の死を，何例も目の当りにした。それは，飛行機が海面に着水しようとして近づいてきて，ピシャと着水した後，自らのフロートでつまずいてひっくり返り，ベルトで動けない操縦士は頭を下にしたまま溺れてしまったものであった。フラーが軍務を経験して最初に発明したものは，張り出し棒と引っ掛け機構のついた組合せ帆柱であった。それはフラーの遭難救助船に備え付けられて，きわめてすばやく救助することが可能となった。水上飛行機は，その操縦士がまだ生きている間に，海から引き揚げられた。

　軍事科学技術に対する功績に対しての褒賞として，フラーはアナポリスにある海軍兵学校へ特に命じられて行った。そこでフラーは正式な特別教育を受け続けた。

　船舶とか海運とかは，現実と直接のかかわり合いを持っているというただそれだけの理由で，フラーは海軍での研究に対して何の抵抗も感じなかった。航海中の船舶は，その時々の種々の力に応じられるように設計されていない限り，無事にはすまないのである。そしてこれらの種々の力を研究することはフラーにとって正当な修業だったのである（「船の設計をする人は誰でも，風や潮流や張力や圧縮力を除くことが，人間の利益にとってどんな意味があるかを知っている」）。

　戦争が終結すると，フラーはアーマー商会へ輸出副支配人として戻った（1919〜1922）。ケリー・スプリングフィールド・トラック商会で，国内販売支配人としてほんの暫くの間仕事があったが，その会社は破産してしまった。そして，1922年のうちに，フラーは義父のジェームズ・モンロー・ヒュ

ーレットとストッケード・ビルディング・システムという会社を設立した。これは，新しい繊維性の建築ブロックを製造する会社で，そのブロックの素材を，後にセロテックス商会がサウンデックスという商品名の平たく固められた繊維性の音響用壁材としたのである。フラーのストッケード会社は最終的には5つの工場を経営することになり，240の建物を建築した。イリノイ総合大学のフィールド・ビルの壁はこのフラーのブロックで作られているのである。

フラーはこう主張している。「私が本当に建築の仕事を覚えたのはその時である。そしてその時の経験から，手工業的な建築物は（そこではそれぞれの住宅は1回きりの試験案である），中世に属する技術であるということを学んだ。手工業的な建築をする際の種々の決定は，ほとんどのものは情緒的であって秩序だった方法を無視することに基づいている。」

会社が発足した年の1922年に，フラーのはじめての娘であるアレキサンドラが，大戦の間中流行していた流行性感冒や，小児マヒや，脊髄膜炎という種々の病気に次々かかったあげく，4歳という年で死んでしまった。アレキサンドラが死んだことで，フラーの人生に危機が訪れた。フラーは意気消沈してしまった。フラーにとっては普通の暮しなどというのは全くどうでも良いことになり，世間並の価値には全く興味を失ってしまった。フラーにとっては，今日でもそうであるが，当時金などというものでは根本的に重要なものは何も買えないのであって，世間でいうところの成功というものは虚栄心をくすぐるという以外に意味はないのであると思われた。

しかし，ついにフラーは会社の経営に対する統制力を失ってしまった。フラーはもともと小株主であったし，またヒューレットは1927年に金銭上の問題に直面して自分の持株を売らなければならなくなり，そしてその株を買った人びとが新しい経営を始めたからである。重役会はこう言った。「フラーさん，あなたの御助力はもはやそれ程重要ではないのです。」その同じ年に，2番目の娘であるアレグラが誕生した。

フラーはシカゴで行き詰まってしまって，収入もなく，狼狽し，まごついていた。事業経営は論理的で道理にかなっているものだというフラーの幻想は追い払われてしまった。フラーが関係していた実業家達は，フラーが基本的であるとみなしていた諸価値には無関心だったようである。フラーは次のように言っている。「今より改善された建築方式が，もし工業的に開発され宣伝されれば，容易に，すんなりと受け容れられるようになるだろうという発想で私はさまざまな思いをめぐらしてきたが，それがもろくて矛盾していることに気がついて度を失ってしまった。しかし私は，本来の敵ではない遅鈍とか，無知とか，的はずれな野心とかと，次から次へと数限りなく戦っていると，ますます不利になってしまうということをその時に学んだ。」これにもめげずフラーは，自らの立場と原理の双方を固守するために最後の努力をしようと決心した。フラーは妻と生れたばかりの赤ん坊を連れて，シカゴの北西部にある安っぽい貸家へ引っ越した。

苦境に落ちた時，他人よりもむしろ自分自身がどう行動するかということに批判の目を向けるのが

フラーの著しい特徴である。問題を起こしたとか失敗をしたとかいう理由で他人を非難することは，たとえそれが正当な非難であることが事実によって明らかな場合でも，そうすることは創造的，批判的活動力のむだ使いであり，後向きの態度であるとフラーは考えている。自分自身のやり方は分析できるし，修正も，また方向を変えることもできる。しかし他人のやり方は周囲から与えられる不変のものであり，自分でそれらを直接に制御することは全くできないのである。この1927年の時点において，フラーは，「数々の愚かしさ」と自ら考えていたものによって苦しめられていたのである。フラーはそれまで自分の独特な信条に，むやみに熱狂的になっていた。またフラーは自分の仕事上の仲間は，フラー自身が身を献げている目的をも分かち合っているものと，素朴にも思い込んでいたのである。フラーはこう言っている。「私は，自分がいつも非難を受けてばかりいたということを考えて重い気分になっていた。私は今まで悪意があった訳ではない。しかし過去をふり返ってみると，自分自身にとってさえも，私はどうしようもない，ものすごいへまばかりしていたように思える。私は奪うのではなく，与えたいと思い続けてきたのだが，私はその多くの好機を空しく費やしてきてしまったようである。」

　フラーが今や住むこととなった貧民街では，彼らの隣室の住人はアル・カポネの殺し屋であった。フラー夫人が焼却炉へゴミを運ぶ時に，殺し屋は，腋の下のホルスターの拳銃もあらわに，彼女のゴミを優しく運んでくれた。周囲の情況がフラーの気分を象徴していた。それはどん底の時期であった。周囲の状況はやけっぱちになるにはふさわしいものであった。フラーは，妻と子供をニューヨークに送り返して，自分の妻の家族と一緒に暮させたらどうかと，いろいろ考えてみた。そうすればフラーは心静かに自殺できると思った。彼は自殺を身近に感じていた。ついに彼は自殺すべきでない理由が，ただひとつ存在するという結論に達した。彼は自分自身に語った。「バッキー，お前はお前さんより堅実にやっている同年輩の人びとのほとんどより，工業に関して，あるいは科学，社会に関してずっと多くの経験をしてきた。そしてもしこれらの経験が秩序正しく並べられれば，それらは他の人びとの役にたつかもしれない。そうすることによってお前は，環境を制御するための機械学や構造をはっきりと見分け，計画することができるかもしれない。そしてこれは同時に，お前が暗中模索するうちに落ち込んでしまっている苦しみの峡谷を完全に越えられるような経験の橋を，提供することにもなるだろう。お前が好むと好まざるとにかかわらず，お前は極めて重要な資源の管理者なのだ。」

　しかしフラーは，着想や理論も現実に存在する物に形を変えられない限り，社会的には何の重要性も持たないのだということに気付いていた。彼は言う。「もし私がこれらの経験を利益あるものに変えようとするなら，それを実用化しなくてはならないのだろうことを実感した。それらは組織されるべきであり，また人びとが見たり，触れたり，操作したり，理解したりできる形に変形されるべきであった。それらは技術によって，実現されなければならない。そしてこの変形は私にとっては生きるか死ぬかという仕事であった。」

着想の結晶化：4Dがダイマキシオンとなる

　伝記においてもっとも大切な要素はおそらく人生の危機の研究であろう。それは人の存在に関わる時期なのであり，世の中のすべてが自分のまわりから消え去ってしまい，彼に残されるのは激しく悩み苦しむ世界だけであり，それは自分自身に他ならないのである。ウィリアム・ジェームスはそのような時に，この宇宙の中で，自分の思想は微かながらも自分で制御できるただひとつのものであり，そしてそれに方向付けを与えることにより，ある意味では自分の世界をたて直すことができるということを発見して自らを元気づけた。人生の危機の時にあって，フラーもまた自分の心を内側に向けた。フラーは，自分の価値とか知識，また到達できる諸目標だとか，有効な手順とかを数えあげてみた。

　フラーは，自分の個人的な経験の中に含まれている技術・経済的な資源を破壊する権利は道徳的にみて自分にはないのだということで，自分がなおも生き続けることは正当なのだと自らに言いきかせ，自分の有様を合理化したのである。すなわち，それらの資源は社会に属するのだとしているのである。この態度はその当時も今も，特別なフラーの定言的命令であり，倫理的立場を包括的に述べたものである。しかし，これを実際の行動に翻訳し直すということは，明らかにまた別の問題であった。それを翻訳するには，包括的な分析と，独特な方法論と，そして自己に対する厳しさが必要とされた。

　これら諸目的のために，フラーは自分自身に対して厳しい約束を課した。フラーは，包括的社会計画の要素——人類の改善に向って段階状の跳躍を可能にするような諸原則——を根気強く追い求めることに自らを献げ，それを自分の主要な関心事とすることを約束したのである。フラーは，もともと社会それ自体に属している，様々な見通しを開発する親会社であると自らをみなしていた。その社会にはいまだにちゃんとした権利が与えられておらず，ろくな家に住んでいない数多くの人びとが含まれているのである。

　一般的に不利な物質環境から有利な物質環境への人間の脱出の可能性とフラーが呼んでいるものに関する諸要因の中で，もっとも優先すべき権利があるのは，シェルターの問題であるということにフラーは気づいた。そして，その問題こそ，フラーのもっとも得意とするところであった。

　フラーはまず第一に，生態学的機構すなわち生き物とその物的環境の関係の内に存在する規則性について，大機構と小機構という概念を発展させた。たとえば，鳥類の，季節的な世界的規模の渡りは，フラーにとって生態学的大機構の一例であった。そしてまた鳥類の巣づくりや，「ある地域内で再生産的に移動すること」は，生態学的小機構であるとフラーはみなしていた。フラーは人類の状況についてもこれと同様に，ホモ・サピエンスの経済生活における生態学的な大規模制御と小規模制御という概念を発展させたのである。ここにおいて，大規模制御として世界的工業網が現われてくるのである。そして小規模，すなわち地域的な生態学的制御がシェルターである。しかし，例によって，ここでもフラーはシェルターを，人類が自然の力と戦う際に，地域的な技術上の便益を与えるものの事

実上すべてであると，包括的に考えていたのである。シェルターには住宅ばかりでなく，住宅を自立させるのに役立つ種々の設備や，働く場所と生理学的に元気を回復させる場所の間の往復輸送機関が含まれていたのである。

さらにまた，フラーにとって論理的に次のようなことが必要であった。それはまずシェルターから宇宙の他の諸構成要素へと跳び移ることであり，さらにまたそこから，それら諸要素を空間的に動的平衡を保つ数学的関係へと発展することである。フラーはこう主張している。「もし人が，どんなものであれ，宇宙について重要なことを理解したと示そうとするならば，動的な宇宙内のすべての基本的な反応現象が，その論証手順に直接にしろ間接的にしろ含まれていなければならない。その反応現象は，92の（原子の）チーム・プレーにより説明されているのである。」

フラーの議論は次の通りである。宇宙に段階的に精通するためには，人は先ず第1に部分と全体との関係を支配している共エネルギー原則に精通しなければならない。第2には，もっとも経済的な関係体系を成立させている諸原則に精通しなければいけない。そして最後には，「諸部分間の関係や，同格で調和的な相互補足性の種の双方の階層組織が，進化によって変形していく傾向」を決定している諸原則に精通しなければならないのである。

これらの所説は一般的なことを非常に圧縮して述べたものであって，フラーがわざとラテン語法を用いたために雲がかかっており意味は即座にははっきりしない。この所説が含蓄するところは，社会がその環境を効果的に制御するには次のようなところが必要になるということである。
順番に
(1) 物的世界の体系の機構を一般的に理解すること。たとえばアインシュタインのエネルギー・質量方程式に表現されているように。
(2) これらの体系関係を実際の行為に変換するもっとも経済的な方法。

ジオデシック・ドームは，単位構造当り最小の構造用建材で最大の強度をだすが，これもそのような経済的なエネルギー変換の例である。

難しいのはフラーの3番目の論点である。そこには，意味がすぐには判然としないようなとらえ難い考え方が含まれている。ある事象の作用と反作用には他の事象の相対的変位と適応が伴う。たとえば，石を水槽の中へ落とした時，石は水の分子と貫通する訳ではないのである。水の分子は押し分けられるのである。その分子は石に「適応」したのであり，その過程において隣接した分子を押し，そして押された分子が今度は自分自身に接している仲間を押すのである。このようにして，引き継いで押されることによりできる波が伝播していくのである。次々に引き継がれていく個々の波は，局部的な作用の複合物ではあるが，上述の作用の共エネルギー的な連続性を示しているのである。結果的には，個個の局部的な適応とは無関係な，事象のひとつの型が現われるのであり，その型はそれ自身の統一性を有している。（局部的な適応は全体の共エネルギー的型とは無関係なのである。）これと同じ

石を，水や牛乳やガソリンの池に次々に投げ入れたとしても，全く同じ波紋をつくるであろう。しかもそれぞれの波は，牛乳の本質でも水の本質でも，ガソリンの本質でもない何物かである。波というものは，本来明確で計測可能な統一形態なのである。自然における統一形態を支配している不変な関係をフラーは「純粋原則」という言葉で指し示していたのである。水槽に投げ込まれた石は，純粋原則に則っている適応作用の複合体を生み出すきっかけとなったのである。

ラジオやテレビの電波が住宅の壁を通り抜けたり，光の波が窓やレンズを通り抜けたりする時には，通り抜ける力に適応して，その内で次々に引き継がれていく局部的な押し合いや，顕微鏡では見えないような何組かの力の渦が常に起こっているのである。この相互補足的な効果——普通話す時には，壁とか窓とかレンズの「抵抗」という言葉を使い，フラーは「次々と拡がる型の伝達」と呼んでいた——により反射とか屈折とかフィルター効果が起こるのである。

人類が宇宙を理解しようとして漸進的に努力することで最終的に産み出されるものは，フラーにとっては，社会の，もっとも基本的な意味での共有財産であった。すなわち「大多数の人が生き残れるような水準を，確実にしかも常に改善する方向で計画することを可能にする，工業的に組織された能力である。しかも誰もが損失を受けずにである。」

フラーは，次のような観察を下していた。すなわち，人類が皆のために全く無制限な規模で生産するということに，歴史上初めて組織的に取り掛かれるようになったのであり，また，真の原価は前金で支払われているのであるから基本的に新しい資本計算を何ら行なうことなく，これらの大量の生産は実行可能であると。科学原理とか，包括的な科学技術の分野における先駆者達——原子を分割したり，新しい分子を創り上げたり，宇宙を計測したりした人びと——が，時間や知力や厳しい努力を，これまで非常に莫大に，しかもいまだに記録されることなく投資してきたことが，前述の大量生産に対する保証となっているのである。これらの資源をひとまとめにすれば，その道具複合体を用いることにより，それは，「意識的に着手された計画科学の作用となり」「地球規模で，共エネルギー的な波動を形成するのである」とフラーはみなしていた。

フラーによれば，社会が総人口のための総力生産に資源を総て利用する，という実際的な試みを行なわずにいるのである。科学の出現によってはるか昔にすたれてしまった経済上の術策を，社会がいまだに素朴に信じこんでいるためなのである。これらの術策は，古代の恐怖から派生したものなのである。これらは社会的記憶の痕跡であり，飢饉や孤立や疫病や災害等が一般的であって，人生を悲惨なものとみる見方と，万人の万人に対する戦いは避けられないという信念とがからみ合っていた時代の，漠然とした回想である。

住宅や輸送に対するフラーの考え方ははっきりしていた。フラーは現代の居住様式を，地域的な半球状空間制御方式であり，どこででも空という大海に包まれているものとして，心に描いていた。2地点間をもっとも直接に結ぶ道筋は空中を行くことであり，人や建物の空中輸送が可能である。そし

てフラーは，世界中にシェルターを分散させるには，空輸がその鍵となると結論している。

　フラーの考えにおいて重要なのは，大きな構造物をどうやって輸送するかという問題であった。もしシェルターを，大量生産することにより経済的に利益をあるものにしようとするならば，住宅やアパートは一式すべて，自動車のように，工場で建設され，完全に組み立てられた製品として運ばれなければならないだろう。しかし現存する輸送機関では，どんな住宅でもせいぜい数マイルしか移動させられない。住宅をフラットカーやトレーラーに載せて，街路を抜け，橋の下や上を通り，トンネルを抜けて輸送することは不可能である。未完成の住宅を空中輸送することは理論的には可能である。空という大海はどこにでも岸を持っており，またその航路は広々としている。1926年にイタリアの飛行船が無事に北極まで飛んでゆき，そして戻ってきた。飛行船は浮き上がるためのガス袋を含んだ，大きながっしりした構造物であり，飛行の際の抵抗を少なくするために，単一の皮膜で包まれていた。1927年にはツェッペリン伯爵号がつくられていた。その構造は30階建ての摩天楼を横にしたのと同じ大きさを持つものであった。住宅を飛行船で運ぶことはフラーにとって基本的であり，また同時に実現可能なことでもあった。これによってはじめてシェルターを大量生産するという計画が実現されるのである。

　この目的のために，単位構造当りの最小の重量で最大の強度を出す住宅を，フラーは提案した。エジプト人やバビロニア人の時代から本質的な形態は全く変わっていないような，ありきたりの住宅とは違って，フラーの住宅は飛行機のように圧縮部と引張り部が分離された応力を受けることになるのである。煉瓦に煉瓦を積み重ねたり，柱の上に梁を渡して建設されたありきたりの住宅は，ほとんどが純粋に圧縮構造である。しかもそれらの煉瓦や石材は今日においても，ジェリコの壁の時代と同程度の重量を支えているに過ぎないのである。引張り材の分野において，著しい科学技術上の進歩がなされ，たとえば新しい合金鋼のケーブルが生み出された。論理的な現代住宅は，回転ワイヤーブラシを横にしたような形をしていて，ハブの位置には，前もって組み立てられた，中心の圧縮部材として，高く組み立てられたジュラルミンの柱がある。住宅の残りの部分は，柱のまわりに壁と，ケーブルで支えられた床板が吊り下げられることになるのである。

　これらの考え方の多くは，フラーが1927年に謄写版刷りで出版した著書に書かれている。その本の題名は『４Ｄ』であった。これは相対性原理の物理学では時空次元である「第４の次元」を表象する記号である。200冊が印刷され製本された。第２版では解説と図表と，新しい題材が付け加えられて，『４Ｄ一時限定版』と名付けられた。

４Ｄ住宅

　1928年の４月にフラーは４Ｄ住宅の本質的な部分の設計を完成し，主要な特徴点に対する特許申請

を提出した。

　その住宅は，あるフランスの建築家が未来に望みをかけて「居住用装置」と呼んでいたものを，実際のところ世界で初めて現実のものとして具体化したものであった。フラーの公言するところによると，この住宅の目的はただ単に居住者を自然の力の牙から護るというだけでなく，体を動かして生活する際の機械的で単調な骨折り仕事の量を最小限にまで減らすことにある。真中の柱には，基本的な設備が工場で備え付けられており，すぐにでも使える準備が整っている。壁には窓が無く，ただすべて透明であるが，速やかにシャッターを開閉できる，真空窓枠の板ガラスでできている。住宅は無塵に保たれる。柱についている通気孔から取り入れられる空気は，濾過され，洗浄され，冷やされたり温められたりした後に循環する。洗濯物は自動的に洗濯され，乾燥され，プレスされ，そして保管ユニットに送られる。洋服戸棚や食器棚，また冷蔵庫やその他の食物入れの中には，光束がさえぎられると動くような装置のついた回転棚が入っている。

　住宅全体は，水道の水に依存しないで済むように設計されており，したがってどこに建設されても充分機能するものであった。$1/4$ガロンの水があれば10分間霧吹き風呂に入ることができたし，その水はその後濾過され，殺菌されて，再循環される。フラーのトイレには水は必要ではなかった。それは水をジャーと流すのではなく，密閉した，耐水性の包装機械であり，排泄物は機械的に包まれて，貯蔵され，グロス単位で紙箱に詰められ，やがて収集され，化学工場で処理されるのである。塵埃処理は圧縮空気と真空輸送方式によるのである。床と扉は空気入りであり，防音効果を持っていた。ベッドも空気入りであった。仕切り壁としての仕切りはなかった。住宅における様々な生活空間は，前もって組み立てられているフラーのユーティリティ・ユニットによって区分されている。このユニットには，垂直や水平に動く棚やハンガーだとか，また洗濯機だとかその他の家庭器具設備が含まれていた。これらの，基礎から仕上げまで空気作用によっている家庭器具要素は，床から天井にまで達していた。そしてそれらの間は，空気作用によって動かされ，ふくらまされた引きカーテンによって開閉された。

　フラーにとっては，住宅において仕切り壁は否定すべき要素であり，飢饉の時代の経済を象徴するものであった。それらは彼の呼ぶところの「社会主義と同様な間にあわせ品」であった。これらは二つとも，もし皆にいきわたるだけの充分な空間がない時には，それを勝手気ままに細分して不適当なものにしてしまう。これに反して，ちゃんとした設計をすれば，常に適当なものを提供できるのである。4Ｄ住宅では，居住者達は広い空間を与えられ，そこに諸設備を論理的に配置することによって，心の優しさに適したプライバシーが，自動的につくられることになる。

　フラーはプライバシーを，感覚のスペクトルの範囲内でのみ乱されるものであると考えていた。しかし，そのうち視覚，聴覚，触覚，および嗅覚の範囲は，実用的な範囲内で，たやすく制御できる。戸外のティー・パーティーでは，芝生の向こう側で話しをしている人びとについては，聞こえないし，

触わることができないし，香りもしない。視覚上のプライバシーも，費用のかからない不透明な膜によって得られるのである。

住宅についてのフラーの主要な仮定は，楽器と同様に，すべての設計が自分からものを言ってはならないのである。ヴァイオリンとかピアノとかはそれ自体は音楽の形態ではないし，また音楽の入れものでもない。それは音楽を音にして出すための器官である。住宅はこれに対応した機能をもっているのである。設計を調和のとれたものにする潜在可能性は，その住宅に住む人びとによって導き出されるべきである。重要なのは，居住する人の個性であって，住宅ではないのである。しかしそれでも，居住者の五感の自然の発見のすべてに対して，住宅は調和する能力をもたなければならないのである。この点において，住宅の美学は，オーケストラの美学よりは，感覚のスペクトルの範囲はずっと広いのである。なぜなら，オーケストラの美学とは，楽器の調和による聴覚上の美しさだけだからである。感覚のスペクトルは様々な周波数で表現される。人の作った音楽とか，自然にある音の構成の双方においては，音楽的なテンポは比較的高周波で表現されるものであり，一方，視覚的な，あるいは嗅覚的な自然の構成はもっとゆっくりしたリズムをもっているのである。冬の日，夏の様々な緑，秋の紅，さらにまた5月の2週間のライラックの香り，これらはゆっくりとした息の長い変動の表現であって，木の葉のサラサラする音，鳥たちの歌う鳴き声，あるいは寄せる波のザーッというきぜわしさとは対照をなす。そして住宅は，感覚のすべての領域に対して感応して同調しなければいけないのである。

4Ｄ住宅は，「自律的に調整されている人体内の機構とか反応過程と，自律的に両立するような，高水準の機能」とフラーが考えていたものを備えるべく設計されていた。設計は必要を満たすべきではあるが，押し付けることになってはいけないのだとフラーは考えていた。「日々にあらたまる新生活において，再生産や進化をすすめていくという急務を邪魔するような，ライオンの足の形をした家具の脚とか，冷たいロココ音楽とかは存在してはならないのである。」4Ｄ住宅は，常に新しい生活のために献げられるのであるが，この生活は，種々の能力や，感受性や，直観的な思いつきの，いまだにほとんど理解されていない驚くべき複合体を伴うのである。

4Ｄ住宅は，費用の点で消費者にとって経済的であるというので世間を驚かした。当時自動車業界で行なわれていた価格計算法に基づいて，フラーは，完全に設備を備えつけたこのような住宅が大量生産されれば，1ポンド当り25セント（1928年の価格計算）で売りに出すことができるだろうと見積った。その当時フォードやシボレーは1ポンド22セントで売られていた。（今日では，完全装備をしたフォードやシボレーは，1ポンド80セントで売られている。）1928年のフラーの住宅居住装置は，最善の設備装着をして，全体で6,000ポンドの重さがあった。これにより，1ポンド25セントなので，1928年の小売値段は1,500ドルであることになる。

「金属バウンドケーキ」とでも名付ければよいような製品が，1960年の基準に基づくと，1ポンド当り80セントという値段で4Ｄ住宅が自動車産業により大量生産され，販売される場合には，約4,800

ドルで買え，米国のどこへでも設置でき，すぐにでも住むことができるであろう。

この価格は，大量生産技術の使用を通じてのみ可能であるということは強調されるべきであろう。しかし，現在米国には，10万以上の住宅製造業者がありながら，全部で，年平均僅か50万戸の住宅を，手工業的に建設しているにすぎないのである。(すなわち1業者当り5戸である。) 最大の手工業建設業者は，年に5,000戸の住宅を建設している。しかしそれでも，5,000という量も，自動車業界では6大メーカーのただひとつの，しかも1日の生産台数としても小さい方である。

安価であって，また容易に空輸して建設できるので，4Ｄ住宅はフラーの目には，比較的動的な商品であると映った。住宅は人間生活に付帯する設備として（電話器のように），サーヴィス産業によって準備されるのであるから，それらは世界中のどこにでも設置できるのであり，それを使う人びとを地域性という足かせから解放するのである。「しかるがゆえに」世界市民を可能ならしめるのである。住宅は，サーヴィス産業によって短時間で設置したり取り除いたりできるというばかりでなく，また，新たに設置するたびに，改良型で古いものをどんどん置き換えていくという方法が，サーヴィス会社によって系統的に行なわれることにもなるであろう。

フラーは，自分の計画したシェルター・ユーティリティー会社は，電話事業に特徴的に見られるような経済哲学，すなわち動的な経済というものは，古くなった設備をより効率的な設備で系統的に置き換えていくことにより，利益配当を常に増大させるという経済哲学をもって経営されることが必要であると信じていた。このようにして，産業複合体はどんどん効率をあげて，ますます多くの場所で，ますます多くの人びとの役に立つことにより，基本的には財を増大させる活動を遂行しているのである。結果として，利益はすべての人びとに——消費者にも，経営幹部にも，株主にも，供給者にもそして下請契約人にも——生じる。そして利益はシステムにフィード・バックされ続けるため，このような技術・経済構造は無限に再生産を続けるのである。

フラーは，包括的な計画に総てを献げるという自らの原則にしたがって，1928年の5月に，4Ｄ住宅の特許に対する財産権をすべて，アメリカ建築家協会に譲渡すると申し出た。その当時協会の副会長は，フラーの義父である，ジェームズ・モンロー・ヒューレットであった。申し出は拒絶された。そして年例会において，その問題が考慮され，協会は次のような議決案を採択した。「アメリカ建築家協会は，さやの中のえんどう豆のように，いくつでも複製できる設計などとは生来対立する存在として銘記されるべきものである。右議決する。」

4年の後，アーキバルド・マックレイシュは，『フォーチュン』誌の「産業界がとり逃がした産業」と題した記事の中で，フラーを強く弁護した。彼の指摘するところは，今日人類の問題は，金をかけたより大きな家をつくることではなく，より多くの家をつくることに向けることである。古い住宅を改装して，古い値段で買うだけでは充分ではないのである。本当のところは基本的な設計の問題なのである。そしてこの問題にフラーはただ一人で立ち向かっているのである，ということである。

彼はこう書いている。「フラー氏の設計は，広く受け容れられる可能性があるかないかということとは全く無関係に重要性をもつものである。それは，新しい住宅建築の原型であると言っても差し支えないであろう。そしてわれわれの曾祖父が住宅と呼んだものが住宅であり，建築家のなしうることは，現存しているものを修正することだけだという，建築上のかのおそれ多い定説を，どう少なめに見積っても打ち壊すことになるであろう。」

4D　ダイマキシオンとなる

　ダイマキシオンという言葉は，今ではフラーのトレードマークと決まっているが，1929年に作られたものであり，それも皮肉なことにフラーによってではないのである。シカゴにあるマーシャル・フィールド・デパートは，1926年のパリ万国博覧会の後にヨーロッパで買い入れた「現代」家具の最初の仕入れ品をその年に売り出さなければならなかった。マーシャル・フィールドの企画推進の専門家達は，家具の斬新なデザインが劇的に映るようなお膳立てをあれこれ物色しているうちに，シカゴ・イヴニング・ポスト紙に，当時芸術欄の編集者であったC・J・ビューレットにより記述されていた，4D住宅に行き当たった。4D住宅はまだ模型の段階であった。しかしマーシャル・フィールドの，鋭敏な感覚を持った企画推進者達は，いわゆる「斬新なデザイン」の家具を置く部屋の隣りのホールで，その模型を目立つように展示し，広告し，それについて講演でもすれば，「現代風の」家具が中庸なもの——新しくはあるが，新し過ぎることはないもの——に見えるだろうと判断したのである。後向きに前進するという方法は常に確実な販売方針である。

　マーシャル・フィールドの役員会の企画推進者達は，宣伝効果を最大限にまで上げるために，フラーの「未来の住宅」に，4Dよりもっと受け入れやすい名前が必要であると結論した。4Dという名前は，「第4の次元」というよりは，公立学校の学年だとか，或いは恐らく，普通のアパートの4階にある住居といったものをより多く連想されるように思われたのである。

　役員会が「言葉の細工人」とみなしていた広告専門家のウォールド・ワレンが，もっと魅力のある名前を作り出すという特別の目的をもってフラーのもとへ派遣された。ワレンは，フラーがこの原型としての住宅に具現されている哲学のあらましを説明するのを聞いた。ワレンは手がかりとなる文を手帳に書き留め，そしてそれらをキー・ワードにまでせんじ詰めた。これらの言葉のうちの重要な音節を用いて，ワレンは，それぞれが四つの音節から成る，一連の合成語を作り出した。それぞれの言葉は，二つの他の合成語の意味を組み合わせて作られていた。ワレンは，それぞれの合成語のうちで，きわめて気に入らないと思われるものを削除するように，フラーに頼んだ。生き残った組み合せは，「Dymaxion」であり，これは，「dynamism」とか「maximum」とか「ion」に，直接にあるいは間接に関係のある音節が融合したものである。フラーは，自分でこの言葉を選択したのではなく，

「それはただ現れてきたのだ」と主張した。マーシャル・フィールドは，フラーの名前で「ダイマキシオン」という宣伝文を書いた。

フラーは，4Ｄダイマキシオン住宅の計画は，1927年の時点においてはまだ工業的に生産し販売する体勢が整っていないと思っていた。その設計では，当時入手可能なものよりずっと高規格の材料が必要とされていた。すなわち，次のようなものである。熱処理を受けた高強度のアルミニウム合金；１平方インチ当り20万ポンド以上の引っ張り強度を持った，さびない鋼ケーブル；大規模な目的に使用できる安定した化学構造をもった，透明なプラスティック；光電子の眼；リレーを用いたドア開閉器；などである。フラーは述べている。「私はただ，何をすべきか，さらにまた何をすることができるかについて知っていることを話しただけなのである。そして利用できるようになるものは何か，そしてそれはいつかということを，自分の経験をすべて調べあげることによって，かなりの精度をもって予言できたのである。産業能力や教育の進歩は政治的，経済的非常事態と同様に，この包括的な予測計画科学の物的装置を生みだすであろうが，それには最少限25年かかるであろうということがわかる。」

社会の変化という現実を自分の夢と対比させて，フラーは自分自身にこう説いてきかせた。「もし私が専制独裁者であるならば，1928年のドルで10億ドルの設備をして，地球を取り囲む，空輸可能な住宅サーヴィスの完全工業化を開始することもできるであろう。しかしそのような，10億ドルもの，〈今日の一針，明日の十針〉的な投資は，今の時点では実現は不可能である。目的地とそれに至る道がはっきりと目に見えているにもかかわらず，悲しいかな，社会は十中八九，その時払いの金を出し，試行錯誤を繰り返して費用を増大させ，何兆ドルもの支払いを自らに課すようになるというのが現実なのである。じらして苦しめたり，欲求不満を起こさせたりするような，全くどうなるものとも判らない開発を目前にしながら，これから４半世紀を生き続けたくないならば，すべてのことを即座に投げ出して，『物』売りのような安全な仕事につくことが最善なのである。」

その後の開発はおおむねフラーが予言した通りになった。1927年に，光電管とリレー装置を手に入れるため，フラーは，ジェネラル・エレクトリック会社で技師をしている兄のウォルコットに手紙を書いて，技術協力を求めた。ウォルコットは返事を書いてきた。「バッキー，お前のことは本当に好きだよ。でも，親類や友達を非常識な考えに巻き込んで，波風をたててもらいたくはないんだがね。」

その翌年，フラーはウォルコットから次のような電報を受け取った。

———ついに手を握るだけでドアを開けられるようになった。われわれは光電管とリレーを開発した。１組72ドル———

1927年にアメリカアルミニウム協会の技師達と話をした時にも，フラーは同じ反応に出くわした。フラーは彼らに，４Ｄ建築物の計画図面を見せ，そこでアルミニウム合金を，未だ実現化されていないが，極めて近い将来に当然使われるようになる合金として明示していた。

或る技師が笑って言った。「お若い方，あなたは，アルミニウムは普通は建築物には使用しないと

いうことを御存知ないようですね。バーコレーターとか，ポットとか，灰皿とか，おみやげとかに使われているだけなのですよ。」

フラーは真顔で続けた。「実験室に合金の在庫はありませんか。私の実験の趣旨に適した熱処理のできる合金のことですが。」

技師はフラーのしつこさに憤然として言った。「分りました。2種類のアルミニウム，軟らかいのと，そしてもっと軟らかいのとがあります。どちらが欲しいですか。」

その5年後の1932年に，熱処理されたアルミニウム合金が初めて利用可能となった。そしてこの開発は，大規模な飛行機産業の実質上の始まりを記すものであった。

シカゴ世界博覧会が開催される少し前に，ドーズ・プランで有名なチャールズ・ドーズの息子である小ドーズが，ダイマキシオン住宅を，シカゴ世界博覧会の呼び物にしてはどうかと，フラーの所にやってきた。小ドーズは，博覧会の企画推進の実行委員の1人であったのである。

「私は住宅の単なる実物大模型を展示するのは好みません。しかし，技師により充分に設計された，すぐにでも生産に移せるような，そういう本当の意味での原型の開発なら喜んで致しましょう」とフラーはドーズに言った。

「どの位費用がかかりますか」とドーズは質問した。

「前にした計算を再検討してみなければなりません。その後でお知らせしましょう」とフラーは答えた。

フラーが1927年に原価の概算をしてから5年という間に，多くの技術的な開発の実現化が見られた。その中には，フラーの予測した，熱処理されたアルミニウム合金の開発も含まれており，それは工業化が予定されるほどになっているのであった。

これの意味することはこういうことであった。すなわち，フラーの〈今日の一針，明日の十針〉的な，10億ドルという以前の数字よりは，かなり少ない金額で，残りの研究や開発がまかなえるということである。原価を再計算した後に，フラーは再びドーズに会って述べた。「今なら，原価は1億ドルです。」

ドーズは，自分が交渉している相手は確実に気狂いだと思って，背を向けて部屋をでていった。ドーズは不満だった。彼の求めたのは1戸の住宅であったのに，フラーは彼に住宅という一つの産業をつくろうと申し出たのであった。

3 ダイマキシオン・カーのための船体構造試作品

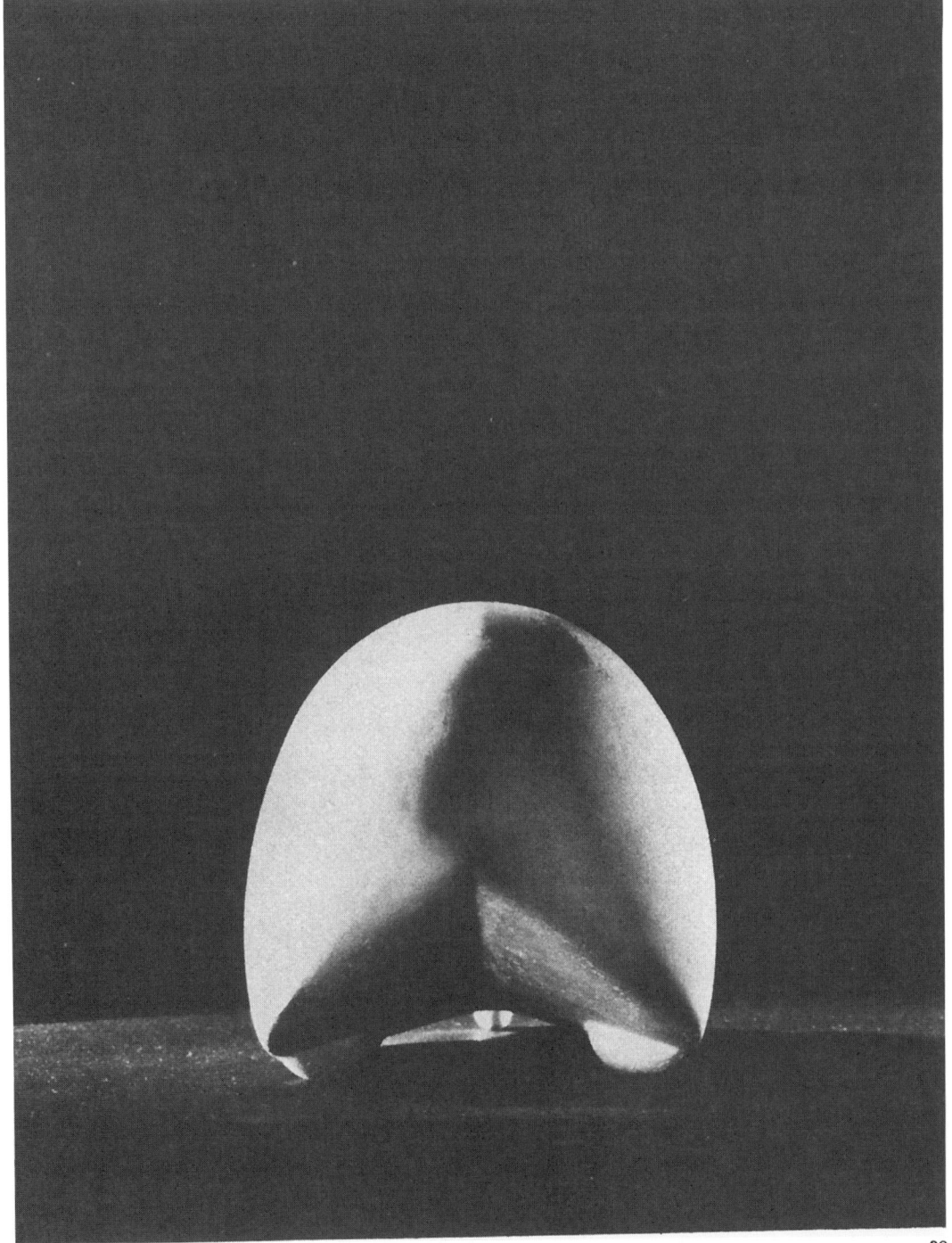

ダイマキシオンの輸送単位

　1927年，4 D住宅を標準重量以下の鉄鋼構造で構築するという基本的な考え方に到達し，その構築物は遠く離れた場所に空中輸送し得るという可能性を発見すると，フラーは輸送の問題にとりかかった。このような遠く離れた場所では，ごく安い土地占有費用ですみ，そこでは，4 D住宅の半自律的な設備によって高い生活水準が可能となるのである。もし，住宅が完全に自律的なものなら，それを輸送するのに道路や鉄道，離着陸の有無にさえも依存してはならない。どんな場所にあっても，最大効率で機能し得る居住形態というのは，馬のような自由な機動性を持つ集合輸送単位を必要とする。それは，空路，陸路を問わず出入りでき，ある場所から飛び立つこともでき，さらに陸上も水上も滑走することができなければならないのである。

　1927年後半，フラーは，包括的な計画における，この輸送の側面に注意を向けた。実は海軍の避難救助船時代以来長い間，フラーは全方向性輸送手段の可能性について思いめぐらしていたのである。全方向性輸送手段とは，空中に舞うことができガスタービンからのジェット噴射によって自由に方向を変えられるというものであった。その基本的な考え方は，それぞれ別々に方向と強さを制御することのできる二つのジェット噴射による移動，という概念であった。

　飛行機にはカモメと同じように，翼上に低圧力の領域を生み出す能力がある。この部分的な真空の効果は，「揚力」となって現われ，飛行中のカモメも飛行機も空へ吸い込まれていく。この揚力というものが滑空のための基本的な支持力を与えるのである。しかし，鴨は解剖学的にそのような空中滑空には適さないようにできている。なぜなら鴨の翼は小さ過ぎて自分の体を空中に吸い上げられた状態に維持するだけの充分な圧力差を生むことができず，カモメのように上昇温暖気流に乗って自由な旋回をのんびりと楽しむことができないからである。

　しかし，鴨には別の空気動力学的な能力がある。それはジェットである。ガチョウは翼をひとかきするごとに，翼の上に一時的な風船状の真空塊を作り出す。同時に，それぞれの翼の下方，つまり翼とからだの間では強い空気噴射が押し出される。要するに，こうした羽ばたきは連続した空気の柱を形づくっているのである。翼上に生ずる多くの小さな風船状の真空塊は，「一連のつり輪と同様な効果」を断続的に与える。鴨の主要な推進力は，（はばたきによって生ずる）連続した空気柱から発生する。この圧縮性噴射流は棒高飛びのボールのような働きをする。鴨は水かき足でダッシュすることによって，水から浮き上がり，自分自身の作り出すジェット気流の柱にのって空へ舞い上がるのである。

　棒高飛びの選手が跳躍の頂点にきた時に，もしもうひとつの幾分強いボール——その根本は動線上の進行方向に置いてある——を彼に手渡すことができたら，選手は空中飛行を続けることができるだろう，とフラーは考えた。そして，この行為が続けられたら前より少し短いボールで支持されるたびに，選手は前の方へ下り坂を降りていくように，動力を利用しながら落ちていくことができ，ふつうの幅飛び選手が飛び得るよりずっと長い水平距離を飛ぶことができるであろう。ここでその選手が流線型であると仮定しよう。もし，そういう人が空気抵抗に対して頭を向けた姿勢をとるとしたら，前

方に落ち続けていくために必要な押し出す力の量は，自分の体を最初の高さに持ち上げるために，自分の脚力が使った力にほぼ等しいくらいのものである。

　短い翼を持つ高速で飛ぶ他の小鳥たちと同様に，飛行中のカモにもこの仮説的な棒高飛びの選手がふるまうような方法で，高度と距離を間断なく得ていく様子をたやすく見ることができる。着陸する時にはカモは二つの「絞る」ことのできる空気の噴射装置を前方の位置に向け，その円錐状の空気クッションを快い着陸速度にまで「溶解」するようにしておくだけでよい。羽ばたきによって上昇力を得る，絶えまない羽ばたきの回数が，充分に多くなると，カモの「跳躍」は可視的な回数を越え，垂直方向の動きを進行方向への飛行に連続的に変換しているようにみえる。分子爆発の際に粒子の高速運動が，表面的には噴射法の中に連続してみえるのと同様である。

　手本となる原理として，ガチョウの飛行方式から考えて，フラーは1927年，彼の呼ぶところの「方角を制御でき，個別に弁を絞れるジェット噴射双対管による制御滑降4D輸送方式」を考案した。当時彼は，その考案を自分の小さな娘アレグラに説明しながら，勝手に道路からはずれてピョンピョン飛んでいくことができ，しかも鳥のように器用に交通の流れの適当な場所に戻ることのできる「動的自動車」として絵に描いてみせた。

　1933年1月，ニュー・ディール政策の始まる直前，ある友人が4Dダイマキシオン計画についていくつかのことを実験するための資金を提供しようとフラーに申し出た。

　フラーは言った。「私がお金を頂くためにはひとつの条件があります。もし私がソフトクリームを買うために金を全部使いたいと思ったら，それまででしょう。私のすることにとやかく言われたくない，ということです。」金は何の制限もつけられずに与えられた。不況のどん底で，ボワリー通りのレストランが1セントで食事を提供するくらいのデフレの時期であった。フラーは銀行の支払い停止が続くそうした日々に，幾千枚もの手の切れるようなお札をポケットに持ち歩いていることがどういうことか自覚していた。この金の相対的な購買能力は，ほかのだれも現金を得られなかった当時にあって，一時的に百万長者の権威を彼に与えたのである。しかし当時の恐慌化の経済状態のもとでさえ，この何千ドルという金では，本当のダイマキシオン住宅のひな型の発展を保障するには，全く不充分であった。（彼の最近の第1ドーズ案のための見積りによれば，1億ドルの貨幣が必要であることが示されていた。）それらの金はジェット噴射方式による4D輸送を開発するためにも使えなかった。フラーがその時もっとも有効な推進燃料と考えた液体酸素によって生じる強力な熱に耐えられる合金はまだ利用段階に達していなかったのである。しかし，フラーは1933年に利用可能な自動車や船舶，航空機の構成要素を調べれば，いくつかの重要な予備研究が可能になるということを悟った。鳥や魚や爬虫類を思い出させる神話的なけだものに類似した構造をもつこの前代未聞の乗物の地上滑走能力について，実用的な試験をすることは，特に重要な予備研究のひとつだった。この多形態の輸送機関は未だ不確定の動きを示すに違いない手合いのものであった。空や海の乗物が直面しなければな

らない最大の危機的場面は，それらが陸に接触する時に起こる。流動している媒体の中で動いている間，これらの機関に加わる圧力は水理学的，空気力学的に均等に分布している。しかし，機関が陸と接触する時には，これらの圧力は，全体構造の中のある特定の面に集中して強い衝撃を与えることがたびたびある。フラーは多くの疑問に苦しめられた。この乗物は航空学的に意図され，設計された進行方向とは別の方向から強い横風を受けた時に，どんな振舞いをするのだろうとか，横風を受けながら着陸する時に，軽飛行機と同じように機首が風上の方向へ偏向してしまわないだろうかとか，もしそうならどうしたらよいのだろうかとか，その車はツルツルの氷の上ではどんなふるまいをするだろうかとか，デコボコした田舎の野を滑走する時には，それはどんなふるまいをするのだろうか，という疑問である。フラーはこれらの疑問について，経験主義的な解答をみつけようと決心したので，コネチカット州ブリッジポート——この都市では不況の影響で多くの機械工や技師が失業していたのだが——の当時すでに廃棄されていたロコモービル株式会社の工場の発電所の建物を借りた。彼は，造船技師として，また航空技師として世界的に有名なスターリング・バージェスの技術的指導のもとに，27人の働き手を雇った。1,000人を越える労働志願者を注意深くふるい分けることによって，フラーは特に優れた労働者の国際色豊かなチームを得ることができた。そのチームにはポーランドの金属板の専門家や，イタリア人の工作機械道具工，スカンジナビアの大工，以前ロールスロイスを組み立てていた組立工などが含まれていた。こうして彼は，初のダイマキシオン・カーの設計と製作にとりかかったのである。この車は1933年7月12日に公開された。将来の万能輸送機関の路上試験段階としてだけ設計されたにもかかわらず，この車は自動車の設計技術を革新する重要なことがらを数多く示した。その中には前輪駆動方式や後にエンジンを積んで後の車輪でかじをとる方式や，アルミニウム主体でクロモリブデンを含んだ飛行機用鋼材の駆体の台車，航空機用の1/8インチの厚さの強化ガラスなどの技術があった。泥よけは省かれた。車の地上投影面積は，すべて使用可能な内部空間として組み込まれていた。この車は空気孔と換気装置，それに前の席からも後の席からも後の光を見ることのできる潜望鏡が特徴的なものであった。他の貢献としては，自動車においても胴体が航空学的に完全流線型であることの良さを示したことである。胴体には，すべての駆動装置が収められた魚形の腹部があり，三つの車輪の下半分と空気取り込み口は，そこからはみ出ていた。作動装置のついた前輪は，この車の駆動輪であり，後輪はかじであった。一輪手押車を引っ張った（押すのではなく）場合と同様に，後のかじ取り車輪は車輪の通った地面に押しつけられるというよりもその地形を乗り越えることができた。

　フラーは1932年の自動車の車体デザインが，のろのろ進んでいた昔の軽装馬車——空気抵抗が減速因子とは決してならないほど，ゆっくり重々しく進んだ——の車体デザインからほとんど進歩していないことに気付いた。速度が1乗に比例するのに対して，乗物の空気抵抗は2乗に比例して増大する。その結果速度が2倍になれば，空気抵抗は4倍になる。速度が時速30マイルの時には，航空学的抵抗は考慮に値するほど重要ではない。時速0マイルから時速30マイルに加速する時，タイヤの歪み

や機械的な摩擦に，単にエネルギー負荷として重要なだけである。しかし時速60マイルないしそれ以上の速度になると乗物の力の大部分は空気をかき分け，乗物の航跡に発生する真空による引力と格闘するという苦しい仕事にふりわけられるのである。

　今日の飛行機に見られるような流線型という型をダイマキシオン・カーに与えることによって，フラーは既製のフォードＶ８エンジンを動力に使い，時速120マイルのスピードを得ることができた。このようにして彼はふつうの1933年型セダン乗用車で，だいたい300馬力以上のエンジンが必要となる速度性能を，90馬力のエンジンから得たのである。フラーはすべてのものが流動している宇宙においては，あらゆる相互作用の現象は常に最小抵抗の方向へ動いていくということを認識していた。人は設計という行為によって，好きな方向への抵抗を減少させることができる。すべての媒質内を通過できる輸送手段には，有機的にまた構造的に適当な最小の抵抗を与えねばならない。すなわち最小の機首断面，最小の抗力，最小の内的外的機械摩擦力しかかかってはならないのである。液相，気相，固相を通過する機体は，その過密に先立ってその媒質を押し広げなくてはならない。

　肩の丸い通過機体は，境界層で通過する媒質の原子や分子の回転運動を作り出す。こうした渦巻状の回転運動は，ピンと張りつめていて束のような状態だった通過媒質に巻きつく小さな糸巻きのごとくふるまう。その束は，機首の前方に巻きつくように張りつめていて，通過媒質の先端で通過媒質は消耗される。機体が高速で動いている時には，涙滴状の機体の丸くなった葉巻きタバコのような先端では円錐状の部分的な真空が生じ，正面の媒質は朝顔の花のように押し広げられ，その結果として機体は前方に吸い込まれるのである。しかし，長い円錐状の部分的な真空は，機体の航跡の中にも生じる。そして，何らかの方法でこの効果を埋め合わせないと，この円錐状の真空によって，前の方へ引っ張る力は相殺されてしまう。後部での真空の埋め合せについては，模範的解答を，魚の構造に見ることができる。流線型をした魚体の円錐状の尾はかき分けられた通過媒質がその性質に応じて少しずつ閉じるのに伴って生じる空間に，ちょうど適合するように作られている。閉じる速さは通過媒質の相対的な粘性により決定される。

　人間の設計した流線型は，機首の引っ張り力を最大にし，尾の部分の引っ張り力を最小にする機能をもつ。魚の尾はすべるように進んだりくねったりして，その航跡の中でできる引っ張り力を相殺する。魚や鳥では，後部には引っ張り力がなく，鼻先に真空が生じているので，場合によって頭部を大きくしていることにより，鼻先の引っ張り力を大きくする。軽飛行機やグライダーの熟練操縦者は，有効な設計速度で，前方の引っ張り力を最大にするように，翼の上部と先端を分成した浮力を自分の技術に応じて利用することができる。

　機体のばねより下の重さに対して，ばねより上の重さの割合が大きくなればなるほど，ばねで支えられた部分の慣性が，ばねの下部分の重さによって乱されることは少なくなる。鉄道や乗用車の設計者たちは，ダイマキシオン・カーができる前に，自分たちの車の乗用性能を，全体のばねで支えら

れた部分に重さを加えるという，容易だが不充分な方法で改良していた。フラーの接近法は，軽飛行機製作者と同じだった。乗り心地の良さはばねで支えられた全荷重が減少しても増大し得るということを彼は知っていた。その解決法は，ばねで支えられていない部分をなくすことだったのである。

　フラーは，段階を追って車のスプリング部をふやしていった。最初に彼はタイヤを柔かくしてタイヤ内の空気圧が主要なスプリング部分となるようにした。それからいくつかの付属スプリング部分とその構造を示したのである。

　最初の構造は，前輪に継手支持されて，エンジンと駆動軸を載せたものであった。2番目の構造は1番目のものと継手やばねで結合されてはいたが，かじのとれる後輪に支持されていた。次に，車体は前輪の車軸に直接ばねで結合されており，また，エンジンの所で第1のフレームとも釣り合いばねで結合している，それ自身独立した構造である。こうしてたくさんの継手とばねで組み立てた結果，ダイマキシオン・カーは，軽飛行機と同じくらいの敏速さで野原を突走ることができ，しかも，高速道路の走行と同じくらいに滑らかな乗り心地であった。デコボコした地形の上を走る時も，下部構造は継手によって調和を保って動き，車体は独立した慣性平衡状態を維持した。

　かじとりのできる後輪は，ダイマキシオン・カーに特別の機動性を与えた。19フィート½という車長は，1933年型フォードセダンよりも長かったが，頭から入って尾部を横方向へ適当に動かすことによって，フォードセダンの必要とする空間より1フィート短かい狭い場所に駐車することができた。それは，自分自身の長さの空間があれば回転できたのである。

　ある日，フラーは『ニューヨーカー』誌と『フォーチュン』誌の編集者たちで車を満席にして（この車は運転手の他に10人の人を運ぶことができた），57番街から5番街へ鋭いカーブを切った。交通警官が彼に止まるように信号を送り，「これは一体何ですか」と尋ねた。フラーは窓を開き，ダイマキシオン・カーがどんなものであるか警官に辛抱強く説明しながら，ゆっくりと警官のまわりを一周して見せた。驚いた警官はもう一度やってくれと頼んだ。これは，まだ信号のない時代のニューヨークでの昼時のことだった。各交差点には警官が職務についていた。56番街の警官が57番街で起こったことを見ていて，個人的な興味からもう一度回るように要求した。55番街の警官は，ひとつ北の区画で交通整理をしていたが，フラーの車を止めた同僚に遅れをとりはしなかった。フラーは57番街からワシントン・スクウェアに至るまで，勤務中のすべての警官に回転してくれるように頼まれたのであった。その日は，この鼻の長い高速の乗り物が都心のただの1マイルを行くのに丸1時間もかかったのである。

　ダイマキシオン・カーは，ニューヨーク市内の交通を止めてしまうものとなった。ニューヨーク証券取引所の外に駐車していた時には，金融街のすべての交通の流れを止めてしまい，フラーはニューヨーク警察から特別の好意をもってだが，カナル街以南ではその車を運転しないように頼まれたのである。

　1934年のニューヨーク・モーターショーの担当者は，グランド・セントラル・パレスのショウにその車を展示するためにフラーを招待した。ギリギリになってその招待は取り消されたが，それはクラ

イスラー株式会社の要請であったと思われる。クライスラーは，自社の流線型自動車の紹介を劇的にしうるため，真中の見晴らしのよい展示空間を買っていたのである。ところが，そこにはアマチュアによって，無料で最良の流線型自動車が陳列されそうになったからである。その時のニューヨーク市の警視総監であったリアン長官は，直接グランド・セントラル・パレスの玄関の正面の通りに駐車してほしいとフラーを招いた。華々しい公開の日，フラーはダイマキシオン・カーを運転してきて駐車し，再び交通の流れを止め，ショウを独占したのである。

　1932年から1934年の間に，フラーは3つのダイマキシオン・カーを製作した。それらのすべては最終目標の万能輸送機関のもつべき特徴を試験するための実験モデルであった。この意味で，それらはすべて原型であった。最初の車は，キャプテン・アルフォード・ウィリアムズ——当時の水上飛行機のスピード世界記録保持者であり，ガルフ精錬株式会社の航空部門の支配人であった——に売られた。ウィリアムズは，この車を「自動車産業に航空側から最大な寄与をするもの」と呼んだ。そして，航空機燃料の販売を促進するための全国的なキャンペーンをしてダイマキシオン・カーで国中をかけめぐった。

　2番目の車は，イギリスの熱心な自動車愛好家のグループの注文でつくられた。彼らはウィリアム・フランシス大尉に委託して，イギリスの航空専門家である，フォーブス・センビルに第1番目の車の性能テストのための渡米を依頼した。フォーブス・センビルは，ツェッペリン伯号で海を渡ってきた。ツェッペリン伯号は万国博覧会が開かれていたシカゴに立ち寄った。ウィリアムズ大尉はダイマキシオン・カーをピッツバーグからシカゴへターナーという競技ドライバーに運転させて，フォーブス・センビルの指定した場所に到着するように送り届けた。そしてフォーブス・センビルの出発の準備ができたところで，ダイマキシオン・カーで彼をシカゴ空港まで送り，そこからアクロンまで飛ぶ手はずになっていた。アクロンにはシカゴ寄港を終えたツェッペリン号が停泊していたのである。しかし途中で，ダイマキシオン・カーはもう1台の車と衝突してしまった。2台ともひっくり返ったがダイマキシオン・カーを運転していた男は死に，フォーブス・センビルも重傷を負った。事故現場はあと一歩で万国博覧会場の入口というところであった。

　記者たちが現場に着いた時には，もう1台の車——シカゴ公園協会に属する車だったが——はすでに運び去られていた。新聞はダイマキシオン・カーに関するニュースだけをデカデカと書きたてた。見出しは例外なく意地悪かった。あるものは「ツェッペリン乗組員，気まぐれ自動車の衝突で死ぬ」であり，別のは，「三輪乗用車，運転者を殺す」であった。『ニューヨーク・タイムズ』は「車がすべり，カメのようにひっくり返って，数回ころがった。警察は明らかに道路の起伏の衝撃によるものだと言っている」と報じた。もう1台の車については何の言及もなかった。

　30日延期された検死の結果（フォーブス・センビルが傷ついていたから遅らされたのである）2台の車が時速70マイルで抜きつ抜かれつの競走をしていて起こした衝突事故であると確認された。この事実が記録される頃にはその衝突事故はニュースの価値を失っていた。初めのころの報道は新聞で修

正されることはなかった。

　ウィリアムズもフラーも，ダイマキシオン・カーの機能部分の注意深い検査と，一連の出来事を再現してみて，ダイマキシオン・カーそれ自体は事故の原因となるような設計構造上の欠陥を何ひとつ持っていないと確信した。車は修理されウィリアムズはそれを標準局の自動車部長に売った。10年後，それはワシントンにある標準局の車庫で火事のため灰になってしまった。2号車は1934年1月に完成した。しかも，非好意的な報道のせいで例のイギリス人のグループは欲しがらなかった。しばらくして，フラーは完全に無一文になったが，彼はそれをブリッジポートの機械工のグループに売った。3号車は，レオポルド・ストコフスキーとその妻エヴァジリン・ジョンソンによって引き取られ，万国博の2年目の期間中，シカゴの展示場に置かれた。それは結局何回も売り買いされたが，しばらくの間はニュースにはならなかった。1946年，カンザス州ウィチタで地方のキャデラック販売者に買われた時に，ようやくニュースになった。今でもウィチタの個人の車庫にしまいこまれて存在しているという話である。

　1943年，ヘンリー・カイザーの要望でフラーは，自動車技術の最新の成果品を使用して，再びダイマキシオン・カーを設計した。実現しなかったその設計によれば，そのタイプは3つの分離した空冷式のエンジン（シリンダーに対して）——それぞれが可変的な液体駆動によって個々の車輪に連結されている——を動力としていた。エンジンと車輪は一組として取りはずすことができた。エンジンが故障した時や分解検査が必要となった時には，そっくりそのまま予備のものに換えることができた。エンジンそれ自体は，常に最適の速さで動き，車の速度は連結部品の中の油の量を変化させることによって，調節することができた。このエンジンと車輪の連結方式は，最小の大きさのエンジンで最大のトルクを可能にした。それらのエンジンは低馬力——15〜25馬力——であった。そして，エンジン1基だけで巡行速度を維持することができるから，一旦動き出してしまえば車はガソリン1ガロンにつき平均40〜50マイル走ることができたであろう。丘を登るとか急加速をするために付加的な力が必要とされる時には，2番目と3番目のエンジンが自動的に働くのであった。

　カイザーのために計画されたこのダイマキシオン・カーは，巡行速度では前輪によってかじをとるように設計されていた。後輪のかじは，鋭いカーブをきる時の補助として計画されたのだが，通常のハンドルに取り付けられたL形ハンドルによって作動した。すべての車輪が同じ方向に向けられると，車は駐車場の中にカニのように横走りに入っていくことができた。後輪が前輪とは反対の方向に向けられる時は，車全体は同じ場所で「中華料理卓」のように回転することができた。新しいダイマキシオン・カーはアルミニウム構造だったので，その重さは620ポンドであった。5人の乗客が，前の座席だけに並んですわることができた。後輪は伸縮性の張り出し棒に装着されていた。高速では，その張り出し棒は車により長いホイールベース，スムーズな乗り心地を与えた。車が減速する時には，張り出し棒は自動的に縮められた。

エネルギー構造へのダイマキシオン

　1936年，3台目のダイマキシオン・カーの完成とともにフラーは無一文になった。彼は研究および製品開発部門の設立を手伝うためにフェルプス・ダッジ株式会社で働くことになった。仕事は非鉄性の金属をこすり合わせるブレーキドラムの新しい型を設計することであった。頑丈な青銅で作られ固いゴムをぴったりと張られた，このドラムとブレーキシューはブレーキを踏んだ時に発生する熱を，鋼性の物質を使った時には不可能な程すみやかに伝導することができた。こうして，このブレーキ装置は「（大地が車を）急にひっつかみ」「車の勢いを消す」ような停止の仕方をなくし，しかも，それまでのブレーキ装置が作動するのに必要な減速時間を半減させたのである。フラーのこの青銅製のブレーキ装置は，現在，重爆撃機の車輪に使用されているディスクブレーキの冶金原理のはじまりであった。この期間のもう一つの発明は，すず鉱石を酸化アセチレン炎で分解するフラーの遠心分離機にかける方式であったが，これも上々の結果が得られた。この装置は，他の経済的な精錬方法では生産できなかった，すず鉱石の一形態の「手に負えない奴」の処理に使われた。

型押しで製作された浴室

　しかし，もっとも劇的な開発は，あらゆる付属品と設備を完備し，型押しで大量生産できるように設計されたダイマキシオン浴室であった。大半のフラーの発明と同じように，この浴室も1927年の最初の4Dダイマキシオン住宅のために設計された。1930年，彼はその最初の実物大の試作品を，アメリカのラジエーター製造株式会社が出資しているピアス財団のために製作した。けれども，この試作品は公表されなかった。フラーの言葉を借りて言えば，「生産者は鉛管工組合（上下水道衛生工事者の組合）がこの浴室を取り付けることを拒否するだろうと確信していた」からである。しかし1936年にフェルプス・ダッジ社で現実化されたフラーの設計は，当時のセダン型乗用車の車体と同じくらいの費用で，浴室の全部を大量生産することが可能であった。冷蔵庫や電気洗濯機と同様に，これらの浴室はどんな家にもすぐに取り付けることができた。規格製造された多種多様の取り入れ口，換気口，および排水管，電源がそれぞれ必要な場所に連結されると，もう浴室は使うことができるようになっていた。これらの浴室が，最低限の実用衛生施設ではなく，すべての標準設備と空調装置のようないくつかの新しい設備を備えたぜいたくなものであったことは強調しておかねばならないだろう。1ダースの試作品が生産されうまく取り付けられ，現在でもその半分以上がまだ使用されている──フェルプス・ダッジの実験室で作られた当時と同様正常に──。

　ダイマキシオン浴室は，湯舟シャワー部分と便所部分からできていた。完成したユニットは四つの部分から成り，その各々は薄板の物質によって型づけられ，それぞれの部分は2人の男が容易に持ち上げ運ぶことができる程の軽さであった。その基本的な四つの部分を浴室として結合しているのは簡単なボルト締めであった。浴室の内面はすべてがひとつの同質的な面──ふつうの部屋に見られるよ

うな角張った隅の代わりに滑らかな曲面になっていた。二つの部分のそれぞれは，独立した設備として取り付けることもできた。たとえばこの方法で便所部分が使われる時には，シャワーも取り付けることができて，その場合，シャワーは便所用設備からも分離されていた。配管設備と空調装置を含んだ完全な浴室は，5フィート平方の床面を占め，420ポンドの重さがあり，鉄磁器で作られた，通常の湯舟と大体同じくらいの重さであった。

　フラーはダイマキシオン浴室を，プラスティックが充分に開発された暁には，プラスティックで実用生産されるように設計した（プラスティックが実用されるという彼の信じていた状態は，今や実現されている）。後出の写真No.85～87の浴室の試作品において，便所とシャワーのおのおのの部分の下半分は銅板で作られ，内面に銀，すず，アンチモンの耐腐食性合金が張られていた。上の半分は，アルミニウム板で作られ，内面は自動車の仕上げ時に使う着色合成樹脂が塗られていた。内面がたたかれた時の金属音を消すために，外面はすべてマスチックとアスベスト材料が吹き付けられていた。二つの部分は，配管部分とボイラーを入れる6インチの仕切りをはさんで組み合わされた。仕切り部には通路となり，湯舟シャワー部分の腰掛の役割りも果たすU字形に切られた戸口があった。容易に清掃できるように，湯舟シャワー部分の床は9インチだけ高くなっていて，コルク張りの踏み台が取り付けられていた。工場で組み立てたり，現場で組み立てたりして，各地域の様々な建築法規上の要請や労働政策に適合できた。換気は，便所部分の下に配置された小さな換気扇でなされ，空気は近くの部屋から取り入れられ排気管を通って外へ排気された。熱は各部分の隠された部分に取り付けられた電気抵抗加熱器で供給され，各部分に伝えられ，金属性の壁によって浴室使用者が暖をとることもできた。便所と湯舟シャワーの間の戸口の天井に備え付けられた照明施設によって，二つの部分には間接的な照明が与えられた。他の個別の照明としては，標準薬戸棚と湯舟シャワー部分の床に特別に備え付けられた，水と床を浮きたたせる間接照明があった。

　最初の浴室は，デトロイトのウィリアム・B・スタウト技術株式会社の実験室で製作された。後に改良型がフェルプス・ダッジ株式会社の子会社であるニコルズ銅株式会社の研究実験室で，研究者の用に供するために作られた。1年後，その浴室はクリストファー・モーレーのロングアイランドの住宅に移された。他に12の型が1937年と1938年に作られ，そのうちの11の型は，結局個人の住宅に取り付けられ，そのいくつかは今でも充分使用することができる。ある浴室はワシントンの標準局の水理試験室に取り付けられて，アメリカのあらゆる建築法規に適合することがわかった。

　以上のことにもかかわらず，ダイマキシオン浴室は一般的には使用されなかった。フラーは，ダイマキシオンの生産を阻害しているのは建築業界の一般的な性向しかないと主張しているけれども，この性向は，フェルプス・ダッジの最大の取引先であるスタンダード・サニタリー株式会社が，明らかにまだ配管工組合を恐れていたために，フェルプス・ダッジに対し，スタンダード・サニタリー・アメリカが，「わがラジエーター部門の業務は，ダイマキシオン浴室の開発が促進されたら困る」と警告

したという事実が，こうした建設業界の性向に強く働いたといえるだろう。フラーによれば，「会社側の反応は不運であった。なぜなら，配管工組合は1936年，組合機関誌『ラドル』に公式声明を出し，地方の配管工たちはダイマキシオン浴室を熱烈に支持している。というのは，公営賃貸住宅には備え付けの浴室がなかったが，ダイマキシオン浴室は冷蔵庫と同様，家庭用家具といっしょに動かすことができたからである。ダイマキシオン浴室は，国中の配管工に現在電気技師が享受しているような，いくつかの家財抵当権市場を供給するだろう」と述べている。

ダイマキシオン展開型ユニット

フラーが「試行的平衡」になるだろうと考えた産業は，ダイマキシオン・カーにもダイマキシオン浴室にも，特別な興味を示さなかった。ダイマキシオン住宅は，彼の頭の中で冬眠していた。

基本的な思想の発端と，それが社会に受け入れられるための条件が成熟するまでには25年位のずれがあると考えたが，この独創的な計算に基づくと，1950年代にいくつか起こるはずの技術革命を待ちつつ冬眠していたのである。その間，彼は他の活動や計画に没頭していた。1938年から1940年まで，彼は『フォーチュン』誌の技術コンサルタントを勤めた。戦時中はワシントンにいて，最初は戦時経済委員会の機械技術室の企画者として，次には海外経済統治機構の企画者代理の特別助言者として働いた。この期間中に開発したものとして，緊急避難所の特別の型である，フラーのダイマキシオン展開型ユニットがある。1940年夏のある日，フラーは，彼の友人でノーベル賞受賞者のクリストファー・モーレーと一緒にミズーリ州をドライブしていた。マーク・トウェインがかつて住んでいたハンニバル地方に近づいていた時，フラーは，メッキされてキラキラ輝く波型鉄板でできた穀物貯蔵庫の一群をさして言った。「小麦畑の中の，ほら，あそこに小さな鉄製の円筒が見えるでしょう。あれが工業の大量生産状況のもとで規格製造される現在の小住宅にとって，技術的にもっとも有効な単位となるものですよ。その上，あの穀物倉庫は小家族が住むには広く，しかも耐火構造建築物でありながら，床面積1平方フィートあたり1ドル以下の原価で供給できるのです。」この原価は，当時の自由競争市場での建設価格の80パーセントであった。彼は，同じ壁面積で囲う時，円筒形の方が立方体よりも大きな空間を囲えることを説明した。適当な材料を用いれば，壁は頑丈になり内側から何の支持も支柱も要らないし，円筒形は内部に熱のもっとも有効な分布を生み出せるうえ，その生来の流線的な形状は，外界への熱損失を最小にすることができる，というのである。これは，フラーの考えであったが，それについて何かやるには金が余りにもなかった。

「ぼくが，今やりたいことを言いましょうか」とモーレーは言った。「ちょうど『キティ・フォイル』という小説を書いているんだけれど，もし『キティ』が成功したら，彼女にきみの円筒状鉄製住宅の生産を手伝わせようと思っているんですよ。」

『キティ・フォイル』は驚くべき成功を収めた。そして，彼女はモーレーのことば通りフラーに貢献したのである。フラーは自分のダイマキシオン展開型ユニットのために立案した基本的な計画を携えて，カンザス平野に点在していた穀物貯蔵庫群の製造元である，バトラー製造株式会社のもとへ急行した。その結果アメリカ陸軍の通信部隊および空軍は，空輸にも充分な軽さで非常に遠くの人里離れた場所でも敏速に組み立てられる，簡単なレーダー観測装置舎を所有することができたのである。ニューヨークでは，現代芸術博物館が，ダイマキシオン展開型ユニットの一つを特別展示品として庭に置いた。戦時中には何百ものダイマキシオン展開型ユニットが，太平洋諸島やペルシア湾地域で作動しているのが見られた。フラーのデザインを盗用した何百もの試作品がサウジアラビアで使用された。

　アメリカ政府が，鉄鋼の使用を制限した時，供給担当者は，ダイマキシオン展開単位——住居としてのみ使用されるもの——に高い優先順序を持たせられない，という結論に達した。17年後（1957年），興味深いことが起こった。フラーがモーレーと共にかつて旅したことのある道路を妻とドライブしていた時のことだった。ハンニバルに近づいて，フラーは，あの構想を思いつかせた穀物倉庫群を再び見ていた。「クリストファーを思い出すなあ。彼はなんて暖かくて心が広いんだろう」と彼は言った。その直後，彼がカーラジオのスイッチを入れるとニュース・アナウンサーの厳粛な声が響いてきた。「ノーベル賞作家のクリストファー・モーレー氏が本日亡くなりました。」

　省みれば，モーレーと『キティ・フォイル』がフラーに与えた実際の財政的援助はノックス砦の重要性ほどではないことは明らかだろう。その金はフラーがバトラーの人びとと話すための飛行機代と最初の1週間のホテル代をまかなう程度のものだった。しかしフラーにとって，モーレーの援助はそれが気前のいいものであったのと同様，重要で画期的なことであった。彼は言う，「モーレーは私に金では決して買えない何かを与えてくれました。創造への情熱の回復，人間の独創力に対する信頼と喜び，逆境という逆説を乗り越える面白さ，そしてクリストファーが，ドン・マルキスの葬式の時に『ぼくたちが知り得る最も高貴な聖霊，すなわち創造的な想像力』と語ったものの支配に完全に服従することなどです。」

ウィチタの住宅

　1944年には，戦争努力を最大に傾けるべき航空機産業に深刻な労働力不足が広がっていた。たとえば，カンザス州ウィチタ市では，航空機生産の必要から前年には人口が10万人から20万人に急増し，人びとは昼夜三交代制で眠りについていたのだが，突然労働者達が他の都市の他の産業分野での仕事を求めて去り始めたのである。平均して退職者の数が1工場1日あたり200人にも達するような状況になってきた。労働組合の指導者達は労働の転換は，人びとが航空機産業の戦後将来性が信頼できないと感じることによるものであると信じていた。

ワシントンのある人は，航空機産業が戦後住宅部門に転進する可能性について，フラーが話していたことを覚えていた。ＵＡＷ（米国自動車航空機農具製作従業員組合）のウォルター・ルーザーや国際機械工組合のハーヴェイ・ブラウンを含む労働指導者達がフラーの話を聞きにきた。「あなたの住宅は労働者の置かれている状況にどんな寄与をなし得るのですか」と彼らは尋ねた。「二つの寄与の仕方があるでしょう」とフラーは答えた。「まず戦後の差し迫った住宅不足に対する応急処置となるでしょう。また，航空機分野で恒久的な雇用を確保するという寄与もなします。なぜなら，ダイマキシオン住宅もＢ29の胴体もそのアルミニウム部分の製造方法には何ら基本的な違いがないからです。」「もし，充分な時間と金と原料と知識があり，ダイマキシオン住宅に振り向けられたならば」とフラーは続けた。「ダイマキシオン住宅は，世界中のあらゆる場所で電話を取り付けるのと同じくらいの速さで，取り付けることができるでしょう。このように資源を経済的に使うことによって，世界中の人びとがそれをあまねく利用することができるようになるのです。」しかし，1927年に始まるこの新しい産業の懐胎期間が $1/4$ 世紀であるとする独特の見積りによれば，その誕生日は1952年になると指摘した。それ故，1944年にすることはすべて懐胎的機能に帰することができたのである。この新しい産業を商業ベースに乗せる企てとして考えるには，まだ時期尚早であった。600ポンドの重さの住宅が当時1ポンドあたり1ドルであった。最高級乗用車を同じ重さだけ作る時の費用で大量生産できることを示しながら，フラーは労働者達に構想を話し，設計図を見せた。「すべての部分品は300平方フィートの空間に詰めることができるのですが，組み立てると12,000平方フィートにもなるのです。居住者は，取り付け原価と毎月の維持費とを払って，この住宅を借りることになるでしょう」と彼はつけ加えた。

　国際機械工組合の副会長であるエリック・パターソンとエルマー・ウォーカーは2人ともビーチ航空のジャック・ガティならこの住宅に興味を抱くに違いないと確信した。「ビーチ航空の労使関係は航空機産業界の中でもっともよいのです。もしあなたがウィチタ市へ行くなら，ガティとビーチ航空で会うようにわれわれがとりはからってもよいのですが」と彼らは言った。

　フラーはカンザス州へ飛んだ。「あなたと仕事をしましょう」とガティは言った。「ビーチ航空工場内に必要な空間をとり，道具をお貸しし，ビーチ航空購買部門の便宜をはかりましょう。すべての空間や設備を名目上，空間の基本賃貸料金だけお払い下さい。その道の最高の技術者や機械工を，日給計算でおつけしましょう。すなわち，あなたは全く資本投下せずに稼働中の航空機工場の中で活動を始めることができるのです。あなたは，あなた個人の原料代や電話代などを支払って下さい。」航空機産業に高い優先順位が割り当てられていたことから考えても，申し出は破格なものであった。フラーは政府での職を辞し，ウィチタ市へ移って新しいダイマキシオン住宅の設計図や明細書を描いた。その間，彼はいろいろな機会があるたびに，ウィチタ地域の多くの航空機労働組合支部から講演の招きを受けた。この結果は，すぐに雇用事情に目に見える変化をもたらした。ウィチタ地域のすべての航

空機工場で，それまで毎週毎週雇用者が減っていたのが，突然実質的に増加し始めたのである。（ウィチタ市でのこのような労働状況の急転は，フラーが航空機産業へ住宅に関する企画を持ちこんだことに直接帰因するというのは，戦時生産局，戦時動員委員会，空軍及び航空機労働組合が一致して認めるところである。）こうした労働傾向の持続をはかるために，空軍は太平洋戦線において，二つのダイマキシオン住宅を急ぎ使用するように命令したのであった。戦時生産局と戦時動員委員会は，物質と人間のために最優先すべき部門としてもっとも価値のある武器の中に，このダイマキシオン住宅構想を含めたのである。この構想が，人間か物質かどちらに利用できるかということは，その基本的な利益からみればとるに足らないことであったが，時の経つにつれて，この決定が正当だったように思えてきた。ウィチタ地域での航空機産業の雇用の増大は，日本の降伏の時まで続いたのである。

　最初のウィチタ住宅（ウィチタ市で製作されたダイマキシオン住宅）が，ようやく公開されると，多くの人びとがその広々としてぜいたくな雰囲気にため息をついた。丸みを帯びた天井は，中心で16フィートの高さがあり，プレキシガラス製の窓が，住宅の全周108フィートのすべてにはめこまれていて，伸縮式の戸は必要なプライバシーを与えた。ここは休息できる部分であり，送気管があり，そして広げられる視界があった。ビーチ航空の推計によると，この住宅の構造部品や機械部品を大量生産する時の費用は，大体1,800ドルであった。この推計は，ダイマキシオン住宅が，輸送費や販売者利益や取り付け費用を加えても，キャデラックと大体同じ6,500ドルという値段で，消費者の利用に付するよう製作されるだろう，ということを示していた。

　ウィチタ市のその住宅を訪れた人は，熱狂的流行の中にかき集められてしまったようであった。『フォーチュン』誌の編集者は次のように述べている。「逆説的に言えば，それはフラーが自分の住宅が見る人のすべてにそのような衝撃を与えるからといって，妥協して足踏みしなかったからである。この住宅が全く急進的であったため，昔からの伝統的な住居と比較する基準がないからである。大部分が露出したアルミニウムも，プレキシガラスの窓の内面を通って床を支持している細い銅線も，共にリベットで留められているのがわかる。フラーの住宅ではこのようなことがすべてうまく適合しているように見えるので，いちいち解説をつける必要はほとんどないと思われる。球状の形態――最初は，これは何だというような疑惑を起こさせる――は，内部からは極く自然に見えるが，あまり気分のいいものではない。もっとも意外なことは，多分全体的にぜいたくだという印象を与えることであろう。」また，反応が一般に大変好意的だったので，ビーチ航空の労働支部が難点を探し出そうとしてそっと調査した，という報道もなされた。28人のウィチタで働く労働者の妻が質問されたのだが，彼女達の反応は次のようであった。①「きれいだわ」②「私なら30分で掃除できてしまうわ」③「買いたいわ」28人のうち26人がこうした反応を示したのであった。

　突然，戦争が終わった。労働力不足はもう差し迫った問題ではなかった。住宅不足問題は労働問題と分離してきた。そして，もしダイマキシオン住宅が組み立てコンベアラインに乗せられるならば，

大量生産機械を導入するために1,000万ドルがさらに集められる必要があった。ダイマキシオン住宅の生産に以前から乗り気でなかったビーチ航空の人びとは，自分達が開拓した民間航空機の生産へ再び注意を向けたのである。ダイマキシオン住宅の支持者達の間でも，戦後いろいろな流派ができ，それらの矛盾した計画は行き詰り，すべての開発計画が没にされてしまった。フラーは努力家であり情熱家であるということで思い出されるだけであった。彼は，他人の投機的なカンに左右される，開発という歴史の一コマの中で，再び自分の構想を展開することができないような決定的状況の中に取り残されてしまったのである。

4 エネルギー・共エネルギーモデル

エネルギーと共エネルギーの幾何学

　マサチューセッツのミルトンで通学していた頃のフラーは，旺盛な批判精神を持ちつつも熱心に幾何学を学んだ。しかし，どこの学校でも多かれ少なかれみられたように，先生が「点や線や平面や立体は実在すると考えられる」と言った時に，フラーは「その頃すでに本当はそれらの存在は一角獣のひづめの跡と同じ位に空想上の産物でしかないのに，何か欺瞞が含まれている」と考えたのである。フラーはずっと抽象理論を心から信奉してきた。しかし彼が受け入れるのは経験を通して立証された抽象理論あるいは演算形式なのである。彼は極めて実践を重んじるピタゴラス学徒だったのである。

　存在しないものを存在するとしたり，それら存在しないものに通用する法則を記憶したりすることは，「盲人が，トランプを握って自分の手がどの位良いかを知らないということにわくわくと興奮して果てのない『せり上げ』をしているようなものだ」とフラーは段々と考えるようになった。

　しかし幾何学の諸法則を素朴一徹の経験主義者をも満足させるように解釈することもできる。

　力は存在するとする。その引っ張りが線をなす。その効果はグラフ上で測定することもできる。力は（エネルギーのベクトルとして）一定の様式の下に現われ，その振舞いには規則性がある。ベクトルの長さは，質量と速度との積に比例する。ベクトルのもとをたどると角度を測定することになる。そしてこれらのベクトルは常に速度を表わすので，これらはまた，熱力学の原理によれば，時間と熱とをも表わすものでなければならない。

　さらに，人間は数学的座標体系と，化学や物理や生物などの，自然に関するいくつかの独立した理論とを作り上げた，とフラーには思えた。そしてこれらの任意の座標体系と，それぞれ独立している諸理論とを手に，人間は自然を捕えて，計測しようとしているのである。測定結果が，これらバラバラな体系からみて有理数にならない時は人びとは自然はつむじ曲りで，冗漫で，無分別なので，π (3.14159……) のような無理数によって特徴づけられる，と理屈をつけてしまう。

　自然は完全に有理的な鋭い測定体系を，それ自身で持っていることも充分あり得る，と彼は推論した。化学元素の結合比はつねに有理数である。たとえば水の水素と酸素は H_2O であって，決して $H_\pi O$ のようにはならない，と彼は考え，さらに自然は化学とか物理とかいう別々の分野に分かれているのではない，と考えられると思った。自然を充分に観察することによって，特定の分野での知識や基礎理論に頼ることなく，自然に存在するすべての複合体を図解し評価することができる。そしてこのように図解したり，秩序正しく整理することによって，自然界のすべての変化と調和とを支える物の普遍的な行動様式がわかるのではないか，と思った。

　1917年から彼は，自分で観察したり発見したりしたエネルギーのパターンを一つの論理的体系にまとめ上げようとした。こうしてできたものは，様々な分野に及ぶ命題と証明の一群で，彼はこれをひとまとめにして，エネルギーと共エネルギーの幾何学と名付けた。

　次のような驚くべき事実が明らかになってきた。フラーは，人間はいくつかの小さい構造物を材料

として大きな構造物を作りだすのではない，つまり目に見えない結合物から目に見える結合物を作るのである，ということをはっきりと認識した。しかしながら目に見えるかどうかという限界があるからといって，それは，それが人工物か天然物かという目安にはならないのである。人工物と天然物とには事実上限界はないのである。

橋や建物や骨組やトラスのような人工の構造物の振舞いと，結晶や分子や原子のような微細な，目に見えない構造物の振舞いとの間には共通した様式があるという事実にフラーは注目するようになった。マクロな世界での力の様式はミクロの世界でのそれと本質的に異なってはおらず，力は同じように作用し合い，宇宙のうちでもっとも経済的な平衡状態へと移行していくということが彼には明らかになった。

この想像が正しいとすれば，あらゆる物質構造を支配する重大な法則を，一つの首尾一貫した数学的体系の下にまとめることができることになる。エネルギーはえこひいきしないし，「見え」たり「見えな」かったりすることとは無関係なのである。

このエネルギーの幾何学の探究の一つの成果としてフラーは，球の「最密パッキング」と彼が名付けたものを発見した。個々の球はすべての力が平衡状態を成しているエネルギーの場の理想的なモデルとして考えられていて，したがってそのエネルギーのベクトルは長さも，なす角度も等しいのである。

ずっと後年になってフラーは，ノーベル物理学者のウィリアム・ブラッグ卿が1924年前後に，原子の集塊の中に同様な幾何学的配置をフラーとは別に発見して，この極めて基礎的なエネルギーの現象に，「最密パッキング」という同じ名を論理的整合性からつけた，ということを知った。

しかしながら，球が中心の球の周りにできるだけ密に，同心状の層をなくして詰め込まれると，その模様にも一定の規則性がでてくる。この規則性は，包括的なベクトル量子幾何学によって説明される。フラーにとってこの形態は，原子や卵の殻や人工ドームの内部で相互作用している力の場が作りだした形状についての説明を明確に与えるので，宇宙の基本的な幾何形態なのである。この幾何学の原理が産業用の構造物に応用されるなら，最大限の強度重量比が得られる。

この形態の持ついくつかの特徴を述べよう。

今，一つの球が同じ大きさの球に完全に囲まれていて，できるだけ密に詰められていると，過不足なくちょうど12個の球で周囲をとりまく層ができる。

最初の層の周りに第2の層または殻を作ると，それを完成させるには42個の球が必要である。

第3の層または殻を作るには，92個の球が必要である。フラーによれば，この構造は自然界で発見される化学元素が92個で，それらが各々，再生的な原子システムになっているということや，元素表の92番目の原子であるウラニウムの核エネルギーのパターンとの類似を示唆する。今最初から第3層までの球の数の12と42と92とを加えると合計で146となり，これはウラニウムの中性子の数に等しいことをフラーは発見した。

フラーは有限なシステムのすべての層は「内側には内への結合可能性」をそして「外側には外への結合可能性」を持っていると考えた。そして原子のシステムの外側の層は常にその球の数と同じだけの「満たされていない結合可能性」を持っている。したがって，新たに92個を最初の三層の球の数の合計146個に加えることになる。総計は238で，これは原子量238のウラニウムの核粒子の数である。
　一つの中心となる球の回りには球の層(殻)を無限に付け加えていくことができる。しかし，どの層も球が接し合ってできている完全な，対称的な囲いである。
　どの層（殻）の球の全数も，その層の番号の二乗（平方）に10を掛けて2を加えたものとして計算される。（第三層の球の数92は$3^2 \times 10 + 2$である。）
　どの層の球の数も，その層の半径が核球システムの基準半径の何倍であるかという数の二乗（平方）という因数が入っているので，アインシュタインのエネルギーの方程式と，ニュートンの重力の方程式とに共通して基本となっている二乗の因数と，この二乗の因数とは，自然界は球の最密対称集塊になっているという事実の下で，一致をみせている。両方程式ではともに，その問題となるシステムの半径の分割数の二乗がそのシステムの値や相対的行動を支配するとフラーは考えた。
　各層で二乗の因数に加える二つの球は，それぞれの層の直径の両端に一つずつあって末端の極としての役割をはたす。この「極」の球は，その原子システムの回転の中心軸となる。「凸や凹の結合可能性や不可能性，つまり引力や斥力を潜在的に持ち，二乗とともに増える殻とこの二つの球とは分けて計算することができる」とフラーは言った。
　10を掛けることは原子の各半球にある対称な三角形状の配置の数と関係があることを彼は見つけた。両半球の三角形状の配置の数を調べるには，この数を倍にすればよい。

「ダイマキシオン」ないし「ベクトル平衡体」

　中心となる球の回りにもっとも密に詰められた球は，予期されるような球面状をなすのではない。それらは，14の面をもった多面体をつくる。このうち六つの面は正方形であり，八つの面は三角形である。
　この，球が中心球の回りに最密に詰め込まれた時に必ずできる14面の幾何学的「立体」にフラーがつけた名前は「ベクトル平衡体」というものであった。それはこの立体の放射方向のベクトルの大きさは，周方向のベクトルの大きさとちょうど同じだからである。力学のことばでいえば，この図形は，外への放射状の圧力が，弦方向の束縛力とちょうど釣り合っているのである。それゆえこの形はベクトルの平衡体なのである。
　技術的には意味のある言葉でも，視覚的に訴えてこなかったり，イメージを伝えなかったりする言葉が多くある。そこで，このベクトル平衡体の特性を述べなおすことも有用であろう。この図形のす

べての辺は同じ長さであり，この長さはまた任意に選んだ一つの頂点と図形の中心との間の距離に等しい。このため，ベクトル平衡体は，その中心から放射する力の線と，その周囲から（樽のたが状に）中をしめつけようとする力の線とのなす平衡状態なのである。方向のつけられた力の線は「ベクトル」として表わされるので，ベクトル平衡体は，その名前が示す性格，つまり全方向についての力の平衡を正に備えているのである。潜在的な爆発力の大きさは，外側の結合による束縛力の強さとちょうど釣り合っている。力の方向を逆にすれば，中心に向かって収縮しようとする力の大きさは，アーチ状になって収縮させまいとする外側の力とちょうど釣り合っている。

　フラーはかつて，この平衡状態の形を「ダイマキシオン」と呼んだ。「ダイマキシオン」という，彼にとって個人商標のようになっていた言葉を，ベクトル幾何学以外の幾何学ですでに認識され，また時として結晶幾何学で「立体八面体」として表記されているこの図形の名前としたのは自負心からの宣伝行動であった，とフラーは後になって述べている。彼はそれ以降この図形の力学的特徴について叙述している「ベクトル平衡体」という言葉を代わりに用いるようになった。

　しかし，まだ指摘すべき点がある。ベクトル平衡体は，中心球の周囲に球を最密に詰め込んだ時に作られる図形である。だから，これは，このような特定の状況の下での力の平衡状態を示すモデルである。しかし，もし中心球がなければどうなるのだろうか。フラーはこの重大な点についても次のような発見をした。球を密に詰め込んでおいて，中心球を除去したり圧縮したりすると，残りの球はお互いに近づき合って20の面を持った正二十面体をなすようになる。このことから，ベクトル平衡体は正二十面体に変形可能で，その逆もまた正しい，ということになる。両者は近い親類なのである。どちらも十二の頂点を持つ，つまり同じ数の球が表面をつくる。どちらも対称的な規則性の原型なのである。つまり，どちらも，互いに循環して移り変われる諸相の連鎖という家族関係の中の一員であるのである。そしてこれをフラーは「再生的」と呼んでいるのである。フラーは，規則的な（等辺の）幾何学的図形が一族をなしていることについて，彼がジタバッグと呼んだところの構造物を用いて示した。ジタバッグは伸縮自在な継手で組みたてられた普通のベクトル平衡体である。これは，支えられている間は八つの三角形と六つの正方形とからなる完全なベクトル平衡体である。しかし，支えがなくなると，様々な段階を経過して，対称性を保ちつつ縮んでいく。まず正二十面体に，次に正八面体になり最後には正四面体になるのである。

　以上のことから，ベクトル平衡体も，正二十面体も，正八面体も，正四面体も，同じ力の構成の異なった諸段階に過ぎない，ということがわかる。

　しかし，ベクトル平衡体の段階では，システムの「凝集」しようとする性向と「爆発」しようとする性向とがちょうどバランスしていたのに対して，正二十面体や正八面体や正四面体の段階では，周囲の「凝集」方向のベクトルが，内部の，「爆発」方向の放射状のベクトルを押しつぶして，ずっと高い構造的安定性を持っている。逆に，ベクトル平衡体を膨張させる方向に変形すると，「爆発」し

ようとする放射状のベクトルが，周囲の凝集力を与える有限なベクトルより大きくなり，構造的に不安定な形となる。

後年，超ウラン元素が作られて，それがいくつかの破片に分解して，二代目ができたことが発見された時もフラーは少しも驚きはしなかった。超ウラン元素は，超ベクトル平衡体の形をしていて，放射状のベクトル（「爆発」方向の力の線）が，周囲の束縛力より大きくなるような原子のつくりになっているのである，とフラーは説明した。

球の最密パッキングからベクトル平衡体へ，ベクトル平衡体からジオデシック・ドームへ，と進んだフラーの論考の跡をたどることは容易ではない。

しかしながら，フラーのこの論考は，演繹的推論のすばらしい論証であって，予想もされなかったような観察結果や結論を豊富に持っていた。この推論を極端に簡単にしようとすると，正確で，適切な誘導をどうしても犠牲にせざるを得ない。

以下が論証の筋道である。

球を最密に詰め込むとベクトル平衡体の形ができる。ベクトル平衡体が部分的に回転移動し収縮すると正二十面体（二十の正三角形の面からなる図形）になる。

「正二十面体の各々の頂点は五つの正三角形に囲まれている」。正二十面体にはこのような頂点が12個あり，各々の頂点は球，つまり力の球状の場を表現するものとされている。

収縮や圧縮の過程がさらに続くと，正二十面体は他の幾何学的形態に変形する。外側の12個の球が6組のペアとなり，その各々は圧縮されて一方の球が他方の球を包み込んでしまうのである。そうすると残った球は六つでこれらは皆三角形状に対称に配置されている。このようにして作られた全体の形態が正八面体（八つの面と六つの頂点とを持つ図形）である。

「正八面体では，各々の頂点は四つの正三角形によって囲まれている」。

さらに収縮が続くと，同様にして表面の球の移動が起きる。外側の球のペアのうちの二つが，すでにみたように幾何学的な共食いを起こして収縮力を受け止める。残るのは正四面体（四つの面と四つの頂点とからなる図形）の四つの球（頂点）で，それらは最密の配置になっている。

「正四面体のシステムでは，各々の頂点は三つの正三角形によって囲まれている」。

ここで，"システム"の概念について説明しよう。フラーはシステムを，どの方向をとっても，それ自身に及ぼし合っている力の組織，つまりベクトルの閉じた配置構成であると定義している。システムは，再びそれ自身に力を及ぼすのであるから，システムの大きさは限られてくる。それ故，システムは有限なのであって，内側と外側，フラーの言葉によれば「内部性」と「外部性」とを持っている。どのシステムも結局世界を二つの部分，つまりシステムの内部とその外側とに分けるのである。(ユークリッドが定義した)平面は，システムになり得ない。というのは平面は果てしない表面であるとされているからである。平面はずっとずっと無限の彼方まで広がっていて，それ自身に戻って来

ることもなければ，内側と外側とを作ることもない。

　システムの特徴として，頂点の周りの角は，それを見る位置によって凸であったり凹であったりする，つまり，内部から見れば凹であり，外部からみれば凸である，とフラーは考えた。

　しかし，重要なことは，一つの頂点の周りの角は合計しても360°に達してはならないということである。というのは，このことがシステムが有限である，言い換えればどの方向から見ても再びそれ自身に方向を変えて戻ってくるための条件であるからである。ある頂点の周りの角度が合計360°であるとすると，そこは，無限の拡がりをもつ平面になってしまう。そして，平面は無限の拡がりをもち，それ自身に再び近づくことがないので，この条件はシステムに必須な性質である有限性という要求を破るものである。

　三角形は，最小の努力で最大の剛度を得ることのできる幾何学的平面図形である。というのは，フラーによれば，どの三角形のどの角に対するベクトル（直線）も，その角をはさむ辺が作る梃子の両端の間で作用していることになるため，最小の努力で，その角度の安定性を最大にすることができるからである。それゆえ，フラーは総三角形の，総対称なシステムは，最小のエネルギーによって，それ自身の構造安定性を確保したり，再生したりすることができる，と結論した。

　さらにフラーは，どんなネットワークにおいても，高エネルギーの粒子は反対側の極へ行くのに遠回りをせずに，間の空間を押し切って「近道」しようとするのではないかと考えた。このようにしてエネルギーは自動的に，四角形やその他のあらゆる多角形の対角線を通ることによって，その力が働いている多角形を三角形に分割する。三角形状のシステムは，最短距離で結ばれた，もっとも経済的なエネルギーのネットワークである。結局フラーは三角形を，自由エネルギーの場合にしても，構造物の場合にしても，エネルギーの配置構成の基本的な単位と考えた。そしてそれから派生するシステムやそれらの累積であるシステム，つまり，正三角形状のベクトルのネットワークや，それらの三角形を対称性をくずさずに再分割すること，について考えていこうとした。正二十面体（20面），正八面体（8面），正四面体（4面）のみが，総三角形状の対称的なシステムである。そしてこれら三つはすべて，すでにみたように，ベクトル平衡体の「諸相」なのである。しかし，どれも，「固定」されている，つまり安定しているのである。自分からつぶれたり拡張したりして他の相になることはないのである。

　これらのシステムの三角形の各々は，より小さい三角形に再分割することができる。対称的な三角形システムはもっとも経済的なエネルギー流通系統であり，またもっとも経済的な構造体系である。しかし，この対称的な三角形システムを，いくつかの小部分，つまり各々がもとの三角形の対称的な三つの軸の方向を向いた非対称ないくつかの三角形，に再分割することもできる。これら三方向での非対称な分割はもとの三角形の重心を中心として一定の順序で規則正しく繰り返されている。このように非対称的な分割を繰り返すことによって，ついにはもとの三角形の共エネルギー的な対称的再分割が得られるのである。フラーは，総三角形状の対称的な，または非対称的なエネルギー・システム

についての「もっとも経済的」なネットワークの段階構成を明らかにしたのである。

正三角形から作られる三つのシステム，すなわち正二十面体，正八面体，正四面体，やそれらの三角形を再分割してできる図形を，球面上に投影することができる。その結果，球面上に頂点をもつシステム，すなわち球面上の正二十面体や正八面体や正四面体ができる。

弦は弧よりも短いので，弧ではなく弦によってこれらの球面上のシステムの頂点を結んで作られるシステムは，最高に経済的なものになる。弦によって作られたこれら三つの総三角形状の対称なシステムを必要な細かさに共エネルギー的に対称に再分割すると，それらは，内外からの集中荷重や分散荷重に対して最小の尽力で最大の抵抗を得られるような極限的なシステムとなる。

これらのシステムが発展して，フラーのジオデシック構造物になるのである。現代幾何学では，大円の弧が「ジオデシック」と呼ばれる。物理学や数学においては，他の意味も持っている。フラーは"ジオデシック"のことを「最大級のエネルギー宇宙を構造付ける」物理，数学的概念であるといっている。ハインリッヒ・ヘルツの手になるとされているこの概念は，リーマンによって再定義され，さらにアインシュタインによって再定着された。この概念から導かれる幾つかの公理はユークリッド幾何学に基づいているのではない。以下がフラーによる独自の定義である。「ジオデシックとは，別々の事象の間の，ある時点でのもっとも経済的な関係である。」飛んでいるカモを撃つ時，カモそのものを狙わずに，カモの飛んで行く先を狙う。もし弾がカモに当たれば，その弾道がジオデシックである。

ジオデシック・システムにおいては，三角形状の再分割が細かくなればなる程，全体のシステムは破壊されにくくなる。分割されたたくさんの小部分からなるシステムでは，衝撃は，その衝撃のあった領域に速やかに分散され，対称的な全三角形のネットワークの中のその点を中心とする年輪状の輪によって衝撃はくいとめられるのである。

1959年6月，ロンドンのバーベック大学のA・クラック博士とJ・T・フィンク博士は，小児麻痺ウイルスがジオデシックな正二十面体構造をしていることを発見した時に発表した彼の論文を同封した手紙をフラーに送った。その年の7月，ロンドンでフラーと会った時に，彼らは，すべての球状のウイルスは，蛋白質のジオデシックな配置をしていて，フラーの分割されたジオデシック構造物に類似したシステムであるかも知れない，とほのめかした。

ベクトル平衡体や，その他の有限システムはいずれもいくつかの基本的な四面体に分割できるので，四面体は自然界でのもっとも低次の共通分母である，とフラーは考えた。

ノーベル賞受賞者のライナス・ポーリングがその論文で，X線分析によってそれまでに明らかになった点をもとに，すべての有機化学現象のみならず，金属原子のすべての結合形態も，全四面体状の星座配置によって特徴づけられるということを発見したと述べていることから，フラーのこの仮説はさらに確固たるものになった。

興味深いことには，エネルギー幾何学と原子構造との関係に関するフラーの想定のうちのいくつかは，ダウ・ケミカル会社の核研究と基礎的研究の部門の責任者であるジョン・J・グレブがニューヨーク科学アカデミーで発表した「基礎的粒子の周期律表」という論文によって確認された。

　グレブによるとこうである。「素粒子が様々に集まってできたかたまりは，数年前R・B・フラーが，構造物に，最小の材料で，最大の強度と剛度を与える問題について検討した論文の中で指摘したある関係を彷彿させる。この問題に関するフラーの解答は，立方体状に密に詰められた三脚や風船のような構造を必要とするものである。これらのモデルは，素粒子といわれるものの構造を数学的に表現しているが，必ずしも物理的には表現していない。この点については知られていないことが余りにも多すぎるものである。

　しかし，これらの何重もの層は，もっとも小さい核物質から，26重もの殻を持っていて鉛とビスマスを両方とも含むような核物質に至るまでの同位元素の性質を考える上で――特に遅い中性子に関連して――重要な意味を持つようにみえる」。(ニューヨーク科学アカデミー年報。1958年9月15日号，第76巻5～6ページ)

数学的勝利

　フラーのもっとも興味深い科学的勝利のひとつは等方的なベクトル基盤(すべての点がお互いに同じ距離だけ離れていて，従ってすべてのベクトルの長さが等しいようなネットワーク)の発見である。それぞれの点は(これらは，最密に詰め込まれた同じ大きさの球の重心でもある)全体が，一つの中心点や一つの中心となる空間の周りの同心状の幾何学的な囲いまたは殻を形づくるように結合していて，それらの殻は，相互に変形し合う対称的図形の一群の構成員である。これらの囲いはちょうどダンテの『神曲』の中での宇宙のように，球の中の球として思い浮かべることができるのである。それぞれの層は，たくさんの点から構成されていて，それらの点同士を最短距離で結びつけると層が三角形からなる「区画」に再分割されるようになっている。

　層(殻)上の点の位置は，中心となる球や中心となる空間の周りに最密に詰め込まれた多くの同じ大きさの均一な球の重心と完全に一致する。フラーは，このような対称的なベクトル・システムでは，各層の点の数から2を引いたもの(この二つの点は，各層にとって直径の両端の極，つまり「北極」と「南極」の役割を果たすものである)は，システムの外側の層(殻)の辺の分割数を二乗したものに，最初の四つの素数(1，2，3，5)のうちの一つを掛けて，さらに2を掛けたものに等しいことを発見した。

(点の数－2つの極点)＝(外側の辺の分割数)^2×(1か2か3か5)×2　または

　点の数＝2＋〔2×(1か2か3か5)×(外側の辺の分割数)^2〕

フラーは時々，システムの分割数をプロペラの翼の数にたとえる。一定の量の青銅は，大きな二枚羽根のプロペラともなるし，小さな羽根が1,000枚も集ったプロペラにもなる。要するに分割数とは，有限なシステムの一番外側がどの程度細分されているかを表わす尺度なのである。

　物理学で「分割数」(フリークェンシー)という用語が使われるのは，ちょうどこのような意味においてである。エネルギーは創出も破壊もできないので，宇宙の一部で起きる事象は，一定の分割数で特徴づけられた局所的エネルギーを必要とする。分割数とは，その事象が持っている単位ずつのエネルギーを使い果たすまでの分割の繰り返しの数である。

　以上が，フラーによれば，量子波力学の概要である。

　球の（一つの球を中心とした）最密パッキングによって，フラーがベクトル平衡体と呼んでいる立体ができ，そしてこのベクトル平衡体が，つぶされていく様子についてはすでに述べた。

　ベクトル平衡体の他にも，それと同じように球の最密パッキングによる層の形をとっている「立体」，すなわち対称的な外観を持ったもの，がある。

　しかし，これらの一見異なったシステムは，皆ベクトル平衡体を対称的に収縮させたり，対称的に切り落としたり，あるいはベクトル平衡体に対称に何かをつけ加えたものにすぎない。そして球の同心状の最密パッキングによって作られる「基礎的システム」や，「対称性をもった外形」は四つしかない。

　これらの形の外観は等辺の

1．四面体
2．八面体
3．立方体
4．ベクトル平衡体

である。

　どの立体においても，外側の層の辺の再分割数をそのシステムの分割数とみることができる。（二十面体状の層が同心状に積み重なったシステムは，最密パッキングからは作れないので，二十面体は，このリストから除外する。外側に二十面体状の殻ができるためには，中心の芯を取り除くか，縮小させるかしなければならない。）

　1．四面体

　最密パッキングされた球の表面の（外側の）形態が四面体（四つの面を持った立体）をなす場合には，外側の球（または点）の数は，

　　$2+(2\times1)\times$（外側の層の辺の再分割数）^{2}　となる。

　2．八面体

　最密パッキングされた球（点）の外観が八面体（八つの面からなる立体）状の形態をとる場合は，

外側の層に含まれる球の数は，

　　$2+(2\times 2)\times$（外側の層の辺の再分割数$)^2$　となる

3．立方体（六つの面からなる立体）

表面が立方体状の形態をとる場合は，外側の層に含まれる球の数は，

　　$2+(2\times 3)\times$（外側の層の辺の再分割数$)^2$　となる

4．ベクトル平衡体

表面がベクトル平衡体（十四面からなる）の形態をとる場合は，外側の層に含まれる球の数は

　　$2+(2\times 5)\times$（外側の層の辺の再分割数$)^2$　となる。

以上の四つの「基本的システム」の式は，すべて，$2+2\times v^2$という定数を共通に持っていて，ただ変わるのは二つ目の2に1，2，3，5，という小さい方から四つまでの素数のうちのどれかを掛けることである。

点によるシステムの相互関係の一般的記述

最密パッキングされた球（または点）が他のいかなる対称的配置をとる場合でも，その球の数は上に列挙した四つの素数公式のどれかで与えられる。システムの分割数だけが独立な変数となるのである。十二面体（12の面を持った立体）や三十面体（30の面を持った立体）など他の多くの対称的な形はすべて，上述の最初の四つの素数のいずれかを，x回掛けた公式にあてはまるのである。新しい素数は全く出てこないのである。つまり，総三角形状の対称的な点のシステムはすべて，最初の四つの素数を用いて説明することができるのである。これはフラー独自の，しかも重大な数学的発見である。

代数の記数法に従って一般式で表わすと，

　　$P = 2+(2\times \overset{1\to 5}{N})\times (F)^2$

となり，言葉で表わすと，「どんな対称的システムにおいても，その外側の層（殻）に含まれる点の数は，そのシステムの外辺の再分割数を二乗したものに，1から5までの特定の素数を2倍したものを掛けて，それに2を加えたものである。」

エンジニア達は，領域というとらえ方で思考を進めるのに慣れている。建造物に加えられた圧力を論ずる時は，それが作用している表面領域に着目する。その表面領域は，球の半径などのような何かの長さの二乗に基づいて計算される。

しかし，フラーは，システムの領域や「表面」の機能は，彼の点の公式によって説明されると述べた。この公式はあらゆる対称的なエネルギーシステムの外側の層に含まれる点の数に関する方程式であって，対称的なシステムの外側が「二乗」と関連しているという現象は，表面の領域にではなく，実在している点の数に直接の関係をもつものなのである。構造物の殻の強度は，「表面」と呼ばれて

いる実際には存在しない物に決定されるのではなく，殻を形成している個々の点の間に存在するエネルギー関係によってのみ決定されるのである。表面とは，本質的には，点の大群からなる外側の集合にすぎないのである。

フラーはまた，「体積」つまりシステムのすべての層のすべての点の累計和は，層の数の三乗を，前と同じ四つの素数で補正したものである，と述べた。（この補正は，極となる点の数を加え，2を掛けて，さらに集積の形による定数を掛ける。この係数は，集積の全体が正確に四面体状であれば1，八面体状であれば2，立方体状であれば3，ベクトル平衡体状であれば5である。）

対称的なシステムはすべて，極となる点を含む中立軸を持っているので，フラーは「三乗」は中立軸とそれを囲む点の対称的な大群に他ならないとした。しかし，他の係数も関係があるのである。あるシステムのすべての層の点の総累計を出すには，分割数の三乗に，小さい方から四番目までの素数（を2倍したもの）を掛けなければならない。結局，この対称的な点群の数は四乗の性格をもつものであることがわかる。——つまり点の集まりはシステムの分割数に関して四乗の性質をもつのである。

この，フラー独特の，エネルギー計算方式によって，基礎的な数学的発見が次々と数多くなされた。たとえば，総三角形状のシステムの三角形の面（小面）の数は常に，極以外の点の数，つまりすべての点から二つを除いたものの数の2倍である。したがって，このようなシステムでの三角形の面の数は常に偶数であることを彼はみつけた。

また彼は，これらの総三角形状のシステムの周囲の稜線，つまり「表面」の辺の数は，常に，極以外の点（二つを除いたすべての点）の数の3倍に等しいことも発見した。システムにおけるこの付加的な二つの点は，システムの極に他ならない，という目新しい事実をフラーが発見し，対称的なシステムという概念に対して，エネルギー経済の観点から総三角形状態の必要性を提起して始めて，三角形状の面や辺と，極以外の点との間のこれらの関係が，位相数学に知られるようになった。

フラーの重要な発見はまだあって，それは，このようなシステムの極にならない点は表面のネットワークを作る線または辺を3本ずつ持っているが，これらの点はまた常に他に3本の線（これらは四辺形状の辺またはベクトルとみなされる）をもっていて，それがその点ともう一つ内側か外側の同心円状の総三角形状の層とを総三角形状に結びつけているということである。

従って，エネルギーの宇宙では，極とならない点はそれぞれ6本のエネルギーの線の組を固有なものとして占有している。

さらに重要なのは，これら6本のエネルギーの線はそれぞれ，宇宙の中の極以外の点と突き当たり（「焦点事象」），さらにその点を越えて1本の対称的な延長を持つということである。この線の継続は，負のベクトルとみることもできる。6本の正のベクトルと，6本の負のベクトルとは，この点の周りに対称的に配列されている。結局，宇宙の各々の点は本来，局所的な一つのベクトル平衡体領域の中心なのであって，このベクトル平衡体は，核球の周りの12個の最密パッキングされた球の中心に対応

した，12の頂点を持っている。

　さらにフラーは，点同士がもっとも経済的な状態になるように線で結びつけられているならば，対称的に最密パッキングされて群となっている点の間の幾何学的空間は，周知の幾何学的配置をとることを発見した。点はお互いに等距離で，線によってもっとも経済的に結ばれているので，「等長」の線による等方的な総三角形状の配置が作られる。点のこのような交錯は，四面体，八面体，立方体，そしてベクトル平衡体に至るヒエラルキーをなす。ギリシャや後世の幾何学者が発見した多数の多面体が，一定のレベルの層のところに形成される。しかしながら，複雑な多面体はすべて，四つの最小素数で説明される多面体，すなわち，四面体，八面体，立方体，そしてベクトル平衡体の派生物である，ということは注目に値する。

　すべての多面体の体積は，四面体の体積を用いて説明することができる。フラーは，四面体を単位とみなすことが自然界でもっとも経済的な体積の計算法であるとして，四面体を体積計算上の基本的な単位に選んだ。たとえば一つの点の周りを等角に詰めていくと八つの立方体で一杯になる。しかし，四面体を用いて一つの点の周りに同じように等角に詰めていくと，ちょうど20個の四面体状のもので詰め尽くされる。

　さらに，四面体は，他の，最小の素数で説明される多面体の中に，簡単な整数の倍数個含まれている。フラーの，四面体によるこのような計算方法によれば，最初の四つの素数で説明される多面体の体積は次のようになる。

　　四面体……………………1　　　八面体……………………4
　　立方体……………………3　　　ベクトル平衡体…………20

　これらの計測値は有理数（整数同士の比として表わされる数）であるので，フラーのシステムに出てくる複雑で派生的な対称的多面体図形はすべて――「立方体」ではなく「四面体」によって表現した時には――有理数的なのである。フラーの幾何学には，π（3.14159……）のような無理数を導入しなければならないようなところは一つもないのである。

　四面体は，あらゆるエネルギーの変化を説明するのに，基本的なエネルギー量子を立方体の場合の三分の一しか使わないので，四面体は立方体に比べて3倍経済的であるとフラーは主張した。構造システムにおいては，四面体だけが1という素数とつながりがあるので，四面体は必然的に，宇宙のエネルギーの計算においてもっとも経済的な量子化の方法を与えるものであるとされる。

　エネルギー現象に関する実験はすべて，システマティックでもっとも経済的な行動様式を示唆していて，また，もっとも経済的な構造システムは，対称的なものも非対称的なものもすべて，対称的な構成要素に分解されるので，フラーは，彼が包括的な点のシステムの相互関係を発見したことによって，「宇宙」のすべてのエネルギー構造を有理数的に計算することが可能になった，と考えている。

5 米合衆国特許となっているダイマキシオン・マップの図法

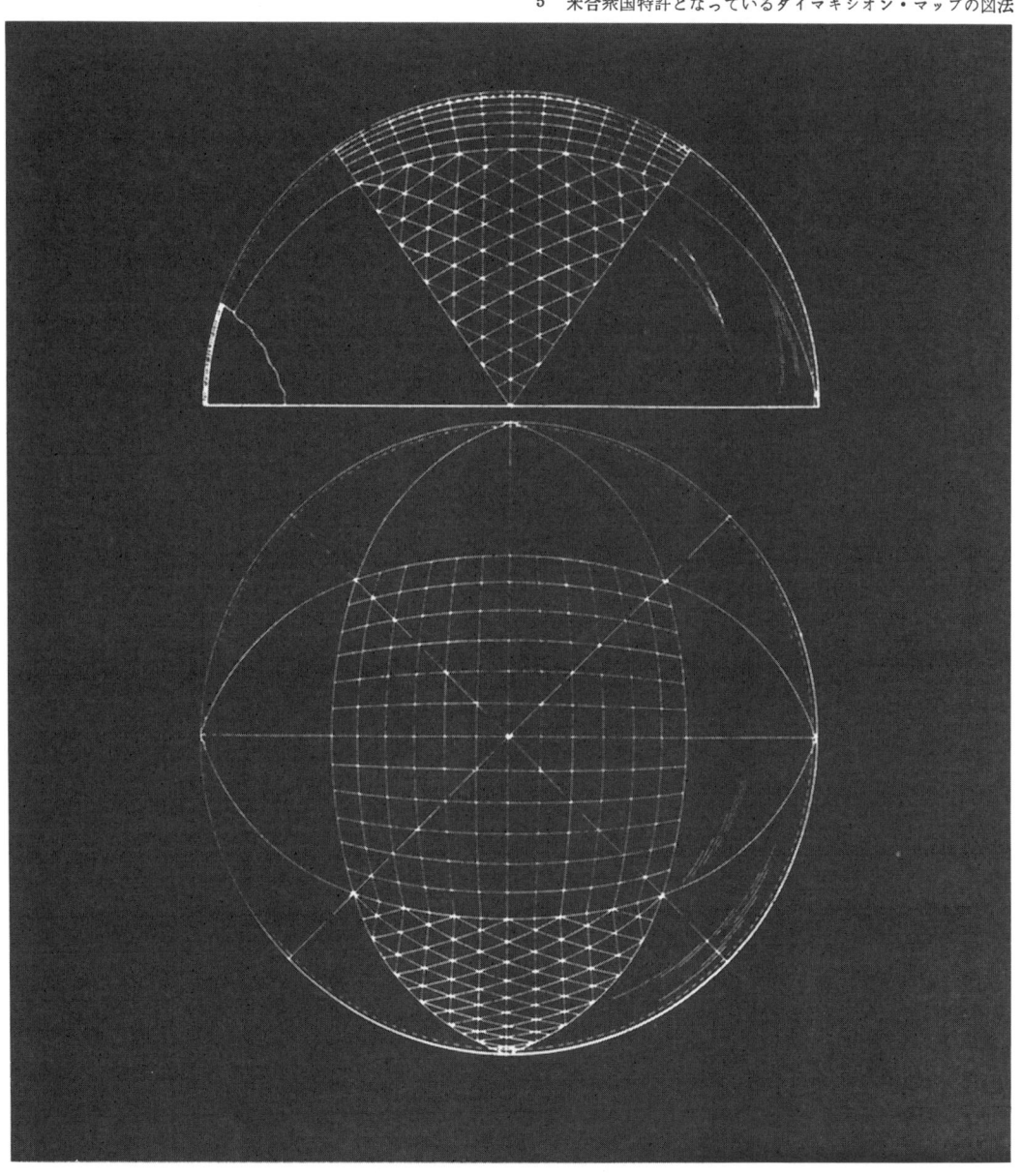

地図製作法（作図法）

ダイマキシオン・マップ

　おかしな話だが，フラーのエネルギーの幾何学の応用例の中で最初に世を騒がせたのは新しい型の地図の発明であった。それは陸や海の広がりの形や大きさの歪がほとんど目につかず，しかも地球の全表面が一目で見わたされるという作図学史上最初のものであった。

　このダイマキシオン地図は他の世界地図とは違って投影によるものではなく，フラーの総三角形システムで高度に分割された形を，球の表面から多面体の表面の対応する場所にトポロジカルに移すことによって作られるものである。こうしてできた立体の皮をむき，それをひとつひとつ平面に展開すると，ひとつのつながった面ができる。これが地図である。

　普通の地図の射影方法では，ある地域の形は正しく射影するが，局地的に正しく大きさを表わす代りにどこか他の所で歪みを誇張させることになる。地上の地理学的な情報をトポロジカルに移すフラーの方法では，歪みは全平面にわたって一様に分配される。このように歪みが一様に分配されているので，個々の地域に限ってみると，歪みは問題にならなくなる。

　このダイマキシオン地図は1943年3月22日号のライフ誌上で最初に発表され，また新しい作図法としては始めてアメリカ合衆国の特許を許された射影法でもある。(1946年1月29日。第2,393,676号)

　すべての平面地図は妥協の産物である，とフラーは特許出願書の中で指摘している。メルカトルの射影法では，地球が投影される平たい面と地球とは赤道で接触しているに過ぎない。それゆえ，歪みは北や南へ，つまり極に近づく程ますます増大するのである。地球と平面がどちらかの極で接触するという投影法であれば，歪みは投影が赤道に向かう程，そして赤道をこえるとさらに大きくなる。他の投影法にも妥協があることは同様である。ある所で歪みが少なければ，他のどこかにその分だけ大きな歪みが現われる。つまるところ歪みを不均一に再配分するだけである。

　ダイマキシオン地図の基礎をなしている幾何学的原理は，フラーのドームの基本形を作る上での原理と同じものである。ドームの場合は，幾何学的な規則正しい立体（例えば正二十面体）はその外側にある球の表面に投影できる（このようにして，普通の正二十面体から，球面上に書かれた正二十面体が作られる）という事実を基礎にしている。

　フラーのダイマキシオン地図を作る時は，この逆の過程をたどる。正二十面体が表面に書かれている球から出発する。そして，正二十面体の三角形に対応する二十個の曲面を，三方向の適当な間隔の大円によって格子状に対称に再分割する。そしてこの図形上での点の位置をもとの（球面上でない方の），正二十面体に移す。移される方の正二十面体は，球上の正二十面体を再分割した間隔に対応した間隔で，あらかじめ対称な小さな三角形に再分割しておく。

　現在のダイマキシオン地図は，球から正二十面体への点の移行によっているが，以前はベクトル平衡体への移行によっていた。どちらの場合でも原理は同じである。

　ダイマキシオン地図には二つの重要な長所があって，それによってこの地図は他のすべての地図と

区別される。第1は，すでに述べたように，ほとんど大きさをゆがめることなく球体上の情報を表現できることである。この事実は，ニューヨークの街からコネチカット州のスタンフォードへ車を運転していく人にとっては何ら重要でないかもしれないが，地球を大きくまわる飛行の運航計画作成者や，大陸間弾道弾のコースを立案する戦略家にとっては極めて重要なのである。

　第2は，この地図が，正確に縮小された区域をすべて，1枚の世界全図で表わすことができ，しかも大陸の輪郭のどこにも裂け目を入れることがなく，さらにこれらすべての陸塊の相対的な形や大きさをほとんどゆがめることのない，唯一の地球を表わす平面地図であるということである。そのため，ダイマキシオン地図を見れば，地球の表面を概観することができて，一つの世界的大洋の中に，大きな大陸群島があるというふうに見ることができる。その結果，普通ではわからない多くの地理学的事実が劇的に明らかになってくる。その一例はフラーが「ダイマキシオン赤道」と呼んだものが，見てとれるようになったことである。それはフロリダのケープカナベラルから合衆国を横切って，カリフォルニアのケープメンドシノを通り，地球を完全に一周する。21,000マイルもの大海の上を通り，北アメリカを除くどの大陸をも横切らない。ケープカナベラルから打ち上げられ，この弾道にそって誘導されるミサイルは，どの外国の領空も侵すことがないのである。

　この「赤道」のもう一つの特徴は，その北極が東経50度（グリニッジから数える）北緯50度（赤道から数える）にあることである。この，「50度，50度」の地点はロシアのウラル山脈のふもとにあって，ここにソビエトはミサイル発射基地を構えている。ここは世界の人口の93%を擁する半球の極である。ダイマキシオン赤道の南極は，人のほとんどいない大海原の中にある。

　自動誘導の航空機やミサイルは，大円や最短の大気圏コースを飛ぶのがもっとも都合がいいので，基準地点が，地球を取巻く三角形状の大円の格子図の上に固定されていれば，球上の目盛りを利用して，そのような最短コースを正確に描くことができ，大変効果的である，とフラーは論じた。

世界エネルギー地図

　自分自身の創造したものを栄養にしてさらに成長する，というのがフラーの性分で，彼は一見無関係な分野に自分の創作を適用して驚くべき効果をあげている。

　球の詰め込みからダイマキシオンへ，ダイマキシオンから球の表面を等辺の部分に分割することへ，そしてそれから球面上の点をベクトル平衡体の上へ（境界線上の一定間隔の目盛によって）トポロジカルに写像することへ，そしてその表面の皮をむくことがダイマキシオン地図になることについて，と今までフラーの考えの跡をたどってきた。しかし，フラーはここで止まるようなことはしなかった。彼は，この地図を使って大気世界都市の計画の「よりよい表示がなんとかできないものか」と考えた。彼はこの計画について1927年に発表し，その参考資料も初期の地図上に示してある。

この1927年に作った地図は世界の半分しか表わしていなかった。しかし今や彼は1枚の図面で全世界の表面を表わすことができるようになった。のみならず，新しい地図は歪みのほとんどない縮尺図になるので，重要な統計数字を図上に誤りない大きさで表現することができる。

フラーがまず自問したのは，技術が進歩して世の中が便利になってくるのに伴って，世界中の住民にどのような事態が起きているかということであった。この設問に答えるには，技術の進歩による便宜という概念を整理して，何か計測できるものにしなければならない。

フランスの社会学者のエミル・デュルケムが，人間の不幸を測る明確な尺度を模索して，自殺の統計という具体的なものを見つけたのとちょうど同じように，フラーも技術知識の進歩に伴って与えられる社会的恩恵の尺度を作ろうとした。そしてその答えを，「その地域での1人当たりの，『エネルギー奴隷』と彼が名づけたもの」の1人当たりの保有人数であるとした。

この議論は，万能ロボットの定義に続く。1人の人間は，新陳代謝によって得られるエネルギーのうち，自分自身を動かすのに使われる分を除いて，1日8時間労働として，大体150,000フットポンドの仕事をすることができる（これは，フラーがアメリカ合衆国とドイツとスイスの軍隊について計算した平均値である。1フットポンドの仕事とは，1ポンドの物を垂直に1フィート持ち上げるのに要するエネルギーの量に等しい）。この余分の仕事は，その人が周囲の環境に対処する上で「正味の利益」とでも呼ばれるものである。1人の人が1年に250日，1日8時間働けば，この「正味の利益」は3,750万フットポンドになるはずである。

工学の世界では「効率」という用語は，ある機械システムによって消費されたエネルギーのフットポンド数と，実際に得られた仕事のフットポンド数との比，という意味に用いられている。この比は通常，パーセントで表示する。1959年製の自動車の場合は，最高の理論効率は18％である。

効率がこのように低いのはバンジョ・ギヤーやレシプロエンジンのような摩擦を発生する装置が組み込まれているからである。石炭をたいて水蒸気を発生させる一般用の発電所のほとんどは40％をやや上回る程度の効率で運転されている。水力発電の中には90％を上回る効率のものもある。自動車の多くは，古くなったり酷使されたりしているので，7％以下の効率である。家庭の暖房では効率は2％以下である。

フラーの1950年の計算によると，われわれの機械文明においては，機械装置の使用や設計が不適当なので，消費されるすべての資源から得られるはずのエネルギーに対する効率が総合的にみて4％を越えることを期待するのは無理のようである。アメリカ合衆国では，四六時中，いつ何時でも，平均100万台の車がエンジンをかけたまま，前の車の赤いテールライトの後で止まっている。アメリカ人は何百「馬力」というのが好きなのに，これではいつでも国全体で200億もの「馬」が金ぴかのほろのカゲで力の限りタップダンスをしているのにちっとも進まない，ということになる。

フラーが，誤差10％以下として見積ったところによれば，鉱物燃料（石炭，石油，天然ガス）と水

力から得られるエネルギーは1950年で総計8,016京フットポンド（80,156,250,000,000,000,000フットポンド）となる。総合的にみて，消費する原料エネルギーの平均4％を，人間が仕事に転換できるとすると，得られる正味の仕事は320京（3,206,205,000,000,000,000）フットポンドに過ぎない。

この数字を3,750万フットポンド（1人当たりの年間純エネルギー産出量）で割り算して答を出すと，855億人分もの仕事が機械によってなされているということがわかる。この何人分かという単位をフラーは「エネルギー奴隷」と名づけた。

$$\frac{855 \text{億エネルギー奴隷}}{\text{世界人口22.5億（1950年）}} = 1\text{人当たり38エネルギー奴隷}$$

世界中のエネルギー奴隷がすべての人ごとに均等に分配される日がやがて到来しそうであるとはいうものの，フラーは現在の地域的に不均等な分配について指摘している。彼は多くの地域を整理して「持てる者」と「持たざる者」との目録を作った。彼の計算によれば北アメリカの住民は，1950年には，意のままに働かすことのできるエネルギー奴隷を1人につきおよそ347人持っていた。アジア人は1人当たり2人で，中央アメリカ人はほとんど持っていない。しかし，社会学的な単位が個人ではなく，家族であることもしばしばある。現在の機械の効率が一般に低いにもかかわらず，1950年にはアメリカの5人家族は，家の中だけでなく，全国的な産業のネットワークを含めて，1家族当たりちょうど1,735人の精鋭のエネルギー奴隷を休みなく使っていたことになる。

フラーはこのデータをさらに詳しく調べてその結果を彼の地図上に表現し，作図学的にはもちろん，社会学的にもきわめて意義深い図面を作った。これが，世界エネルギー地図である（この地図は1940年2月の『フォーチュン』誌の10周年記念号に最初に発表された）。一連の円によって地図の陸地の部分に表わされたデータは付表に記述されている。

フラーの考えによると，エネルギー奴隷は社会を救う天からの「救済者」である。人類が使うことのできるこのような機械製の代打者が，潜在的には，天文学的人数にものぼるために，人間が自らの環境を制御する可能性はほとんど無限といえる。さらに，この仮想的な労働者は，人間と同じフットポンド数の仕事しかしないとはいっても，産業労働者としては，とびぬけて能率よく働くのである。彼らは灼熱や厳寒のように人間には耐えられないような条件の下でも働くことができるし，睡眠も必要としない。それに1インチの100万分の1という正確さの細かい作業もできる。（熟練した人でも100分の1インチより細かい配置作業は無理である。）また彼らは，人間よりも何百万倍も遠くを「見る」ことができ，1秒間に186,000マイルもの速さで伝文を「伝える」ことができる。

エネルギー奴隷は工業化の氏神様である。1810年には，アメリカには100万家族が生活していた。そしてこの国には悲しむべきことに，当時，100万人の人間の奴隷がいた。つまり1家族当たり平均1人の人間の奴隷がいた。しかし，この人間の奴隷を直接には持っていなかった家族も少なくなかった。彼らは経済のネットワークの中で，間接的な受益者として生活していたこの1810年のアメリカ

と，1960年のアメリカとの相違は，どう考えても，政治的民主制度に起因する民主化の業績によるものではない，とフラーは考えている。この相違は，各家族に仕えていた人間の奴隷の1日12時間労働を時代遅れにし，それを1,735人の1日24時間労働の生命を持たないエネルギー奴隷に，置き換えることを可能にさせた科学的設計の成果であった。

フラーの言うには，1917年のロシアと1960年のロシアとの間の唯一の相違も，やはりこの，生命を持たないエネルギー奴隷を導入していたことである。このエネルギー奴隷がいなければ，レーニンの社会主義は帝政ロシアの穀物収穫の再分配，つまり1人がおわん1杯を食べて5人が飢えてしまうかわりに，全員がおわんの底に少しずつ，それも1日1回手に入れるようにすること，の調整役しか果たせなかったであろう。

フラーは次のように指摘している。

エネルギー奴隷は，最初にアメリカへ，そしてロシアに到来したのであるが，それは雨や日光のように人間による工夫なしに「侵入」したものでもなければ，政治家や軍人の説得や命令によって招待されたものでもなかった。エネルギー奴隷は，個人個人の現実的な夢の中で発見され，そして創出されるべきものだったのである。

どんな政治家（彼はベンジャミン・フランクリンをこの一般化の明らかな例外としている）にも話したり，理解したりすることのできない科学技術の言葉を話すことができるように知的訓練を経た人びとだけがこのエネルギー奴隷に話をしたり，またこれらを働かせたりできるのである。もし世界に平和がもたらされるとすれば，それは，将来のエネルギー奴隷がもたらすものであろう。

社会の基本的問題は，世界に散見される原始的な住居，例えば中央アジアの半地下の住居とかエスキモーのドーム型の小屋にはエネルギー奴隷を住まわせることである。欠乏と恐怖からの自由を達成することが環境制御の役割である。そしてこの環境の制御の成否はエネルギーがどの位使えるかにかかっている。以上の諸陳述が幻影だとか，機械神話だとか読者には思われるだろうが，統計的事実を見れば，「社会に対するより広い視野に連れ戻される」ことになるであろう。1949年の1月，ちょうどフラーがデータを整理していた頃，5,000人もの人びとが上海という一つの都市で野たれ死をした，という報道があった。

さらにフラーはこう言った。「1959年現在では，世界の諸国民の当面する問題は，その国の支配者の手に完全に委ねられている。政治的支配者達は時折，"頂上会談"と呼ばれる言葉のなぐりあいのリング上に，それぞれの国から押し上げられる。そしてその結果彼らにわかることは，世界のかかえている問題は政治的なものではないという簡単な理由のために，政治的声明では何一つ解決できないということである。本当の問題点は，いかにしてエネルギー奴隷の労働量を現在の3倍にし，またいかにしてそれを世界のすべての家族のために働かせるようにするか，ということである。この問題を解くことができるのは，上手に科学的設計をする能力のみである。そしてこの設計能力は個人として

の人間に固有のものである。政治屋がいえるのはせいぜい『お互いエネルギーの浪費はやめて，産業用の動力に回そう』という位である。『じゃあ，どうすればいいか？』と彼等に聞いてみよう。彼等は専門家に頼るしかないであろう。しかし，いくら専門家といっても発明を請け負わせることはできない。真の発明というものは，金で買えたためしがないのである」と言った。

「世界の当面する諸問題を解決しようと巨頭達が演じる茶番劇の成果としていえることは，頂上会談に臨んだ両者とも苦渋にみちた顔をして帰ってきて，自分の国の人びとに，敵の二枚舌に対処するには以前にも増して，厳重な注意を怠ってはならない，と述懐することだけである。彼らはそれぞれの陣営で，科学技術の発明のために毎年400億ドルもの支出を認めている。この400億ドルはそれぞれの『軍隊組織』を通じて，400億ドルに値する発明をし，しかもそれを『実用可能』にしてほしい，との要請とともに諸産業組織に分配されるのである。」

大きな産業組織は，今度は，その傘下の大学や下請けに，必要な発明を委託する。300億ドルもの金が，これまでの科学文献や特許書類を組み合わせて仕事をしているアシスタント・リサーチャーや，委員会の会合や，とりわけ壮大な建築作業に費されている。そしてどちらの側の権力もついには1ダース位のフリーの文章発明家を見つけて，彼らの脳をほじくり，自分の側での進歩の実を刈りとるのである。実用可能となった発明というのは，各々の側の秘密情報部員が相手側の一見改良された設計図のうちで模写に値すると認めたものでしかない。

このナンセンスな状態にはさらにまったくの怠惰に基づく副産物がある。多くの人を雇えば雇う程発明の生まれる可能性は大きくなり，したがって100万人に1人位は発明のできる人がいるであろうという何とも頼りない発想に両陣営は固執する。そして合わせて2ダースの発明者をつくるために，血眼になってますます多くの人を雇い入れているのである。発明のできる人というのはちょうど重水ぐらいにまれなものであって，必要なだけの生産を得るには何百万ガロンもの普通の水を処理しなければならない，というのである。

すべての人が給料取りになる日がやがては来るであろうが，その日の到来する速さは，宇宙のエネルギー利用が確立されていく速さや，基本的な道具が創出される速さと好一対をなすであろう。そしてこれらの速さは，世界の政治指導者達の見せる華々しさと多分逆比例して加速されるであろう。

「この問題を解決不能としてあきらめてはならない」——とフラーは結んでいる。「それゆえ，今まで夢想もされなかったような高い満足水準で，すべての資源の恩恵をすべての人びとがあまねく享受するようになる日の到来が早まる度合は，一般の個人個人が，科学的設計に対する勘を磨く中で，どれだけ才能を発揮できるかということと正に比例しているのである。これが，現実の陰の事情なのである。」

6 マサチューセッツ州，ウッズ・ホールにある，ジオデシック・レストラン

ジオデシック構造物

オクテット・トラス

　ベクトル平衡体が，いくつかの四面体（四つの側面をもつピラミッド）といくつかの八面体（八つの側面をもつ立体）とに細分され得ることは前に述べたが，実際にはそれは，八つの四面体と六つの半八面体とから成り立っているのである。

　このベクトル平衡体が互いに結ばれ，複合することにより，四面体と八面体が交互に並んだひとつの構造を形成するのである。このような構造を，フラーは，オクテット・トラスと呼んでいる。四面体と八面体との組み合わせから成る骨組においては，荷重圧力は全方向に，しかも等しく分散されこのトラスのすべての部材は，互いに独立した機能を果たしている。このことにより，このトラスは非常に大きな荷重能力をもち，その自重に対する強度の比は，トラスの規模が大きくなるにつれ増大するのである。

　1953年にミシガン大学においてフラーは，33インチの細いアルミニウム部材170本で構成されているオクテット・トラスの荷重テストを行なった。それぞれの部材の重さは$1/3$ポンドであり，リベットによって組み立てられたトラス全体の重さは，65ポンドであった。そして，ふつうのカヌーとほぼ同じ重さしかないこの骨組みが，小型戦車1台に相当する6トンもの荷重を支えたのである。

　フラー自身，四面体と八面体の複合体が，このような性能をもっているとは予想してなかった。このように部分からは予測することのできなかった，全体のもつ機能を発明することは，ひとつの驚きであった。弁理士のドナルド・W・ロバートソンにあてた手紙の中で，オクテット・トラスを説明しながらフラーは次のように，申しわけなさそうに書いている。「私の発明品のどれもが，次々とそっとあなたにしのびより，注意をひこうと急にあなたを驚かしているようで，まことに申し訳ありません。しかし，これこそ発明の発明たるゆえんではないでしょうか。発明はいつの日も，驚きであります。」

張力複合体

　ウィチタ・ダイマキシオン住宅は，1機のダグラスDC4によって，太平洋を越えて運ばれるように設計されたものである。1927年設計のものは，飛行船で運ばれる計画であった。20年間にわたる科学技術の進歩は目ざましく，今日では，このような輸送は，空気よりも重い飛行物によって可能になったわけである。

　ウィチタ住宅の後，フラーは航空輸送の問題に専念した。空こそわれわれの最終的な大洋であり，人間の「移動，流通を促進し，構想を再生する科学技術」は，やがて空中に浮遊するクモの糸のようなものに進化していくであろうという，彼の1927年の4Dの考え方は常に変わることはなかった。しかしながら，クモの糸への進化は，重量を極端に減少することができるか否かにかかっている。クモの巣が台風の中でさえも浮遊することができるのは，ただ単にその重量に対する強度の比（重量―強

度比）が高いからである。この重量の大幅な削減と，強度の増加を目標とする新しい設計手法を考案しようと，フラーは彼のエネルギー幾何学のいくつかの前提をもう一度見直してみたのである。そしてこの幾何学と，戦争によって開発された科学技術の成果とを，より合わせることの可能性を追求したのである。

1927年に計画された4D住宅では，フラーは，圧縮部材と引っ張り部材とを別にすることによって重量を最小限にとどめた。中心の支柱が圧縮部分になり，そのまわりに，互いに張力で結びつけられた水平な針金の輪が何重にもぶらさがって，この住宅の骨格を形成していた。支柱は，何本かのワイヤーが均等に引っ張ることによって支えられていた。ところが，ウィチタ住宅を開発していく中で，フラーは次のような発見をした。すなわち，支柱とそれを支えるワイヤーから成る部分の直径を大きくしていくと，全体の重量は減少していくのである。そして，最終的には，この支柱複合構造が，住宅の外側をおおっている殻にぴったりと合致する大きさになった時，その重量は最小になるのである。

このような「合同状態」に達した時，殻の内側（支柱複合体）は圧縮状態にあり，外側の構造は，引っ張り状態にあることになる。外から見ている人には，圧縮部分も引っ張り部分も区別することはできないだろうが，そこには，普遍的包括的張力組織が作用しているのである。この組織が，構造全体を締めあげ，ひとつの独立した有限な，エネルギー集合にしているのである。

この普遍的包括的張力組織においては，圧縮部にあたる部材は分散されているが，それらの分散された圧縮部材は，互いに触れることがあってはならないのである。そして，これらの部材は，風船の中の気体分子が，風船を内から外へ押すのとまったく同様に，張力の網目構造を，構造組織の中心から外へ向かうように構成させるのである。

フラーは，風船内の気体分子は，その全体の中心から，放射状に拡散していくのではなく，音が円形構造の内壁によりいろいろな方向に反射されるように，風船の内壁でぶつかったり，はね返されたりしているのだということを知っていた。ところで，ビニールの風船を，顕微鏡で見てみると，それには，たくさんの穴があいていることがわかる。つまり，非常に厳密に言えば，風船は，「網目構造」なのであり，ただ，その網目の大きさが，気体分子の大きさよりも小さいのである。このことをフラーは充分承知していた。これらの分子は，網の中のたくさんのニシンのように，それぞれバラバラに動きまわり，何度も網にぶつかり，風船を外側へふくらましているのである。したがって，このような作用はニシンの群れが一斉に肩をならべて，放射状に外へ向かって網にぶつかっていくことによって生じるのではなく，それぞれのニシンが何度も網にぶつかることによって生じる作用なのである。

このように，風船と魚の網，ニシンと分子との関係を理論的に考察してみることにより，フラーの考えた構造組織の全体を包む，張力の網目構造においても，それぞれの圧縮部材は，互いに触れることなく，しかも張力の網目構造をしっかりとした球状に支えることができるということが理解できるのである。つまり，フラーは，もしかすると，レンガや圧縮部材が，それぞれ互いにまったく離れた

状態であるような，球状の建物を発明することができるかもしれないと考えたのである。このような，レンガ造りの球状の建物では，レンガは「ゴムバンド」によって結ばれ，お互いに直接に触れ合っているレンガは，まったくないわけであるから，このゴムバンドだけが，レンガを押えていることになるのである。

　フラーはその，非連続的圧縮部と連続的引っ張り部とから成る各種の構造を開発し，それらの実現にも成功をおさめた後，すべての形態を，レンガの上にまたレンガを積み重ねていくといった構造方式によって理解しようとする，習慣からくる傾向こそ，原子核構造は模型によって表わすことはできないという考えを導き出したものであると結論した――「実際，原子核物理学者たちは，すでに核の結合力に関して，ある種の幾何学的体系様式の関係を発見していたのであった。」

　フラーは，この非連続的圧縮部と連続的引っ張り部とからなる特別な組織体を"張力複合体（テンセグリティ）"と呼んだのである。

　この概念の驚くべき点は，それが通常無関係と思われていた分野にさえも当てはまるということである。この張力複合体は，「人間の生活空間になり得る」構造の，もっとも経済的な形態に対する広い見通しを与えたのである。そしてまた，原子核物理学者たちの指摘したように，それは実際に原子核構造の正しい模型を提供することができるかもしれないのである。

　フラーの考えた圧縮部材が，張力の網を外側へ押し広げながら，しかもお互いには，まったく分離していることができるのは，いったいどのようなしくみによるものなのか理解するためには，雄と雌が互いに非常にくっつき合っているために，それらの2匹があたかもひとつの単位に見えるような，たくさんのニシンの雌雄の組を考えれば充分である。これらの雌雄単位は，お互いにほぼ等しい間隔を保ちながら分散し，全体は，トロール船によって海中に投げ入れられた，完全な球状をした魚網の中にいるものとする。（網の口は，ニシンが中に泳ぎ入った後に閉じられ，トロール船と結ばれた網が，何かの事故によって切断されてしまったと仮定しよう。）

　これらのニシンの組が，規則的なニシンダンスを行なうと想像してみよう。まず，お互いに尾を向け合った姿勢をとり，次に，パートナーから離れて遠くへ泳ぐのである。そして，網にぶつかるまで，直進を続ける。このようにして，たとえ，かすかに網に当たるだけであっても，網を外側へと押し広げているのである。競泳選手のようなターンをして，ニシンは，今度は，パートナーのところへ素速くまっすぐに戻っていく。しばらくパートナーと一緒にいた後，再びこの，網までの往復の直線的突進を，何度も何度も繰り返すのである。このようにして，あらゆる方向へ向けて網を外側に押し広げている，魚のバレエを見ることができるのである。

　ここで，これらのニシンの各組のかわりにひとつの丸い棒を考えてみよう。この棒の両端が，それぞれ雄と雌の代わりになるのである。これらの棒は，球内の弦のように，その両端は，鋭角に球を外側へ押しつけている。そして，これらの弦の全体は，総三角形グリッドを形成し，ひとつの棒が球に

接する点が，隣の棒が球に接する2点によってできる弧の中央にくるように，これらの棒は配列されているのである。このように，三角形から構成された，外向きの圧力は，それぞれの弦が独立に球を押していることによって得られるのであるが，それぞれの弦の両端は，つながってはいないのである。

フラーが，その研究仲間であった学生，ケネス・スネルソンによる，直線状張力複合体の発見からヒントを得て，次々と張力複合体マスト（支柱）を開発したことに示されるように，この張力複合体の網目構造の原理が，直線状に適用され得ることも証明されたのである。1949年から52年にかけて，彼の張力複合体マストは，マサチューセッツ工科大学，オレゴン大学，ミシガン大学，ノースカロライナ州立大学など，多くの大学のキャンパスに展示された。

球状の総三角形構造における，張力複合体の原理は，フラーのジオデシック構造のまとまりを強化した。

フラーの張力複合体ジオデシック構造は，魚網や風船のような，非常に柔軟な表面を生み出した。硬い外面を持つジオデシック構造体が必要とされる場合，フラーは一方の半径が，他方の半径より小さい二つの同心円状の張力複合球体を作り，内側の球の分割数は外側の球の分割数よりも一つ小さくした。フラーは，それぞれ，総三角形状の点構成をもつこれらの内側と外側の球を，次のように結びつけた。内側の球上の一つの点は，外側の球にある三つの点と結ばれ，結果として，外球のひとつの点は内球の三つの点と結ばれることになるのである。このように，二つの同心円状の張力複合球体を三角形によって結びつけていくと，一つのオクテット・トラスができあがるのである。

このような球状に組み上げられたオクテット・トラスは，フラーの，エネルギー—共エネルギー幾何学による，総三角形状の有限な構成，つまり，最密パッキングされてできるベクトル平衡体のどんな分割半径や分割数をもつ層とも，まったく同じ構成であることがわかるだろう。

圧縮部材には，限界細長比（細長比とは，部材の長さと，その断面の直径の比である）がある。もしも，この限界を越えることがあれば，部材は折れ曲がってしまう（通常の鉄でできた部材の細長比は，ほぼ33対1である）。これに対し，引っ張りケーブルには，その断面直径と長さの比に関しての固有の限界はない。網の「引っ張り強度」は，長さが2フィートであろうが2マイルであろうが，かわりない。したがって，その細長比の大小と，その使用の方法に関して言えば，圧縮に対しては限度があるが，引っ張りに対しては限度がないと言えるだろう。

このことから，非連続的圧縮部と連続的引っ張り部とから構成される，この張力複合体の原理にしたがって作られた構造物には，規模の制限がないということが言える。理論的には，地球全体を，張力複合体のドームで包んでしまうことも可能なのである。張力複合体ドームの場合は，他の構造物と異なりその規模を拡大すると，拡大の割合よりも大きな割合で，その強度が増加するのである。つまり，大きければ大きいほど，強くなるのである。ただ模型的規模においては，その強さと大きさの関係が，著しい利点と考えられるほどにはならないだけなのである。

これを書いているこの時点においても，フラーは，マンハッタン島の南半分や，ひとつの町全体をおおってしまうことのできる構造物の計画をもっていて，それらは今でも充分可能なのである。このようなドームが，もし南極に建設されれば，実際の生活施設や産業施設が設置されるのを待つまでもなく，開拓植民者たちに，温暖な環境を準備できるのである。
　フラーの「システム」を構成する幾何図形の頂点は，球の表面上の大円を決定する点となる。近代幾何学においては，われわれの知るとおり，大円上の弧は，「ジオデシック（最短曲線）」と呼ばれている。

ジオデシック構造

　フラーが作り始めたドームは，基本的には互いに交錯する大円によって作り出される，球面上の三角形から構成される網目構造であり，彼は，これらの構造を「ジオデシック」と呼んだのである。
　球面上の一つの三角形の3辺は，三つの大円によって構成されている。大円によって作り出される，全体の完全な網目構造は，「グリッド」と考えることができる。三角形を構成するためには，グリッドは，3方向に延びる直線を持たなければならないので，フラーは，このジオデシック・ドームのことを，大円による3方向グリッドと考えていたのである。
　1948年から1959年までの間に，フラーやフラーの仲間，あるいは彼の会社，彼の特許を許された企業，そして彼の学生たちなどによって建設された，1,000あるいはそれ以上のジオデシック・ドームを，ひとつひとつ数え上げることは不可能である。ジオデシック構想がひとたび軌道に乗った時，かつて，ユージーン・フィールドが，シカゴに関して予測したように，それによって，文化が盛んになり始めたと言うだけで，充分であろう。
　1952年に，企業としては初めて，フォード自動車会社が，フラーの特許を許可された。この免許の下で，フォード社は，ディアボーンのロトンダビルの上に，93フィートの，アルミニウムとプラスティックのドームを建設したのである。フラーは，このフォードのジオデシック・ドームこそが，1927年に彼が予測したような，ダイマキシオン計画の実現に必要な懐妊期間，4分の1世紀の終了を告げるものと考えている。このドームは，予定通りに出現したのである。フラーは，この最初のお得意様のことを，「ミスター産業界」と呼んでいる。
　また，非常に重要なものに，フラーが1955年から製作を開始したジオデシック・レーダー・ドームがある。レドームとよばれるこれらのドームは，アラスカとカナダの北縁に帯状に延びる，3,000マイルにも及ぶ，合衆国空軍の遠距離早期警戒レーダー施設網のある凍ったツンドラ地域や，氷におおわれた丘などの条件下に作られたものである。北極圏の激しい変わりやすい天候のため，空軍は，解体して運びこめ，よい天候が20時間続けば，その間にすぐ組み立てることができるような構造物を必

要としていたのである。このような施設は，完成時には，時速210マイルの風速に耐え，しかも，レーダーのマイクロウエーブにはうつらないような材質でできていなければならなかった。レーダー電波は，金属によって反射されるからである。

フラーは，内径55フィートの，ファイバーグラス・プラスティックからできているドームを作って，これにこたえたのである。40フィートの高さのこれらのドームは，1954年当時，それまでに建てられたプラスティック構造物の中では，最大のものであった。それらは，輸送されると同時に組み立てられ，20時間どころか，14時間で完成され，静荷重テストでは時速220マイルを越える風速に耐えたのである。

空軍のレーダー・ドームが，北方国境レーダー網に建設された頃には，海軍が，南極地方や，赤道ぞいなどにおいて，約300のフラーのドームを利用していた。1927年の，フラーの4Dに関しての「予測的」現実論は，とうとう軌道に乗り始めたのである。至るところに作られたフラーの構造物は，地球をとり巻くようになっていた。

フラーのもうひとつの新しい考案は，紙のドームである。アメリカ・コンテナー会社によって製作された紙のドーム二つが，1954年に，第10回ミラノ・トリエンナーレ展（三年おきの国際デザイン展）に出品されるため，要請されてイタリアへ送られた。

それらのドームは，参加国に与えられた賞のうちで最高の賞であるグラン・プリを獲得したのである。この受賞は皮肉でもあった。なぜならば，アメリカ合衆国は，正式に参加していなかったからである。フラーの出品は，彼のあふれんばかりの情熱，ダイマキシオン＝ジオデシックのもつ価値への信念に身をささげて来たこと，そして彼が，彼の構造物に大西洋を越えさせるだけの充分な支持を獲得することができたことによって実現したのであった。

しかしながら，フラーの考えによれば，紙のジオデシック・ドームは，どちらかと言うと未来を先取りするもので，現実的なものではなかった。1927年の4D住宅が，当時実用化されていた唯一のアルミニウムであった軟アルミニウムでは，実現され得なかったのと同様に，紙のドームの実現も，それまでの段ボールでは無理だったのである。1954年には，優秀な「湿―引っ張り強度」を持つクラフトペーパーが開発されてはいたものの，充分な湿―圧縮強度をもつ，段ボール板は，まだ開発されていなかったのである。「湿―強度」とは，ぬれた状態で，紙がその構造特質をどれほど維持できるかを意味するものである。段ボール板は，ぬれると，アコーディオンのように折りたたまれてしまった。ミラノデザイン祭に出品したものや，その他の紙ドームがこわれてしまわないように，フラーは，それらをビニールの「水泳帽」や，アルミニウム箔などのような，水気を通さない材料でおおったのである。しかし，フラーはこの方面においては，生産計画をすべて遅らせていた。高い湿―圧縮強度を持つ紙は，実験室においては，よい成果を収めてはいたが，まだ産業的に実用化されてはいなかったからである。もし，それが実用化されたならば，フラーは，紙ドームの大量生産を許可しよう

と考えている。

　大規模な製紙工場ならば，床面積1,000平方フィートのドームを，毎日3,000個製造する能力を持っている。フラーの考えでは，この種のドームは，ほぼ500ドルまでの価格で売ることができるのである。つまり1平方フィート当り，50セントである。コンクリート床ならば，200ドルはかかる。このようなドームのための自律的な「機械装置」——衛生設備，料理や暖房のためのユニットなど——は，また別に2,000ドルの価格で買うこともできるし，あるいは，自分で引っぱって移動させるという条件で，1日1ドルで借りることによって設置できるだろう。フラーの結論によれば，やがて人びとは，このような構造物によって，1年間の収入だけで充分にまかなえる価格で，高水準の居住便益を満喫することができるかもしれないのである。

　合衆国商務省は，1956年にアフガニスタンのカブールで開かれる国際見本市において，そのパビリオンとして，ジオデシック・ドームを建てることを決定した。これに引き続いて行なわれた，技術計画，製作，そして建設のスピードの速さは，おそらく歴史上記録に残るものと言えるだろう。計画の契約は，5月23日に結ばれた。そして7日後には，設計，計算，技術計画のすべてが終了していたのである。6月の終わりまでには，ドーム全部が完成され，たった1人の技術者と共に，カブールへ空輸されるべく，荷造りされたのである。ドームは，アメリカからアフガニスタンまで，1機のダグラスDC4で空輸するのに，充分軽く，コンパクトにできていた。それは，話す言語の種類にかかわらず，まったく訓練もされず，作業の説明も聞かされていない労働者たちによって，どこにでも組み立てられるように設計されていた。1人のジオデシック技術者の監督の下に，アフガニスタン人労働者は，端の青いドーム部品を，端の青い他の部品に固定していったのである。赤い端は，他の赤い端と結ばれた。そして，空輸されてから48時間後には，アフガニスタンの人びとは，自分達で，大きなドームを完成させていたのである。何も知らず，カブールへふらりとやって来た人が，アフガニスタン人は，世界一優れた職人であると結論したとしても，無理もなかっただろう。

　カブールのドームは，空軍のレーダー・ドームの時と同様，もうひとつの，史上「初」の記録を作った。それは，1956年当時，直径100フィート，中心の高さ35フィートという世界最大のジオデシック構造であり，ほぼ，8,000平方フィートの広さをもつ，まったく柱のない完全にひと続きの床を備えていた。ドームの骨組は，直径3インチのアルミニウム管480本によって構成されていた。この骨部は，重さが9,200ポンドあり，その上のナイロンのおおい（皮）は，1,300ポンドであった。

　カブールのドームがもっていた「情報」価値に関して，特に注目に値するのは，このドームが，他の，ソ連，中国（中華人民共和国）なども含めて，すべての国々のどの展示物と比較しても，たいへん大きな注目を集め，また観客を集めたことである。ソ連も中国も，それぞれの独自のパビリオンを準備するために，何カ月という期間を費し，しかも，このアメリカの展示の何倍もの費用をかけていたのである。

この成功に味をしめたアメリカ合衆国政府は，他の国際見本市においても，ジオデシック・ドームを建設しようと計画した。商務省はジオデシック・ドームのもつ名声的価値に興味を引かれていた。ジオデシックこそ，アメリカの独創性，理想，躍進する科学技術を劇的に表現するものと考えられていた。アメリカの貿易商品を展示する場所として，このドームは，進歩を形で表わしたシンボルであった。このフラーの，3方向グリッドは，ラジオもほとんどない地域においては，あやしげなことばを放送することよりも，ずっとよい宣伝になった。カブールのドームと同様に大きな，あるいはそれ以上のドームが，国から国へと空輸され，地球のまわりをめぐり，しかもそれらの多くは，観客の動員数の記録をつくったのである。短期間の間に，フラーのドームは，ボズナン，カサブランカ，チュニス，サロニカ，イスタンブール，マドラス，デリー，ボンベイ，ラングーン，バンコク，東京，そして大阪に出現したのだった。

　ジオデシック計画が，広く産業市場に出まわるようになったのは，1956年の後半であった。かつて，フラーの生徒であり，また同僚であったドナルド・リクターは，すでにヘンリー・カイザーの下で働いていた。フラーの，他の多くの教え子たちと同様に，リクターは，ジオデシック・モデルの熱心な建設者であり，自分の事務所にも，非常に小さなドームを置いていた。カイザーは，ある日，この事務所の中を歩いていて，そのモデルを見つけた。カイザーは，かなりの興味をいだいて，「これは何かね」と質問した。そこでリクターは説明をした。この，偶然の出来事がきっかけとなり，カイザーの取引相手であった金属製造業者が，25万ドルのドームの大量生産に踏み切ることになったのである。

　ジオデシック「建造物建設方法」——特許申請書では，こう呼ばれていたのだが——は，1954年6月にフラーに対して許可された合衆国特許（ナンバー2,682,235）によって完全に押えられていた。したがって，これ以後，この構造を利用しようとするすべての者は，フラーの許可を得なければならなかったのである。カイザー・アルミニウム会社も，その許可を最初に受けた会社のひとつであった。カイザーの最初の計画は，ホノルルにある，ヘンリー・カイザーのハワイ村のための直径145フィートの，アルミニウムでおおわれた講堂の計画であった。この計画にたずさわった工事関係者たちは，このジオデシック・ドームが出来上っていくスピードの速いのに驚かされた。カイザーにとって，その速さは衝撃でさえあった。彼はドームができていくようすを見たいと思い，工事が始まった日，まず最初の1週間の工事を自分の目で見ようとサンフランシスコから飛行機に乗ったのである。しかし，彼の飛行機がホノルルに到着した時，すでにドームは完成していたのであった。劇的な出来事として，カイザーの宣伝担当者は，どうせならその同じ夜，正式にこのドームを公開しようと，手はずを整えた。そしてこの夜ドームに，1,832人の観客と，交響楽団がはいったのである。

　1958年の末までに，カイザー・アルミニウム会社と取引のあった製造業者たちは，八つのドームを建設していた。それらの一つは，テキサス州フォートワースで劇場として使われ，また一つは，オクラホマ市で銀行となっていた。カイザーの役員会では，「コミュニティー・センターを必要とするほど

の大きさを持つ，アメリカ中のすべての町には少なくともひとつのドームの市場がある」と考えていた。すでに，ドームは，その基礎と内部の詳細は別として，5万ドルから19万ドルの価格の幅で，各種の大きさをそろえていた。1959年のカイザーの建設による，フラーのドームの中で，もっとも有名であったのは，モスクワの万国博覧会で，アメリカの展示館となったジオデシック・ドームであった。ニキタ・フルシチョフは，このドームを見て次のように言ったのだった。「J・バッキンガム・フラーには，ぜひソ連に来てもらい，われわれの技術者の指導をしてもらいたいものだ。」

これまでに建設された，世界最大の，1スパンの構造物は，フラー自身の会社である，シネジェティックス社が，ユニオンタンクカー会社のために設計した，スティール製のジオデシック構造であり，これは，1958年10月に，ルイジアナ州バトンルージュで完成され，利用されているものである。このドームはローマのサンピエトロ寺院のドームの，23倍の体積をもっている。それは384フィートの1スパン（つまり，まったく柱やその他の障害物がないこと）で，中心部の高さは，128フィートである。その大きさと重量との関係，また，大きさと費用との関係は，まったく驚くべきものである。ドームは，床面積115,558平方フィートを持ち，その体積は，1,500万立方フィートであるにもかかわらず，総重量は，たったの1,200トンなのである。簡単に言えば，このドームがとり囲んでいる部分，1立方フィート当りのその重さは，2オンスなのである。総費用は，1平方フィート当り，10ドル以下である。

このドームと同じ規模をもつ，同様のドームが，ユニオンタンクカー社のグレーバータンク部門によって，イリノイ州ウッドリバーに建設中であり，1959年の12月には，完成する予定であった。

ユニオンタンクカー社の計画は，同社が，1列車分の車両を同時に収容できる充分な大きさをもつ，鉄道車両の分解，組立，調整工場を，安く建設する方法を探していた時に，生まれたものである。それには，機関車の往復や，中央の転車台を中心にした車両の自由な移動を可能にする空間をもつ，大きなスパンが必要だったのである。

ユニオンタンクは，今では，フラーの特許を許可され，そのグレーバータンク製造部門を通じて，カイザー・アルミニウム・ドームに対抗する，総スティールのジオデシック・ドームを，1平方フィート当り10ドルか，それ以下で供給しているのである。

1959年の終わりには，だんだん数がふえていくフラーの特許の下で事業をしている会社は，100を越えていた。フラーは，すでに，多くの外国の特許を持ち，それらの下で事業をする外国の会社も多数あった。そして，彼の過去の事業で得た，数々の経験によって，彼は，特許についての個人的哲学を確立していた。技術方程式においては，出資者が，設計の権限を持っていると彼は考えている。本職の建築家や，技術者は，出資者の直接の命令によってのみ雇われ，また提供したサービスに対しての報酬を受けるのである。これに対して，産業方程式においては，「総合的予測的計画科学者」が，開発のきっかけを作るだけでなく，その指揮をもとるのである。そして，これは，産業界や政府，あ

るいは人びとが，このような主導性に気がつく何年も前に先立って行なわれるのである。

　フラーも考えているとおり，産業方程式においては，設計者は決して，出資者の命令によって仕事をするのではないのである。産業界の複雑性や，産業界と政府による経済計画があるので，設計者個人が，彼が社会に代わって予測する技術的可能性に対して，社会が強制する経済的抑圧を，統制することができるただひとつの方法は，特許なのである。特許こそ，未来を，過去の惰性から守るという，設計者の権利を保証するものである。社会は，グッピーのように，その子供を食いつくしてしまう。「未来の総合的設計者は，もしも彼が，自分本来の再生産的能力を保持しようとするのならば，他の基本的素養と同様特許法にも精通していなければならない」とフラーは言っている。

　現在，フラーの許可を受けている100社のうちでもっとも大きいのは，ノースアメリカン航空会社で，その総生産額は，10億ドル台に乗っている。ノースアメリカン社は，1959年に，冶金学者の公式な組織である，アメリカ金属協会（American Society for Metals）のために，250フィートの直径をもつ，アルミニウムのジオデシック・ドームを建設した。クリーブランドにある，金属協会の本部に建設されたこのドームは，ジョン・ケリーによって設計されたものであり，それは，協会ビル，庭園，そしてプールをおおう，クモの糸の網のような，繊細な，開かれた構造なのである。ケリーは，このドームを，合金科学における進歩の率直な表現とみなし，また，フラーの考えている，進歩する科学技術のもつ「全体的な，見えなくなることへの志向」が現実となって現われたものとみなしている。

　フラーの考えによれば，発達する科学技術は，第一次世界大戦において，電信から無線電信へ，そして，軌道輸送から無軌道輸送へと進歩した時に，見えなくなることへの第一歩を踏み出していたのである。科学技術による，合金の進歩は，強度の問題に対して，目には見えない解答を与え，これらの目に見えない解答は，40年の間に，間接的に，世界をひとつの都市共同体にまで縮めたのである。ほんとうの魔法のじゅうたんは，合金の織物なのである。

ジオデシック作戦の意義

　1927年以後，4Dやダイマキシオン住宅やダイマキシオン自動車が出現してからの30年間にわたって，建築雑誌やニュース雑誌はしばしばフラーのことを，『失敗の常習者』として取り上げていた。ありがたい褒賞や名誉が彼のアイディアに対して山のように与えられはしたが，それらのアイディアから何かが生まれてこようとは考えられていなかったのである。彼の建物，自動車，浴室，そしてその他，数多くの初期の原型的な開発品などは，何にもならないと考えられていた。しかし今日，事情はまったく異なってきている。フラーは，突如として，保守的な企業家にとって理想の先進的科学者となったのである。彼の最新の計画は写真となって有力な雑誌の表紙に定期的に表われ，企業や軍か

らの各種の建設計画が彼のもとへ殺到している。

　彼のアイディア，技術的知識，計算に対する数々の要求に応え，また同時に，どんどんふえていく会計の仕事を整理するために，フラーは，自分自身の会社をいくつか設立した。そしてそれらの会社を通して，彼のもつパテントの使用が許可されることになった。たとえばジオデシックス株式会社は，政府や軍関係の開発のすべてを扱い，シネジェティックス株式会社は，すべての私企業による事業のための企画や研究を扱い，またプライドーム株式会社は，フラーの個人的な研究開発会社のひとつであった。

　フラーに対する世間の態度が突然に変わったことに関しては，いくつかの理由がある。かなり以前に，フラーは，保守主義は社会の正常な発展過程のひとつであると考え，当時の予測では，ひとつの重大な新しいアイディアが，社会一般に受け入れられるには，ほぼ25年が必要であると見ていた。そして彼はその4分の1世紀をじっと待ったのである。しかし現在彼の頭脳に対して山のように寄せられている賞賛は，ある意味では，また別の事柄に起因していると言うこともできるのである。それは，産業界が最近になってやっとジオデシック構造のもつ大きな節約や，利潤の可能性に気づいたことである。彼らは，フラーの持つパテントをなんとかのがれようとしたが，それが結局不可能であることに気がついたのである。フラーが，これらの建設原則をしっかりと握ってしまっていたのである。

　フラーは，自分の突然の成功は，科学技術の発達が，やっと自分に追いついたからであると考えている。彼の初期の設計は"未来予測"であり，現実的なものではなかった。というのは，それらの設計は，たとえば，非常に強く，そして軽い合金や，強く，透明で風雨に耐え得るようなプラスティックなどによって代表されるような，やがて実現するであろうと予想されてはいたものの，当時はまだ存在していなかった材料を必要としたからである。「今，必要なのは，やろうと思っている事に関しての知識である。」1927年，ダイマキシオン住宅の原型とも言うべきものの製作に要する費用の見積りをしながら彼はこう言った。「10億円もの価値のある未来予測的研究が成されたにもかかわらず，社会は，それを楽でしかも遅い方法でやってしまった。3,000億円にのぼる国の負債のひとつの原因もここにあるのだ。」

　フラーは，ドームを，基本的な環境の調節弁と考えている。それは，人間の生態学的様式と他の様式すべてとの区別，つまり，小宇宙と大宇宙との区別を作り出しているのであるが，同時にそれは，これら2つの分離された様式域間での，エネルギー（熱と光を含めて）交換をも制御しているのである。環境調節弁としてのジオデシック・ドームには，大きさの制限はない。数ヤードから数マイルに至るまで，その広がりは自由である。その中には，住居地区，庭園，芝生，田畑，そして，都市でさえもが含まれ得るのである。環境調節弁としてのドームでおおうことにより，北極や南極，あるいは海底においても温暖な気候の都市を作ることができるのである。通常，住居を取りまいている芝生，

庭園，地面の全部をおおってしまうわけであるから，いままでのような住居は，使いものにならないとまでは言わなくとも，少なくともかなりむだなものになるであろう。非常に効率がよく，比較的に安価であるこのような環境調節弁の中に，がっしりした基礎や壁を持つ高価な家を建てることは，セントラルヒーティングのあるアパートの中で，ミンクのコートを着るようなものである。

　ある程度以上の大きさを持ち，透明なプラスティックの表面でおおわれたジオデシック・ドームは，目に見えない存在となる。というのは，ささえとなる部材を非常に細いものにすることができるために，球の半径がある大きさを越えたものになると，それらの部材は目につかなくなるからである。ドームは，空気圧や水圧を利用したジャッキを作動させる制御装置の意のままに，地上高く立ち上がらせることもできるし，また地上におろすこともできる。換気口や光を調節するルーバーを取り付けることも自由にできる。熱交換ポンプと輻射パイプを組み合わせることによって，冬の暖房も局部的におこなうことができる。プライバシーや空間区分，また部屋と部屋の仕切りも，イタリア風の宮殿，ノルマン風の邸宅，あるいはギリシア神殿の中庭などの建築を模倣するまでもなく，あらゆる方法によって確保することができる。その他のいくつかの可能性についても，この本の後半の部分で提案されている。

　しかしながら，フラーは決して彼のドームを過度に重要視しているわけではない。それらは，発展の過程であり，それら自身が目的なのではない。フラーにとって重要なことは，これらのドームのもつピタゴラス的意味なのである。つまり，宇宙の本質に関する基本的法則や，エネルギー構造の広がりや性質を体現した，有形で規模のはっきりした実例が，ドームなのだということである。これらのドームが，エネルギー幾何学による予測どおりの働きをし，またそれらが，総合的な計画科学における進化の諸形態としての機能を果たしていることに対して，フラーは多少の満足は感じているのである。

　どのような人でさえもが，よい人生を送ることができるか否かは，そのような人生をすべての人に対して実現することができるか否かにかかっている。彼のこの信条は，彼がその共エネルギー宇宙論と，それから導き出される哲学の諸原理を，はじめて明確に組み上げた1927年当時と同様，現在も強いものである。自由やより高度な社会表現の実現には欠くことのできないいくつかの要素を含んでいるような完全な生活というのは，宇宙エネルギーを人類の利益に転換させるという，社会のもつ能力のひとつの役割なのである。

　われわれが生きている時代にやらなければならないことは，宇宙のエネルギー・システムのことである。このシステムこそ，自然界で発見されている92の元素の動的な構成や，二次元,三次元の規則正しい位相構成（分子，結晶，合金，住居，乗物等）を決定するものであり，これらの位相構成は，基本的な動的構成によって形作られているのである。宇宙は，経験を通じてわれわれに与えられたものであり，部分の組み合わせによってできたものではなく，統合された統一体として存在するもので

ある。それは全体形質（ゲシュタルト）である。

　科学，特に総合的計画科学における課題は直接的，あるいは概念的に経験される宇宙から，その局部的な渦巻を区別すること，すなわち，総体的宇宙エネルギー・システムの行動様式の具体例をとり出し，それらを人間の利用に供することである。フラーはかつて次のように言ったことがある。「私は創造者ではない。私はただ流れに乗り，無用なものを排除していくだけである。われわれがやらなければならないことは，すべてわれわれのまわりに存在している。しかしながら，それらのほとんどは，最初はなかなか複雑な問題である。われわれが経験する事柄の中にひとつの秩序を見出すためには，まずわれわれの全体験を整理分類する必要がある。そして無用なものを一時的に除外しておかなければならない。私は自分の考えを発明するわけではない。私は単に，混乱している全体からいくつかの部分的な構成をとり出すだけなのである。これは圧力を排除することである。飛行は揚力の発見によってもたらされたのであり，押力の発見からではなかった。」

　20世紀の初頭，建築家のルイス・サリヴァンは次のように述べていた。建物の石造りの表面の下に使われるようになってきた鉄筋によって，石造建築物は，石の特質からまるでかけ離れた形になってきている。フラーの見るところでは，サリヴァンは統一ということにおける革命の先駆者であった。サリヴァンは，社会の新しい産業能力について述べている資料の中で，正直で率直な意見を述べるように努めた。彼は美の後継者や探求者たちの多くに影響を与えた。しかしながら，その後のデザイン開発のあらしの中で，彼の概念の統一性も，また彼の哲学的思想も共に失われてしまったのである。開発家たちはサリヴァンの言う本質「機能は形態を決定する」から，はずれてしまったのである。彼らのあいことばは，「目的は手段を正当化する」ゆえに，「どんなことがあっても商売に徹せよ」であった。

　サリヴァンが，「産業の均衡関係」——その無数の様式は目に見えない——に気づいていたにもかかわらず，建築技術はこれまで，非産業的で，優先権もない強引な技巧に占有されてきてしまっている。そしてこのような合理化の混乱の中で，建築家は，職人や，何でも屋，そしてつじ待ち馬車の御者のように，ますます，すみに押しやられた存在になってしまったのである。自分で自分の病気を診断し，希望する手術の概略を医者に説明したりする患者のように，依頼人は自らその建物の設計をし，その後に建築家に対して，実際の工事の青写真を要求するのである。独創的な建築家は不具にされたも同然である。依頼人が，どのような建物を，どのくらいの費用で希望するかということだけではなく，地域協定や建築法規，そして銀行の貸付条件までもが，圧制の手段となってしまっている。建築家に残されたことはせいぜい，大手の製鉄会社によってつくられた骨組みに，その外部や内部の装飾をほどこす特権ぐらいなのである。

　にもかかわらず，サリヴァンのスローガンは，最近の個性のない，型にはまった建築すべてを正当化するものとして維持されてきた。ガラスやピカピカ光る金属が，装飾用に多く用いられれば用いられるほど，機能が形態を決定するということが言われてきた。機能とは，より少ないもので，より多

くのことをするための技術ではなく，輝きであり，きらめきであった。フラーの指摘によれば，形態が，単に目に見える構造としてしか考えられていなかった建築界においては，形態のもつ重要な価値が歪められていたのであるが，サリヴァンの産業方程式は，一方，目に見えない構造において，決定的な利益を生み出したのである。フォードのT型モデルが，これのひとつの例である。ヘンリー・フォードは何年もの間，しつこくT型モデルの生産を続けたのであったが，この陰には，このT型モデルは機能的に改良されていたという事実がかくされていたのである。これに対し，他の競争相手の自動車は，乗り心地を良くしたり，外見を変えたりしていただけであった。フォードは，そのT型モデルの生産をやめるまでに，54種類もの異なった，鉄の合金を使用していたのである。この自動車に耐久性を与え，フォードに成功をもたらしたのは，これらの合金なのであった。フォードは彼の作る車に，競争相手よりも素速く改良を加えていたのであるが，それらは目に見えないものだったのである。目に見えない機能が，目に見えるかたちとしての形態を決定することは，もはやできなくなったのである。

　フラーは今日，新しい世界が形成されつつあると考えている。それは「第2の，驚くほど申し分のない世界の時代」へ向かって前進する決定的な一歩なのである。このことは，アメリカ金属協会のジオデシック・ドームによって象徴されている。というのは"見えなくなること"に向かう傾向に示されるように，より少ないものでより多くのことをするという概念が，このドームの開放された構造——それは純粋なシステム統一体なのである——によって体現されているからである。そして，このドームが，もっとも有力な航空機会社によって製作されたということは，世の中の新しい流れの方向を示す出来事であったと，フラーは考えている。

　世界で最初の人工衛星スプートニックが軌道に乗せられた時，フラーによれば，それはまさに，それまでの軍用機を撃ち落としたのであった。これは，世界の大国がその主要産業としての航空機用武器の開発に，2兆ドル以上もの補助を与えてきた半世紀に終わりを告げる象徴的な出来事であった。新しい方法で制御された，無人のミサイルに比べ，飛行機は空中で止まっているも同然だった。その武器としての役割は終わったのである。この軍事的事実により直接的影響を受けたのは，2兆ドルもかけた航空機体および航空エンジン産業であった。彼らは，それまでのようなぜいたくな囲われ者の生活から，乱暴にも追放されてしまったのである。つまり彼らは自分自身で生活の道を見出さなければならなくなったのである。

　フラーにとって，この出来事は，破滅ではなく，むしろ，"人間生活を左右する経済構造全体の基本的な再編成"にとりかかるよい機会であった。これこそ人間の最高の知識や，あらゆる資源が，破壊的な目的によって，ひとり占めにされるのではなく，ひたすら，生活の必要に答えるべく活用されるようになる日なのである。そしてこの日がくることを，フラーは，32年も以前に予測していたのであった。

2兆ドルもの補助によって育成された高い技術水準が，軍事関係の問題ではなく，生活の問題に対して，試験的にせよ向けられている今日，フラーは，このような再編成の実現される日も近いと信じている。まず手はじめは，航空機産業である。1946年当時，ノース・アメリカン航空機会社は，ダクラス社，ボーイング社，グラマン社やその他の会社と同様，フラーのダイマキシオン・ハウスが，それぞれの会社の戦後の事業活動の分野になる可能性が，それほど大きくはないとしても，ありうると考えていた。しかしながら，冷戦による5,000億ドルにものぼる防衛予算——これがジェット時代を生んだのであるが——は，しばらくの間，これら産業界の目を，建築からそらしてしまったのである。それはまた，科学技術の最後の大規模なスラムクリアランスともいえる計画を，おくらせてしまったのである。

　しかし航空機用武器は，スプートニックによって，打ちこわされてしまった。ノースアメリカン社にひきいられる航空機産業は，大艦隊が大きな港から港へと航海していくように，基本的には，広大な自然環境の恩恵を受けながら，ひとつの都市全体を一晩にして移動させることもできるような，世界をまたにかけた建設産業，あるいは建築技術サービス産業を起こそうと考えていた。そしてフラーは，大艦隊が，どこでも必要とされるところで，その役割を果たしながら，航海を続けていくように，人間の環境施設を，地球上の各地に移動させることにより，人びとに過去の住まいを示し，また未来の豊かな資源を与え，政治革命や，政治的万能薬の力を借りることなくして，より広大な宇宙のひろがりを理解させることができるのであると考えていた。

作品解説

アスター飛行艇；ストッケード・システム

7—8　ニューヨーク・ヘラルドは，1922年9月29日の紙上で，フラーの初期の飛行体験の一部である，グローバー・ローボートのデザインになる「ヴィンセント・アスター飛行艇」の操縦を報じている。これが最初の単葉飛行艇であった。彼の55年間にわたる「海上の船」の経験と，42年間の「空の船」の経験とが，彼の「直観的でダイナミックな感覚」を証明している。それは，基礎的な発明やデザインの自動点火装置のようなものだ，とフラーは語っている。彼の感じでは——机上の知識というものが，たとえどんなに深いものであろうと，この技術科学的，経済的にできた複雑な装置よりも優位にあることはありえない。双方が作用し合わなければ，発明は何の力もなく，失敗に終るだろう——と。彼は，「海上の船」と「空の船」を，一般的分類では環境コントロールに属する器とか容器の範疇に類別している。

NEW YORK HERALD, FRIDAY, SEPTEMBER 29, 1922.

Fullers in Astor's Monoseaplane Fly to Bar Harbor in 4 3-4 Hours

Lieut. R. Buckminster Fuller of the Naval Reserve, accompanied by Mrs. Fuller, has just finished part of a vacation cruise in Vincent Astor's monoseaplane, and will return to New York to-day from Bear Island, Me., and fly to Boston. There they will attend a wedding at which Lieut. Fuller will act as usher, and then they will fly back to Glen Cove for another wedding on Sunday at 4 o'clock and one at Lawrence at 4:30. That night they will fly to New York so Lieut. Fuller can attend an ushers' dinner.

The Fullers left New York last Wednesday in Mr. Astor's flying boat. They went to Newport for two hours and then flew to Wiscasset, Me., where they spent the night. Then they made flights around Bar Harbor and at other points along the Maine coast, stopping at Bear Island in Penobscot Bay. The trip from New York to Bar Harbor was made in four and three-quarters hours actual flying time.

Mr. Astor's boat carries five passengers, is equipped with 400 horse power Liberty motors, and can make 120 miles an hour. Lieut. Fuller, who lives on Long Island, served in the Navy during the war and is now one of the most active officers of the Third Naval District, being in command of Eagle Boat No. 15, Naval Reserve.

9 ロング・アイランド，ローレンスにいまだに残っているストッケード（家畜小屋）ブロックでできた車庫の壁面。この壁体のある土地は，元来はフラーの義父であり，このストッケード・システムとその製法の発明の協力者であったジェームズ・モンロー・ヒューレットの所有であった（1923年）。ストッケード壁は，鉄筋コンクリート枠構造であった。垂直の骨組は8インチ間隔の4インチ柱で，円筒形の4インチ柱は，各階ごとにすべてのドアや窓の開口部の上下部分で，コンクリート製まぐさ石で水平に止められていた。この連続した完全なコンクリート枠組は，ストッケード・ブロックに開けられた4インチの管状の水平な穴にまっすぐさし込まれた。このブロックは，長さ16インチ，幅8インチ，高さ4インチで，どれも8インチ間隔で二組の深さ4インチの穴があけられていた。成分は，酸化マグネシウム塩のセメントで固めたかんな屑や，わらのような繊維質であった。この，セメントを混ぜた繊維質は型に流し込まれて固められた。この16×8×4のブロック1個は，重さ約2ポンドで，非常に軽く，2階の足場まで投げ上げられたし，丈夫なので落しても割れなかった。これを乾いたままで積み上げ，モルタルなどは不要だった。コンクリートの型枠としての役目が済んだ後も，モルタルとプラスターの下地として，さらに壁の断熱材として残された。これは，4インチのコルクと同じ効果があった。壁は，外側も内側もひびが入ることなどめったになかった。というのは，内壁，外壁は，独立して別個に繊維質のベースに密着していて，別々に伸縮可能だったからである。ブロックは吸湿性がないので，水分が浸み込むこともなかった。石化するので燃えることもなかった。1922年から27年までの間に，フラーは，ストッケード・システムで240棟のビルを建てた。このシステムと材質は，結局セロテックス社に売れた。そして今日でも，音響関係の壁材や天井材によく見られているはずである。

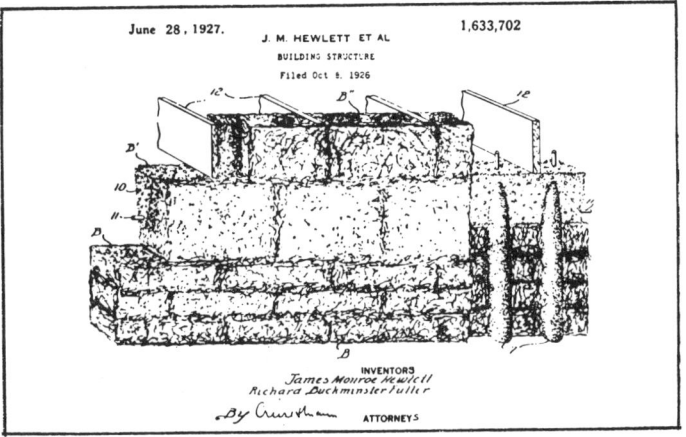

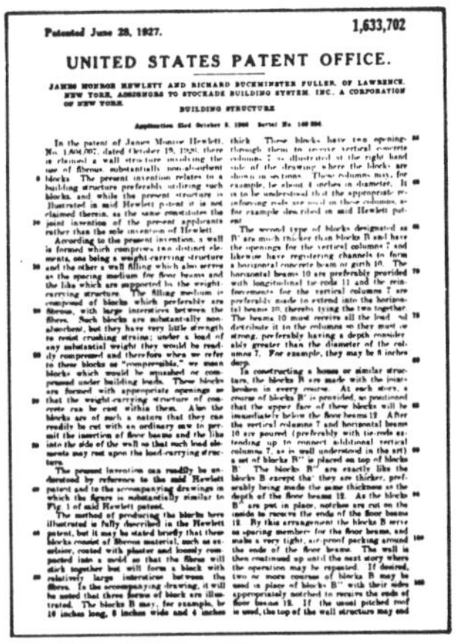

10—11 ヒューレット氏の「ストッケード基本システム特許」にあるストッケード工法の特許。(1923年)

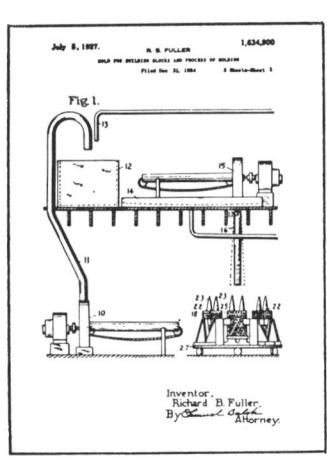

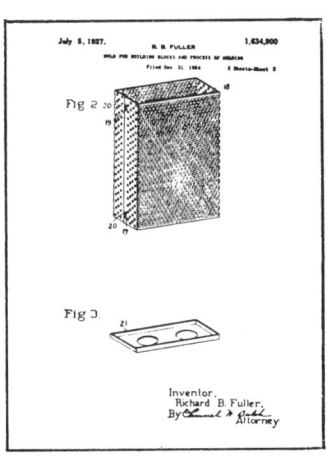

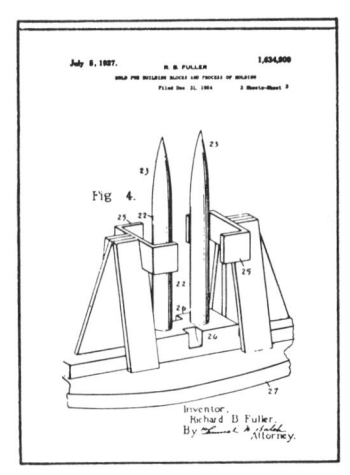

12—15 湿った繊維質を圧縮しフェルト加工する，フラーのストッケード・ブロック製造工程の特許。この過程の特徴の多くは，以来，ファイバーグラス樹脂の製造工程で採用されている。

多層デッキ

4Dハウス

空海一体世界
エアーオーシャン・ワールド

16　10階建ての車輪構造の4Dタワー状のアパートを，ツェッペリンで輸送する計画。建物が建てられる位置に来たら，飛行船はまず，いかりをおろして，爆弾を落とし，基礎を打ち込めるように爆発で穴を掘ろうと考えた。それから，フラーの考えによると「木を植えるように」この10階建ての建築をおろすのだった。建物は，基礎のところに入れられたセメントが固まるまで，一時的に仮の支柱で支えられることになっていた。

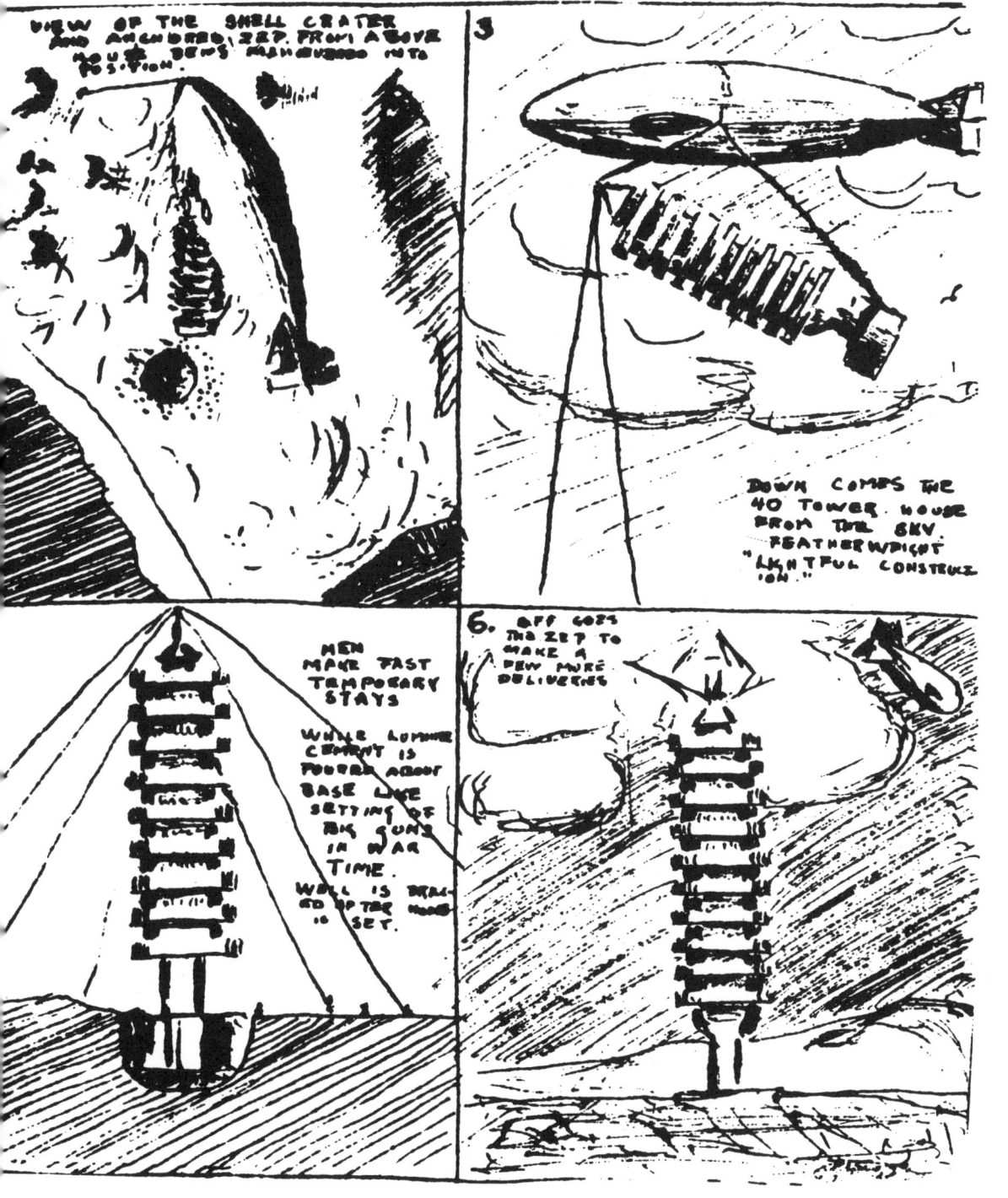

VIEW OF THE SHELL CRATER AND ANCHORED ZEP. FROM ABOVE TO U.S. ZEPS MANEUVERED INTO POSITION.	3. DOWN COMES THE 40 TOWER HOUSE FROM THE SKY. FEATHERWEIGHT "LIGHTFUL CONSTRUCT-ION."
MEN MAKE FAST TEMPORARY STAYS WHILE LIQUIDE CEMENT IS POURED ABOUT BASE LIKE SETTING OF BIG GUNS IN WAR TIME. WALL IS BRACED UP TIL CEM IS SET.	6. OFF GOES THE ZEP TO MAKE A FEW MORE DELIVERIES

17 1927年の10階建て住宅のさまざまな提案。3方向交差梁の床構造，空気構造の床材と極めて堅い表面，構造ユニットや重い家具を上げ降ろしするためのクレーン，電圧ケーブル，汚水浄化槽が示されている。ケーブルが取りつけられる六角形のふちは，プールの境である。左下の方にユニット・バス（後でダイマキシオン・バスユニットになる）がつり上げられている。フラーによるこの絵は，1928年，『シカゴ・イブニング・ポスト』に掲載された。

18 外側の被膜を流線形につけた効果を図解している。左の図は典型的な空気の流れの影響，(**A**)立方体，(**B**)円筒形，(**C**)効果的な流線形の場合。波線の部分は，同じく風の抵抗を受けると考えられる構造を比較して大きさを示している。右側の図(**D**)は流線形風防付の10階建て4D建造物のモデル。

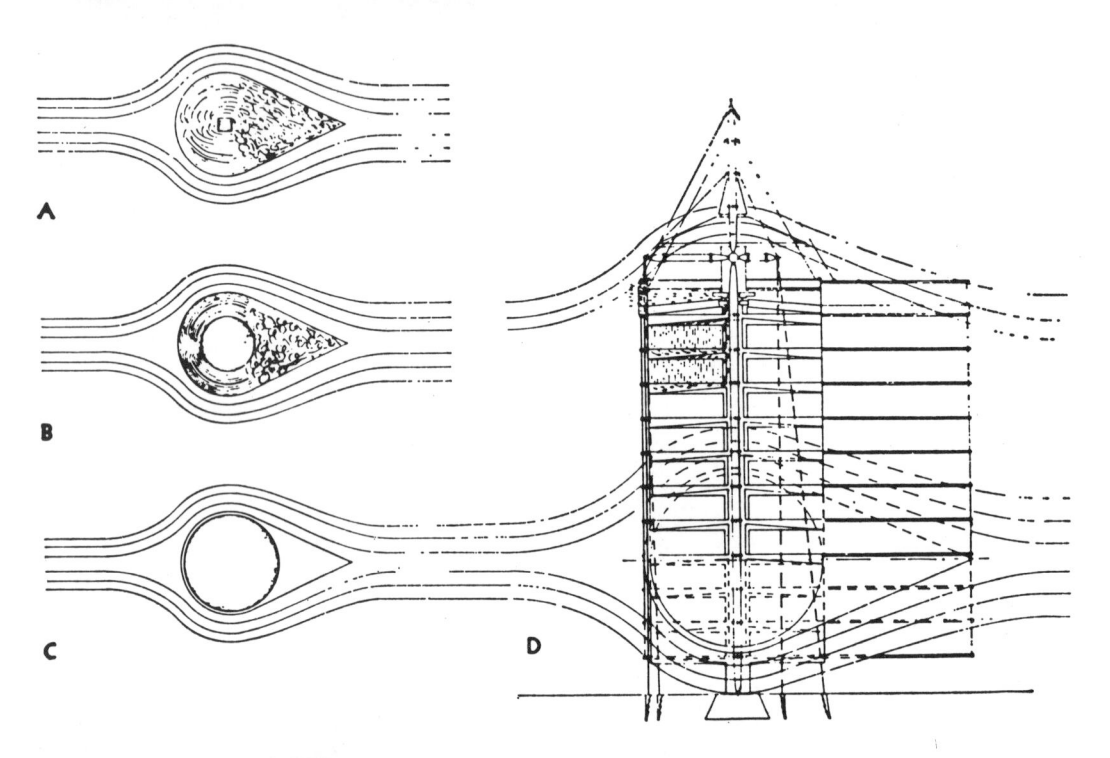

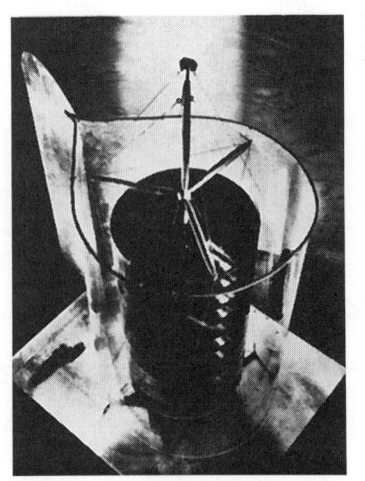

19 流線形外壁でおおわれた10層建造物。建物の熱損失は，その空気流出をうながす負圧に比例する。適切にデザインされた外壁は，そのような損失を無視できる数値までおさえることが可能だとフラーは観た。彼はいつも，「その土地に合った環境にふさわしい構造のための目に見えない考案」と自分で呼ぶものに関心をよせていた。環境をコントロールするための彼のあらゆる方法の中で秀でていたのは，構造の内外の空気力学であった。4Dの10階建てビルのデザインで，計画された外壁は風がつくる後部の負圧を基本的に少なくした。このため，建物の構造上必要な寸法を減らすことができた。こうして，外壁は，航空輸送計画の根本原理である，より軽量の構造デザインを可能にした。（この写真は「慣習への不服従とニュー・イングランドの良心」の章の扉にも掲載されている。）

20 1927年の「空・海にまたがる世界都市計画」。世界中でもっとも自然条件の悪い所を選んで10階建て4D住宅を配し，フラーはこれを「飛び石，世界空路保守員による環境コントロール」などと呼んだりした。1927年の時代に人類が近寄れないような設置点としては，北極圏，アラスカ海岸線，グリーンランド，シベリアの海岸線，中央サハラ，アマゾンの上流が数えられる。大圏コースの航空ルートは，1927年ではこのような整備基地に依存してはじめて，世界の人口の集まる地点を結ぶことができた。この絵は，他のどんな地図より5年も早く，大圏コース航空ルートを示していた。フラーの1927年の原文は以下の通りである。

「地球の表面積の26パーセントは，陸地である。その陸地の85パーセントは，赤道より北にある。全人類がバーミューダ島上に立つことができる。全員が英国へ渡ったとすれば，1人当り750平方フィートの土地を所有できる。『団結するならば栄え，分裂するならば滅びる』と言うが，精神的には正しいが，物理的にはあてにならない。20億の新しい住宅が，80年後には必要となるだろう。」

人類が近寄れない所の環境をコントロールすることが可能であるということを示した，実現を目ざした研究は，空路による連絡によって世界を完成することの「技術的証明」と彼が呼ぶもの，つまり「一つの都市世界」をフラーに与えた。「環境コントロール」の構造物は結局建たなかった。航空路の分布を拡大し，近寄れない地域を飛び越えて地点を拡げ，世界を一つにする可能性にまで達するには，相当の年月を要した。それにもかかわらず，この空・海からの世界都市計画の発展により，本来的に一つの世界を仮定することによって，いわゆる「離れ離れに点在する世界」とは対照的な，1世代進んだものを彼は得たのである。

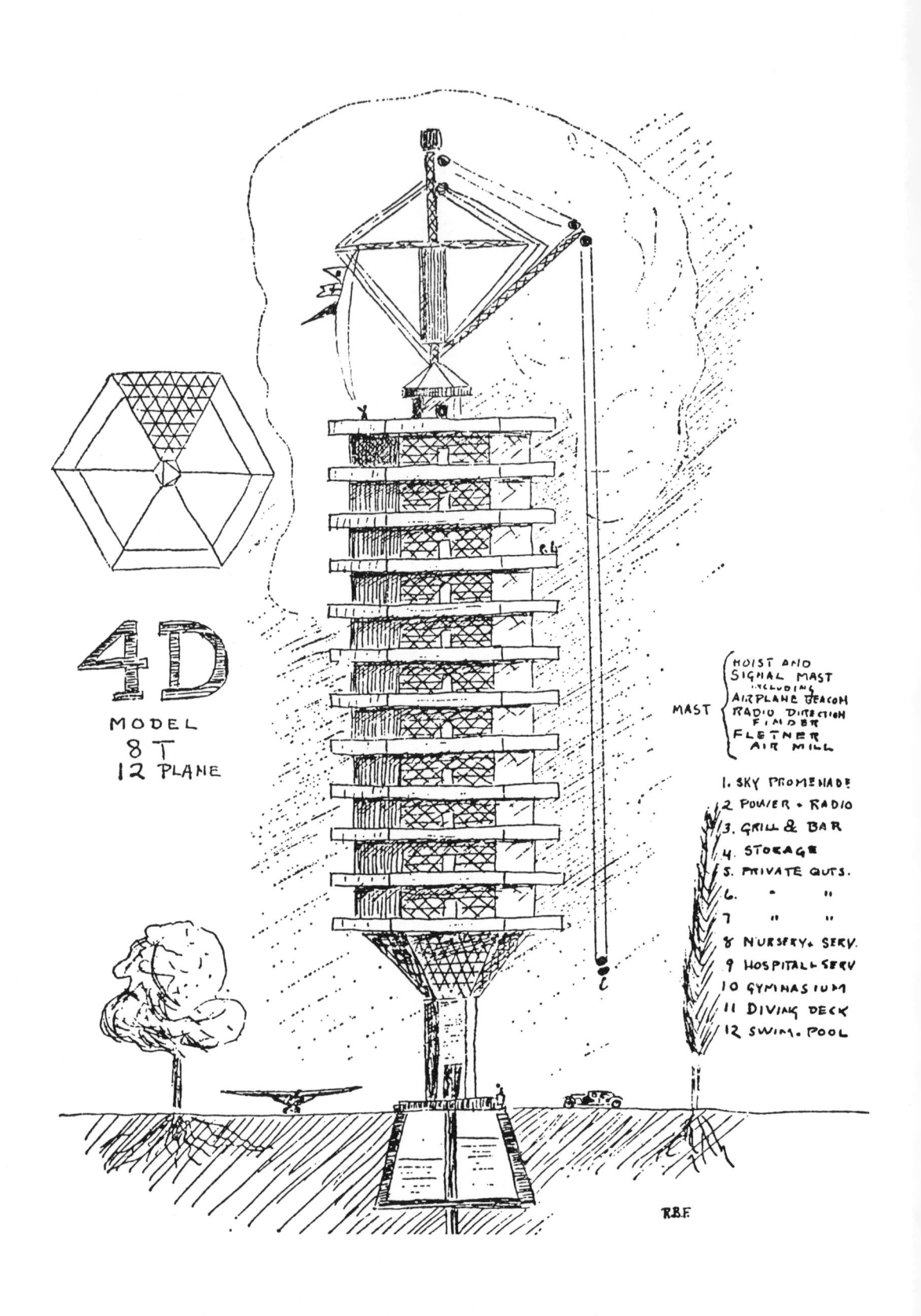

21 4D多層階住居ユニットの12層建築への応用。詳細には、クレーンと信号用の支柱、航路標識、フレトナーの空中回転発電機（風力を動力とする）、空中散歩道、居住用のアパート、共用施設、飛び込み台付きプールが描かれている。

22 北極圏に建てられる4D多層階住居ユニットの，フラーによる想像図。(1927年)

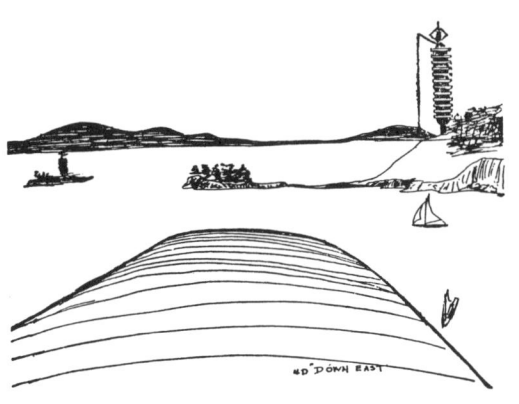

23 「ニュー・イングランドの海岸線にも建つ4D。」

24 フラーによる，謄写原紙に描かれた，4D多層階住居ユニットのつき出したデッキの内部。クロスした部分は，三角形の真空2重窓となっている。

25 フラーによる4Dのスケッチ。夜間急行航空便で4D都市に進入するところ。(1927年)

26 フラーの計画による100階建てオフィスビル。これは吊り橋のような構造である。橋の支柱は車輪のふちのように曲げられ，その中心の車軸から床は吊られた。

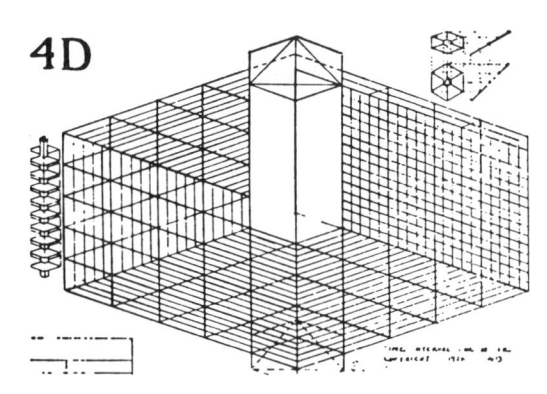

27 多層階構造内のスペースに関して、水平方向と垂直方向に場所を定めるために、フラーによって開発された座標システム。(1927年)

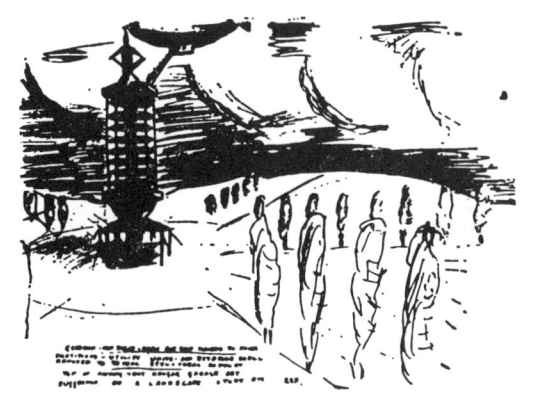

28 フラーが1927年に示したアイディアの一つは、多層階住居の支柱が、飛行船の繋留用に使えるということだった。数年後他の人びとがこれを支持して、エムパイア・ステート・ビルのタワーを同じ目的に使うことを提案した。

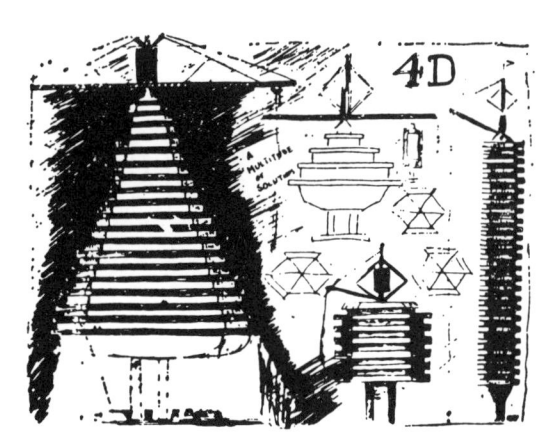

29 他にいろいろと考えられる、多層階4D住居の形態。左下の方にフラーの初期の考案である、4D全方向交通方式が描かれている。

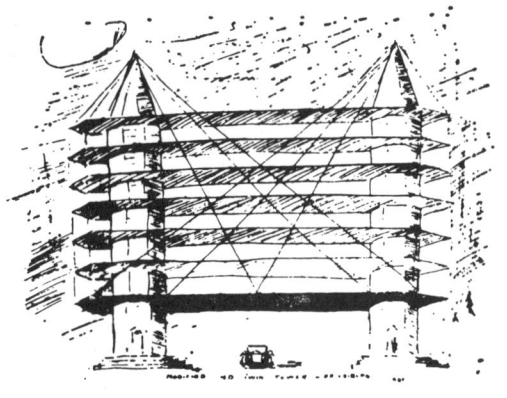

30 4Dツイン・タワー・オフィスビルの変形案。

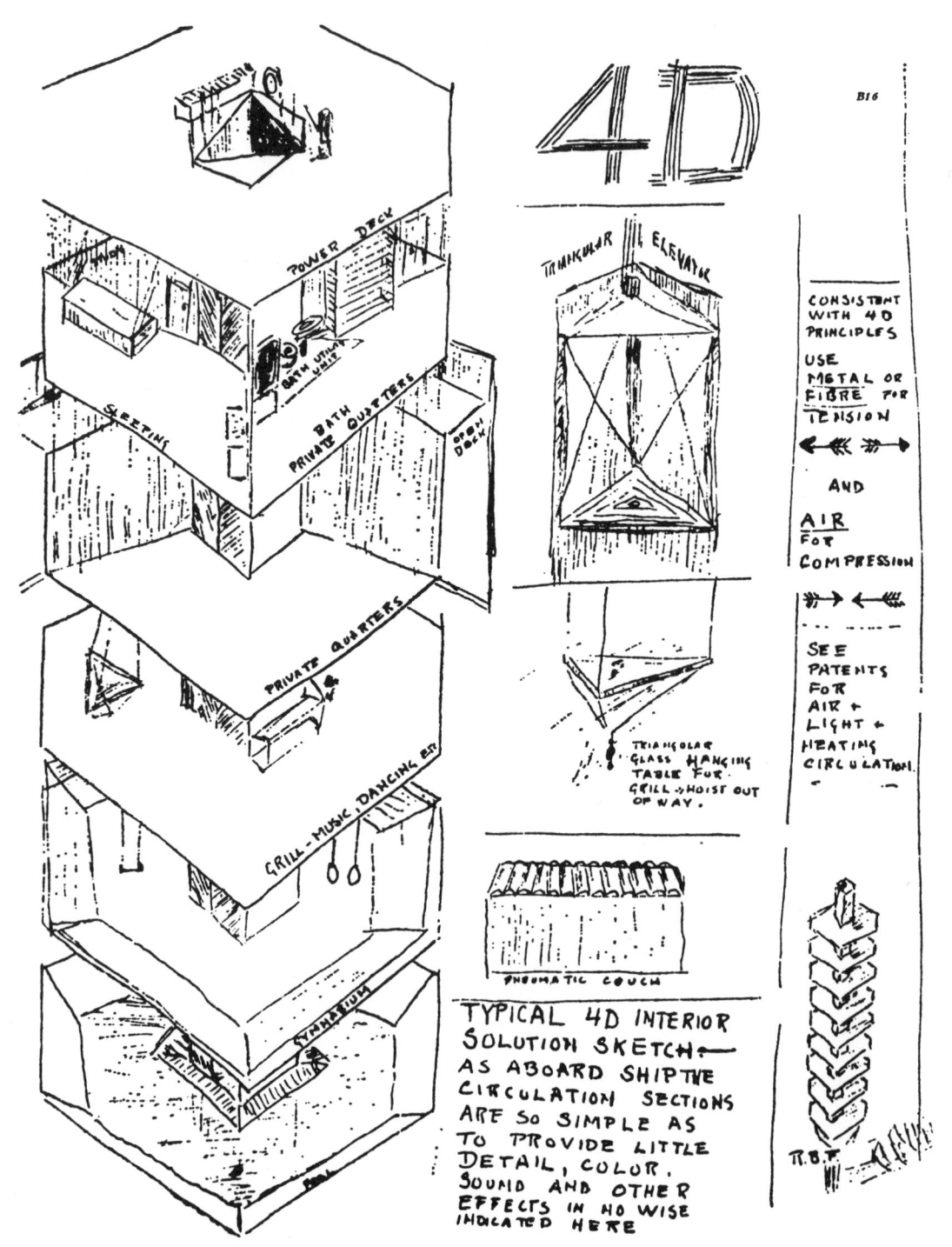

31 フラーによる多層階住居の中央シャフト周辺の典型的利用法を示す断面図。

32 フラーの4Dタワーハウスと従来の6室の住居との比較を戯画化した，フラーのスケッチ。(1927年) 4D住居は，軽く，タワー状の動く住居で，最初の製作には100万ドルを要しても再建築には1万ドルしかかからないと述べられている。その利点は，以下のように並べたてられている。

　動力，光源，熱源，下水処理は完全に独立している。12階の平均は各階675平方フィートで，すべて高層の位置にあって，空気中の塵が多い層の上に配されている。家具は作り付け，プール，体育館，病院が付帯されて，陸にいながら，ボート上のような自由な空間，建築所要期間わずか1日，耐火処理済み。

　従来の家は次のように性格付けられた。「仕立屋が作った古くさく妙にこっていて光はほとんど入らない。土台はぐらぐらで，いずれ壊れる。」その限界は次のように述べられている。

　街の下水システムや，石炭石油会社に拘束され，有効面積は6室で平均225平方フィート，地面にすえられているので，ほこり，洪水，害虫，強盗の害が問題となる。プール等もなく，家具はすべて一時の間に合わせ，構造上の発展は5,000年間全然なく，多少とも悪くなった場合，建築所要期間はなんと6カ月，耐火処理なし。

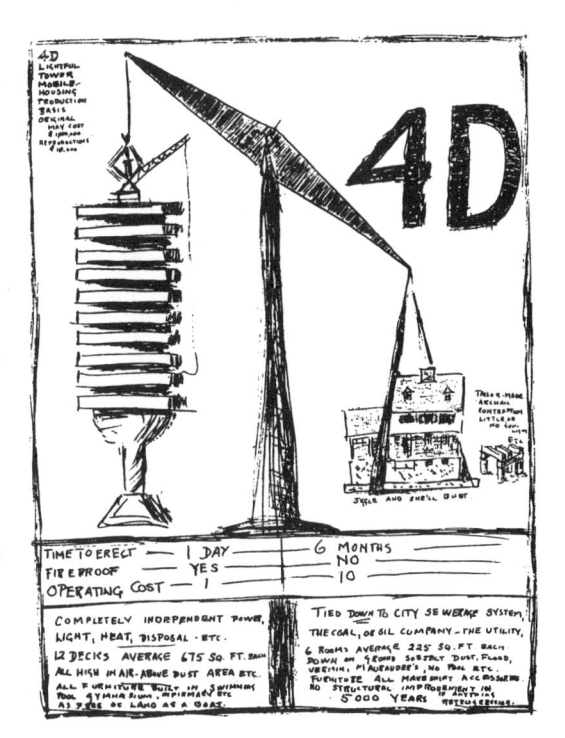

33 1933年シカゴ万国博覧会でのある鉄鋼会社の展示のために発案された，フラーによる4Dタワー・ガレージのスケッチ。スケッチ周囲の書き込みの一部は，以下のようである。

　フラーによる4Dタワー・ガレージ。プランは塔状で，駐車サークルへは自動エレベーターが取り付けられている。

　セルフ・パーキング——駐車できる場所があるまで登って行けばよい。ランプは全く交差していない。

　昇降用の各ランプは各々独立している。中央は塔状で，車の出し入れに人が昇降するエレベーターが取り付けられている。最下層には料金所が設けられている。ここだけは従業員が必要である。各フロアはすべて頂上からケーブルでつられている。100階の高さにも建てることが可能で，非常に美しい。ただ単に景色を見るために，車で上がって行ってまた降りてくるのも悪くない。

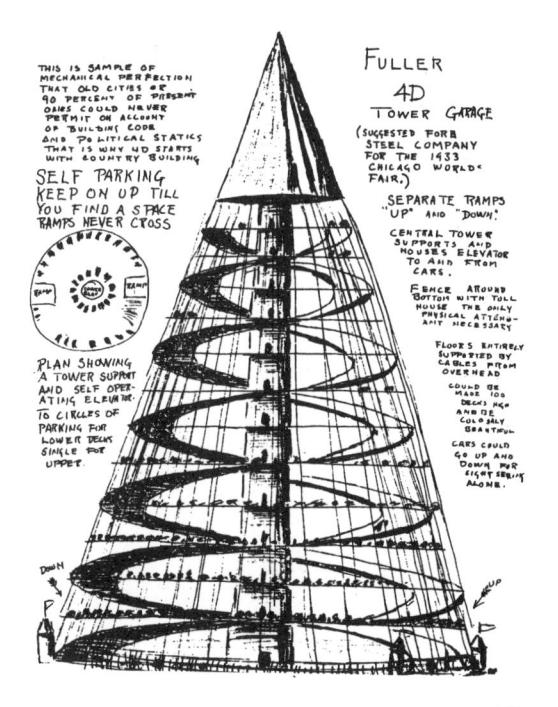

106

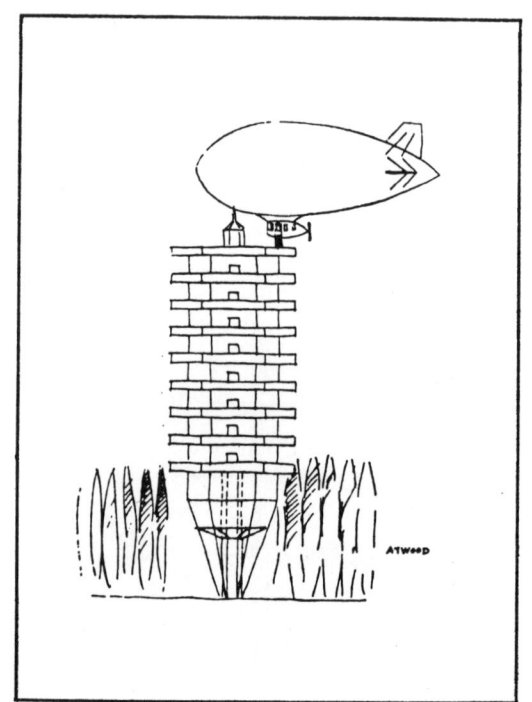

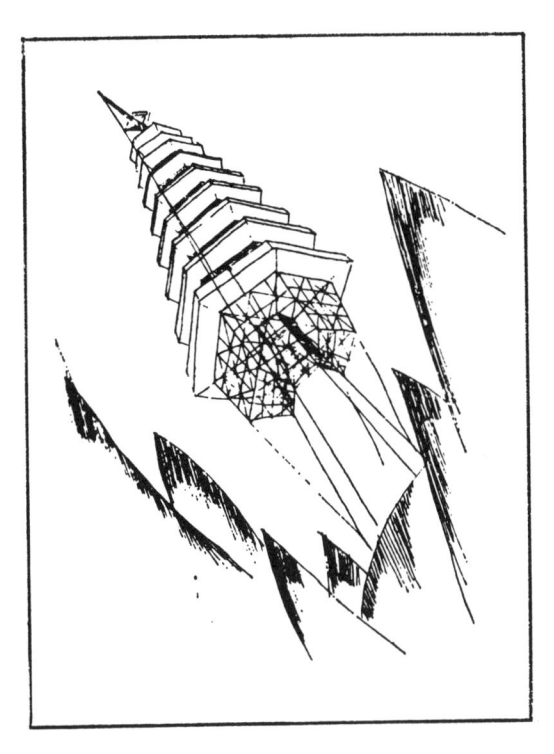

34—39 フラーの助手や学生達により，1927年から28年にかけて描かれた，4D高層住宅の様々なタイプのスケッチ。ほとんどのスケッチに示されているのは，塔構造の下層階にプールを設け核となる三角に分割された張力を組み合せた構造である。この三角形に分割されたテンション構造の原理は，約40年後にフラーによって着手されたジオデシック構造に用いられた構造と類似したものである。

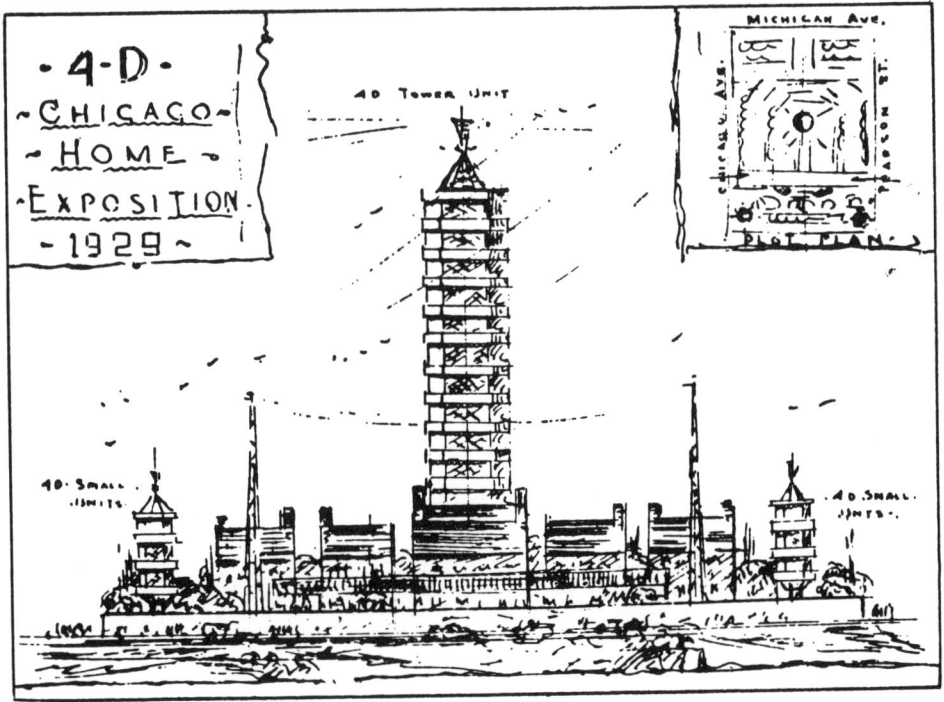

ダイマキシオン・ハウス

40 4Dダイマキシオン・ハウスの立面図と平面図。(1928年) フラーはこれを，二つの初期の作品の「完成した模型」と呼び，第1の作品は，1928年の『アーキテクチュア』誌上に掲載された。

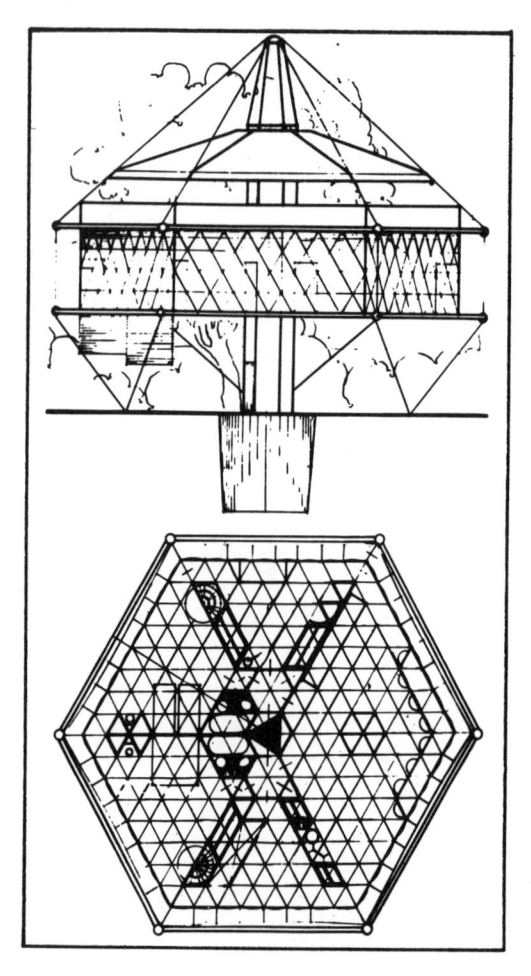

41 最初のダイマキシオン・ハウスのテンション構造による床組。(1927—29年) 頂上と底部とに張られたケーブルの間に空気をつめた袋が置かれ，これが干し草の俵のように結わえつけられる。この上に，かたい圧縮した床が取りつけられる。

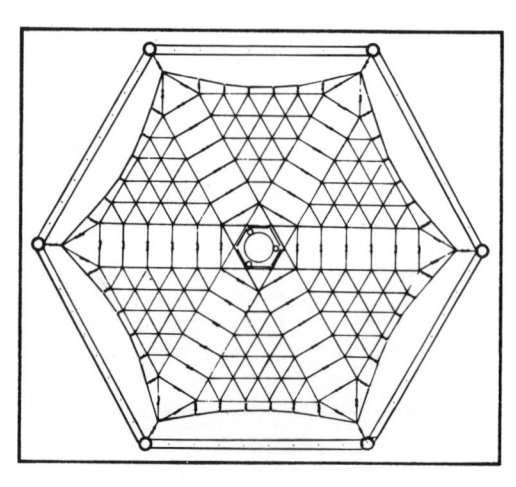

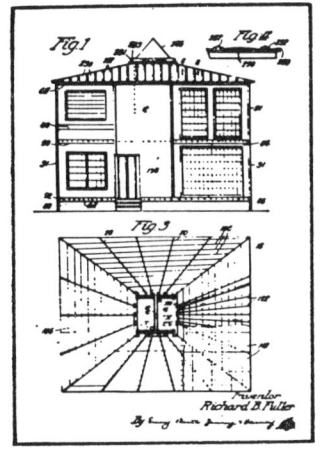

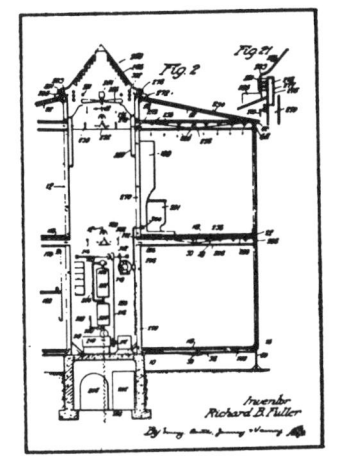

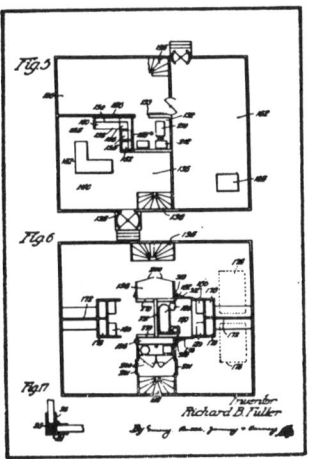

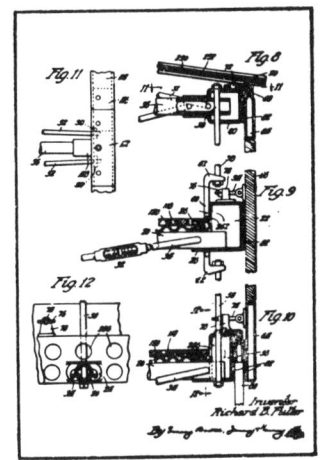

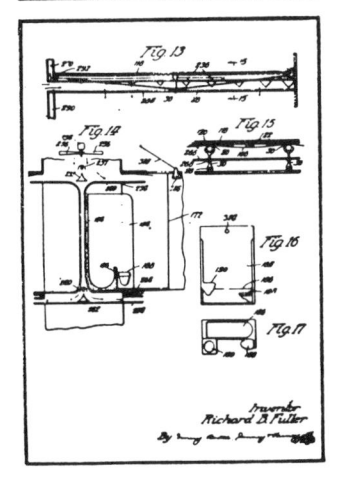

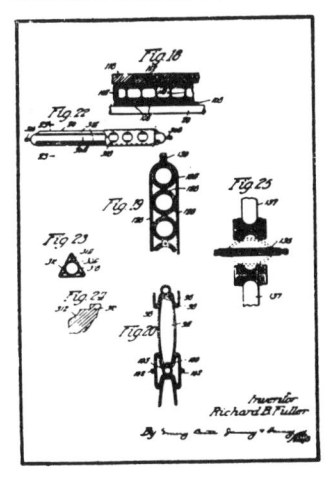

42—47 4Dハウスの原型である，特許の図面。(1927年) これらの図は，中央のマストに支えられた構造を示しており中央のマストには，暖房や照明や給排水の配管を内蔵している。この熱源や光源は，天井材の有孔部を通って，マストから周囲の各室へ分配される。天井隊間には適当な反射器や電流器が備えられている。フラーはこの発明を六角形プランに用いようとしたが，彼の弁護士の助言によって，このシステムが従来の箱型構造にも利用できるようにしている。この特許要件は，支柱の周囲に吊られるどんな車輪構造にも応用できる。

特許図面の註は，以下のようである。(1)基礎には，貯水タンク，下水浄化槽，燃料タンクがある。(2)浴室や台所の設備は，床に固定されずに上の梁から吊られる。(3)すべての堅い支持構造は，内部に空気を充たした薄いアルミニウム管で，真の空気構造である。(4)窓の構造は，完全に密封状態で，真空のフラスコ状になっている。

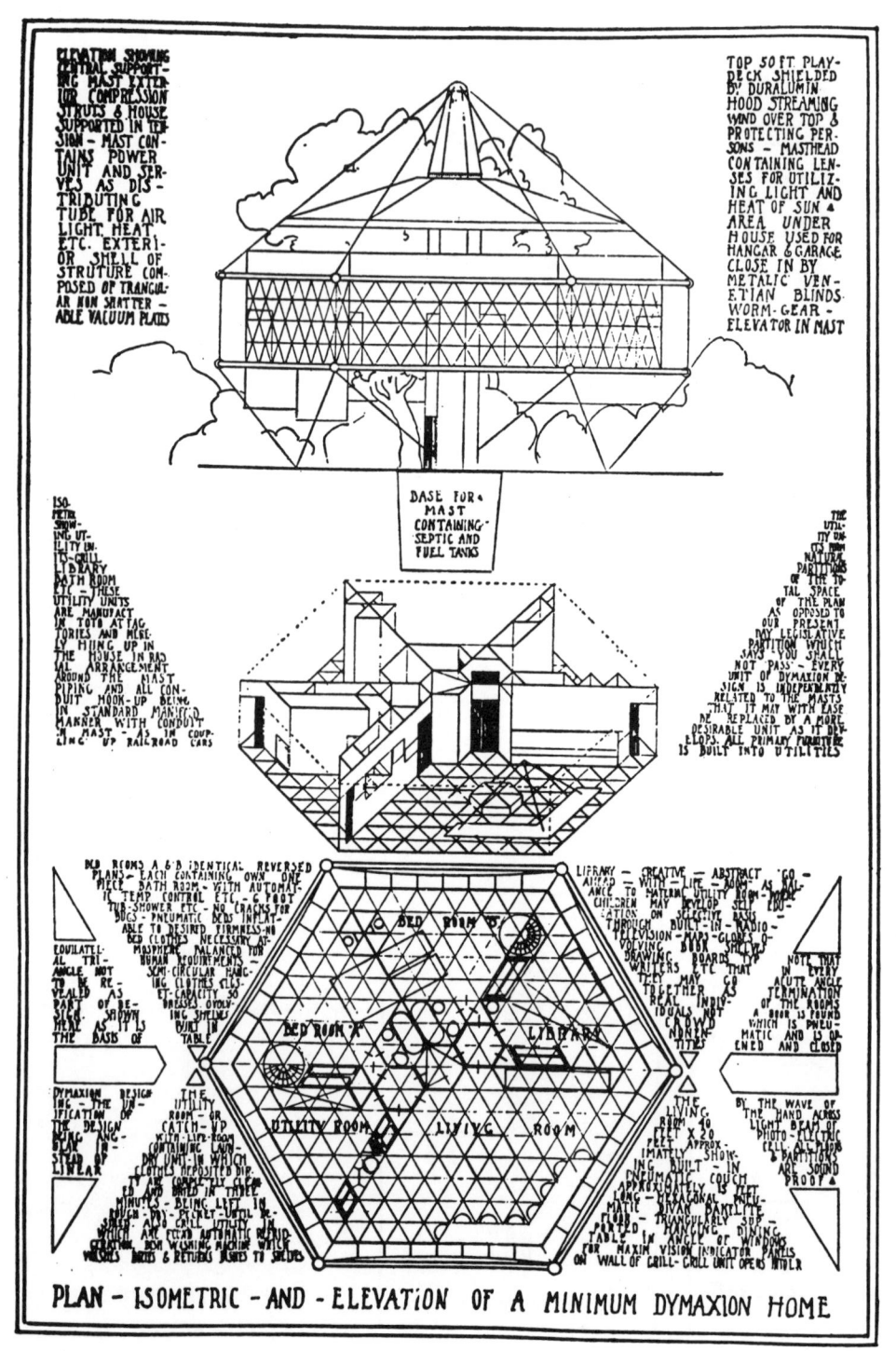

PLAN - ISOMETRIC - AND - ELEVATION OF A MINIMUM DYMAXION HOME

48　1927年，フラーが最小限の4Dダイマキシオン・ハウスと考えていた平面図，アイソメトリック図と立面図。ここで見られる諸要素は，今日ではあたりまえのものでよく見られるものであるが，1927年の建築あるいは住宅関係の雑誌には，どれ一つ見られなかった。ハーヴァード現代芸術協会によって，1929年，この絵とともに発表されたフラーの1927年の最初の表題には次のようにある。

1．立面図は，中央の支柱，外側の独立した圧縮構造支持材，そして吊られた状態の住宅を示している。中央支柱には動力設備があり，空気，光，熱などの配管がなされている。構造の外壁，殻とも言うべきものは，三角形の丈夫な真空板で構成されている。

　最上階，50フィートのプレイ・デッキは，ジュラルミンでおおわれ，風は上を通り，下の人を保護している。雨は熱を通す支柱を通り，パイプを伝い落ちる。支柱の頂上にはレンズが取りつけられ，太陽の光と熱を有効に用いている。住居の下部は，格納庫やガレージに使われ，金属製のブラインドが降ろされる。ウォーム・ギアのエレベーターが支柱に取り付けられている。

2．鳥瞰図は，ユーティリティ，グリル，図書室，浴室などを示している。これらの諸設備は工場で製造され，家の中に支柱から放射状に吊られる。すべての配管は，支柱の配管と規格に基づいた方法で連絡される。汽車が連結されるのとまったく同じように。

　諸設備は自然に全体の間取りを構成する。これは，「通り抜け禁止」の現在の間取りの法則とは対立するものだった。ダイマキシオン・デザインのすべての設備は，それぞれ独立して支柱につながっていて，改善されるに従って，簡単によりよい設備と取りかえられる。すべての基本的な家具は設備の中に組み込まれている。

3．A，B二つの寝室はちょうど対称に置かれ，それぞれに浴室があり，室内の温度は自動的に調節される。虫の入り込むすき間もない。空気ベッドは適当な堅さにふくらませることができる。寝具は一切不要である。空調は人体にもっとも良い状態に保たれる。半回転する洋服ダンスには50着収納できる。回転柵や造りつけのテーブルもある。

　ユーティリティ，名付けて「生活する」ための部屋には，衣類を直接投げ込めば，3分間できれいに洗われ，乾いて，必要な時まで入れておけばいいような洗濯設備がある。また，グリルには，自動冷蔵装置，自動皿洗い機（これは，自動的に洗い，乾かし，食器柵へ戻してくれる）がある。

　図書室――抽象的「生活を越える」空間，物理的な設備室への対照として，造りつけのラジオ，テレビ，地図，地球儀，回転書庫，黒板，タイプライターなどがあって，子供達は，自分勝手な方法で勉強を進めてゆける。完全な個人として，存在価値の失われた団体の一部品としてでなく，生きてゆくだろう。

　居間は，約40フィート×20フィートの広さがあり，約15フィートの空気入りの長椅子，六角形の空気入り椅子，ベークライトの床，広い視界のある窓に面して3点で吊られた折れ曲ったダイニング・テーブルなどがそなえられている。グリルの壁には，計器指示板があり，グリルの設備は，食堂に向かって設けられている。

　正三角形は，デザインの一部として示されているのではない。ここでは，ダイマキシオン・デザインの基本として示されている。設計は線分ではなく角度で統合されている。

　各室の鋭角の部分の先端には圧搾空気のドアがあって，このドアは，光電管の発する光源を手が横切ると開閉されるようになっていることに留意したい。すべての床や仕切り壁には防音設備が施されている。

112

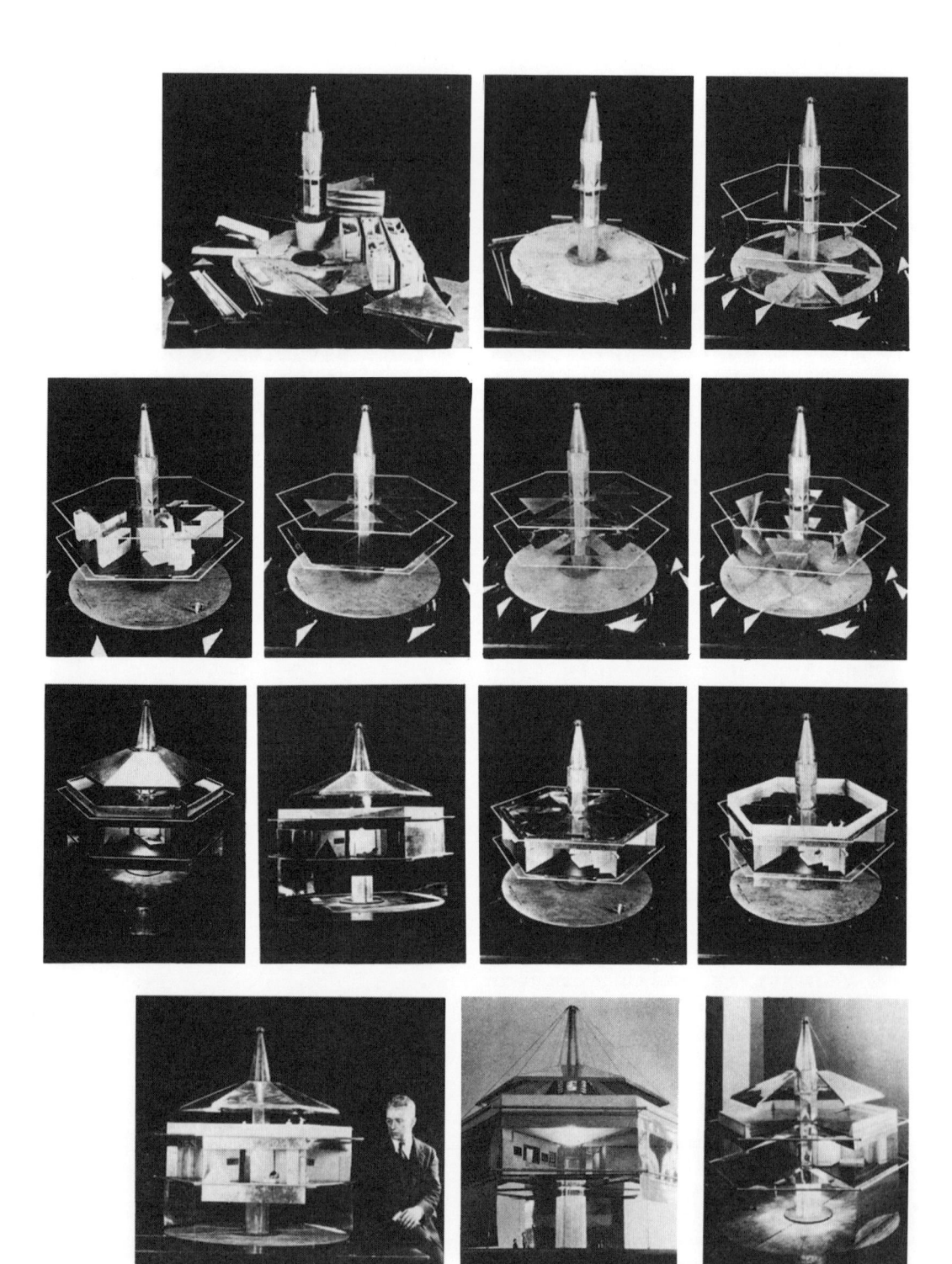

49—59 連続した写真は，4Dダイマキシオン・ハウスの建込が次第に高くなってゆく過程を示している。構造が上から下へと組み立てられるのに注目したい。この家の根本的なところは，上にのばした支柱を中心とした，ワイヤーの輪である。圧縮された支柱は，ピンと張ったウェブ（ケーブルまたは自転車のスポーク）によって，圧縮された「環礁」のふちからは離れて立てられている。この圧縮-緊張のパターンが，張力による全体構造の構成を成立させ，構造の安定を保証している。（フラーは，この構造について「再生のパターンによる完全性」と語っている。）

ひとつの車輪構造が定まると車輪の中心の軸受の端に他の車軸受の端をつけてもう一つの車輪構造が重ねられる。フラーの10階建てまたは100階建てでさえも，車輪構造を次から次へ重ねることで可能にしている。しかし，この輪を重ねる構造は，外部の三つの張力，つまり，たて，横，さらに三角形に引っ張られる力を結ぶことによって，一つの構造の内部にスポークを張ることを省略しても，軸受を重ねた1本の軸を中心に「編み上げる」ことができると，フラーは見ていた。4Dダイマキシオン住宅は，このような二つの輪から成っていた。（1927年）

49　4Dダイマキシオン住宅の構成部品の模型。敷地に運び込まれ，組み立てるばかりになっている状態。

50　基礎にセットされたジュラルミンの支柱。張り出し棒は，上と下の六角形の板に取り付けられる。

51　車輪構造は，支柱の軸受から吊られたケーブルに引っ張られている管状の床梁で形成される。

52—53　床板は，車輪構造の軸受けと外縁の間に引っ張るように結わえられて取り付けられる。

54　空気の入った袋状支持材の上に，堅く圧縮した板を置いて，床の組立てが完了する。

55　諸設備は，上部のデッキから吊られて所定の位置に納められる。ユニット・バスは支柱に相対してしつらえられている。諸設備は，各スペースを分ける役目もしている。4Dダイマキシオン住宅は，壁の間仕切りを必要としない。

56　天井は，支柱とつながっており，光と空気の供給の役目を果たしている。光電管で操作されている扉は，六角形の床の各頂点に位置している。

57　外側の透明なプラスチック壁板が取り付けられ，三角形のアルミニウムでできた，カメラのシャッター型のロール・カーテン，屋上のデッキと手すりが完成されている。室内では，温度，湿度，空気の流れがほどよく調節されていて，衣服も，寝具も不要であるという事実を強調して，空気ベッドに横になっている女性が裸で描かれている。

58—59　ジュラルミンの屋根が中央の支柱から吊られて，この住宅は完成となる。夜景で，支柱にある中央光源システムの効果を見せている。光は家の中じゅうで反射し，拡散される。

60　1927年のフラーの肖像と，完成された4Dダイマキシオン住宅の模型。この住宅は，計画では，すべての設備を含めて3トンの重さで，内部の床面積は1,600平方フィートを有していた。

61　支柱頂頭部の換気部分，中央に雨樋の溝を設けた屋上デッキ，そして空気と光を供給する設備（デッキと下の天井の間にある）が見えるように断面を見せた4Dダイマキシオン住宅。

62　地上レベルから見たダイマキシオン住宅。中央の光源から透明な天井を通して光が拡散されているところを見上げる。フラーの初期の模型は，彼の完全なモデルと同様，家の中の各室で別々に好きな色の明りを用いられるようにした。中央の太陽光・熱源と，拡散用の天井との間のカラー・フィルターを紹介している。

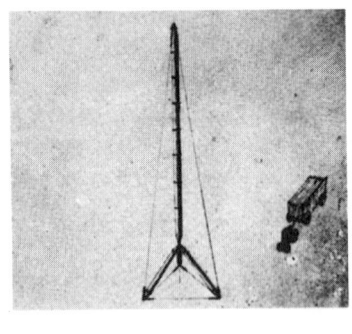

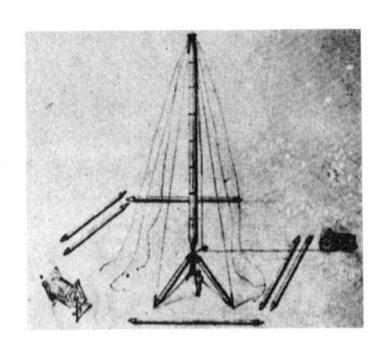

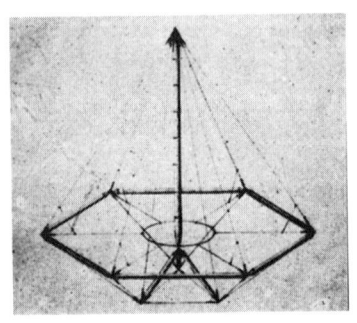

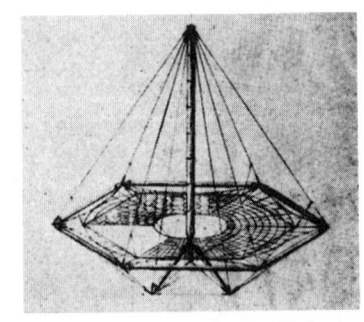

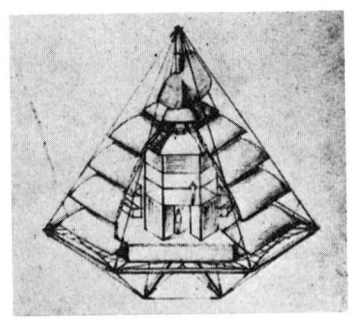

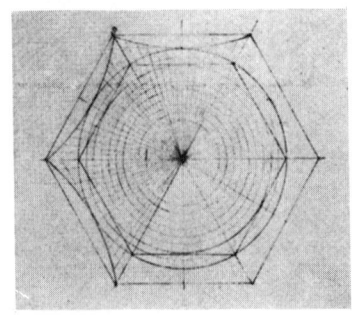

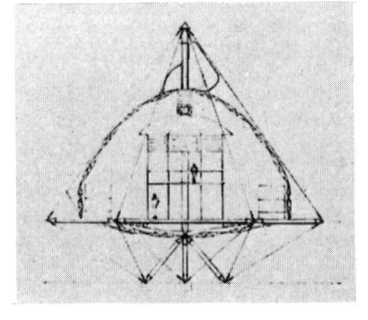

63—64 中央支柱を中心に可動性のある住宅としてのダイマキシオン構造を示すスケッチ。(1931年) この住居は、翼型の表皮壁が蝶つがいで止められている、車輪構造が一つの単一デッキ型の構造をしている。フラーは、これらの絵を彼の『シェルター』誌に掲載して、ロシヤ人に対して次のような提案をしている。彼らの協同農業活動にこの構造は大変有利であり、季節ごとに農場労働者は移住できる。これに対してロシヤ人は、生活水準を高めるために直接的に科学や工業を適用することは、厳密には重要なことではなく、今後の機械や道具の生産能力を復活することを全世代に要求する5ヵ年計画に対して、彼の発明がむしろ、人びとの不満を呼び起こすものであると、フラーに報じてきた。しかしロシヤの初期の計画が完了した後ならば、この状態は変わってゆき、消費物資に対してより力点が置かれるようになるだろうと、ソヴィエトの指導者達は述べた。フラーは、この時がもうすぐそこに来ていると信じていた。N・S・フルシチョフが、1959年5月にモスクワ万国博のアメリカ展示館を訪れ、フラーのジオデシック・ドームを初めて見た時、『ニューヨーク・タイムズ』では、「フルシチョフは、プレスしたアルミニウムのプレートでできたこの巨大なドームを、何度も何度も振り返って見ずにはいられなかった」と報じた。「私は、クチェレンコ(国の建築 建設委員会議長である、ウラジミール・A・クチェレンコ)に、ソヴィエト連邦でこれとまったく同じ仕事をさせようと考えている」と、フルシチョフは言った。

65 フラーは，常に学生達に強い影響を与えていた。ここに示されているダイマキシオン・ガス・ステーションの設計図は，1929年に建築科の学生，サイモン・ブレインズが，ニューヨーク建築連盟賞を受けたものである。(その前年中，4D住宅がニューヨーク地区の建築連盟に展示されていた。)ブレインズは卒業の際，ソヴィエトのロシヤ宮殿のデザインの国際競技で，フラーの張力構造方式を用いて第2位を勝ち得た。(第1位は，古典的なスタイルの建築で，別のアメリカ人が獲得した。)ブレインズの方法は，大きな車輪構造を水平に用いることであった。1933年のシカゴ万国博の交通輸送館で初めて採用された。その館のデザイナーである，パリの美術学校のロンビエールは，その張力構造についてフラーと相談したが，結局，外装を従来通りの円筒形にした。1933年シカゴ万国博では，「未来の住宅」展において彼のダイマキシオン住宅の原理の多くの特徴が示された。未来の住宅は，マストから吊られているかのように見えたが，実際は従来通りの方法で，しかもそれが見えないように，地面から組み立てられていた。車輪構造の原理の上に建てられた最大の建築は，1958年のブラッセル万国博における，エドワード・ストーンのデザインによるアメリカ合衆国館であった。

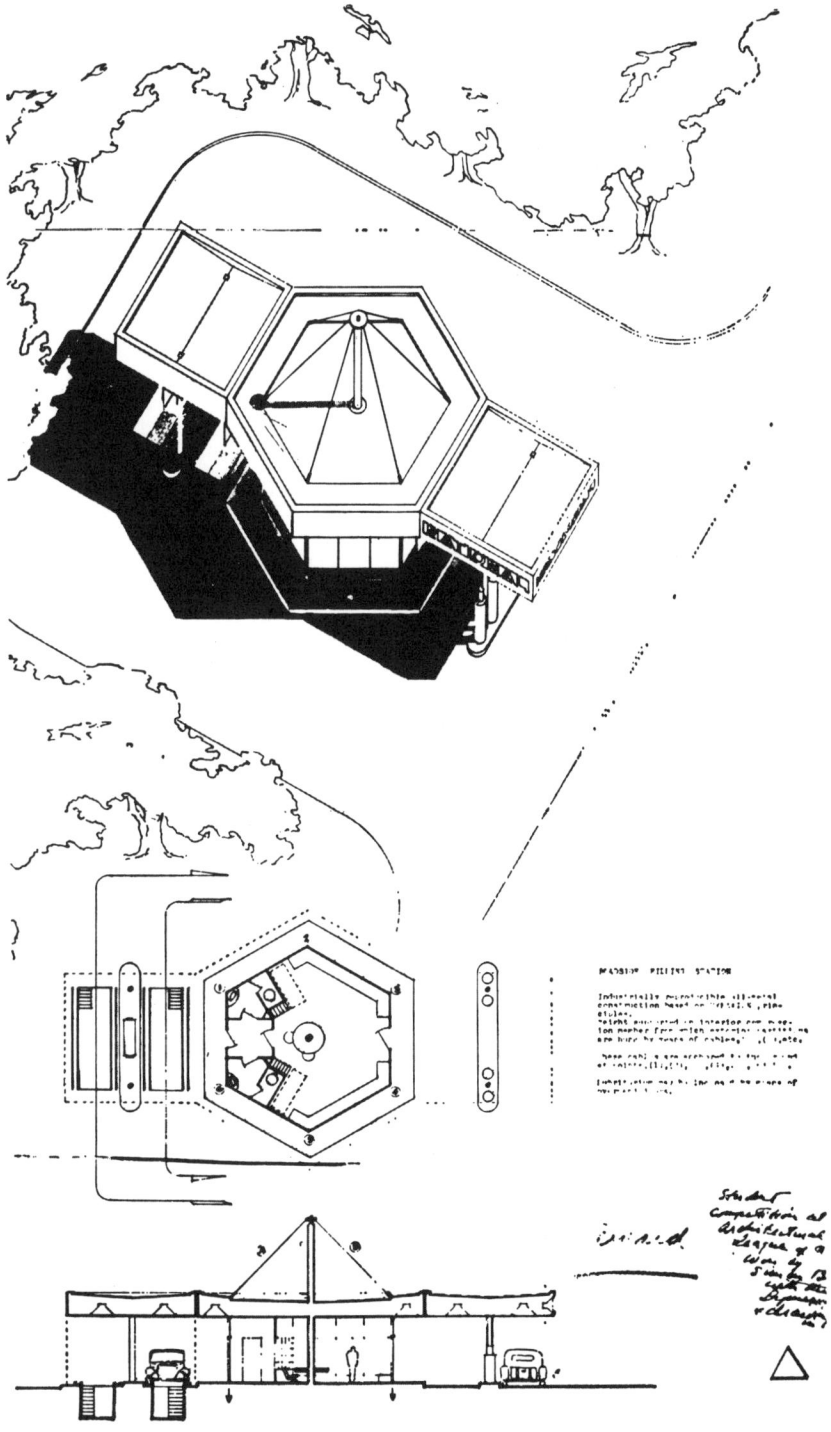

ダイマキシオン浴室

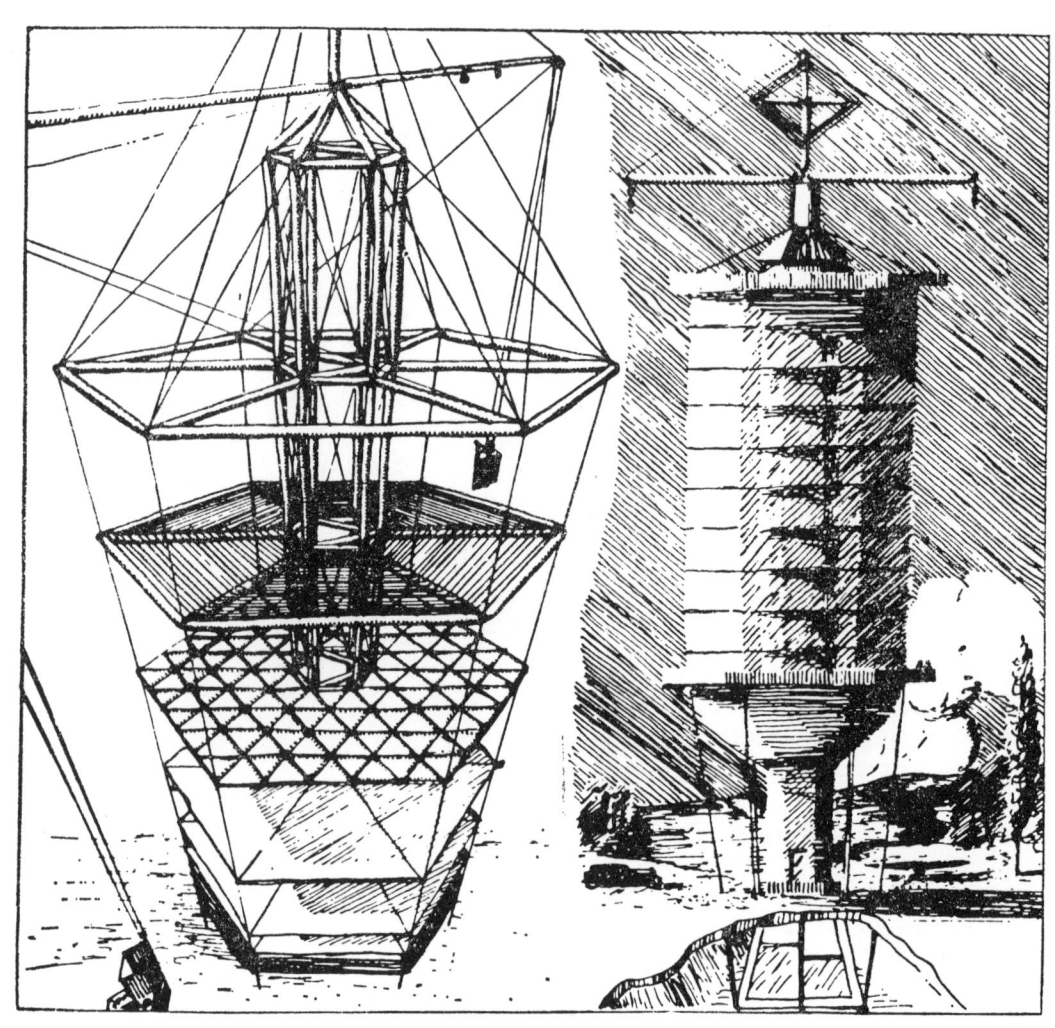

66 1927年の多層階建築に，ユニット・バスが取り付けのために引き上げられるのを示した図。(この絵は，図17でも示されている。)

67—74 ダイマキシオン浴室の詳細を明示した，特許の図面。(1937年)

117

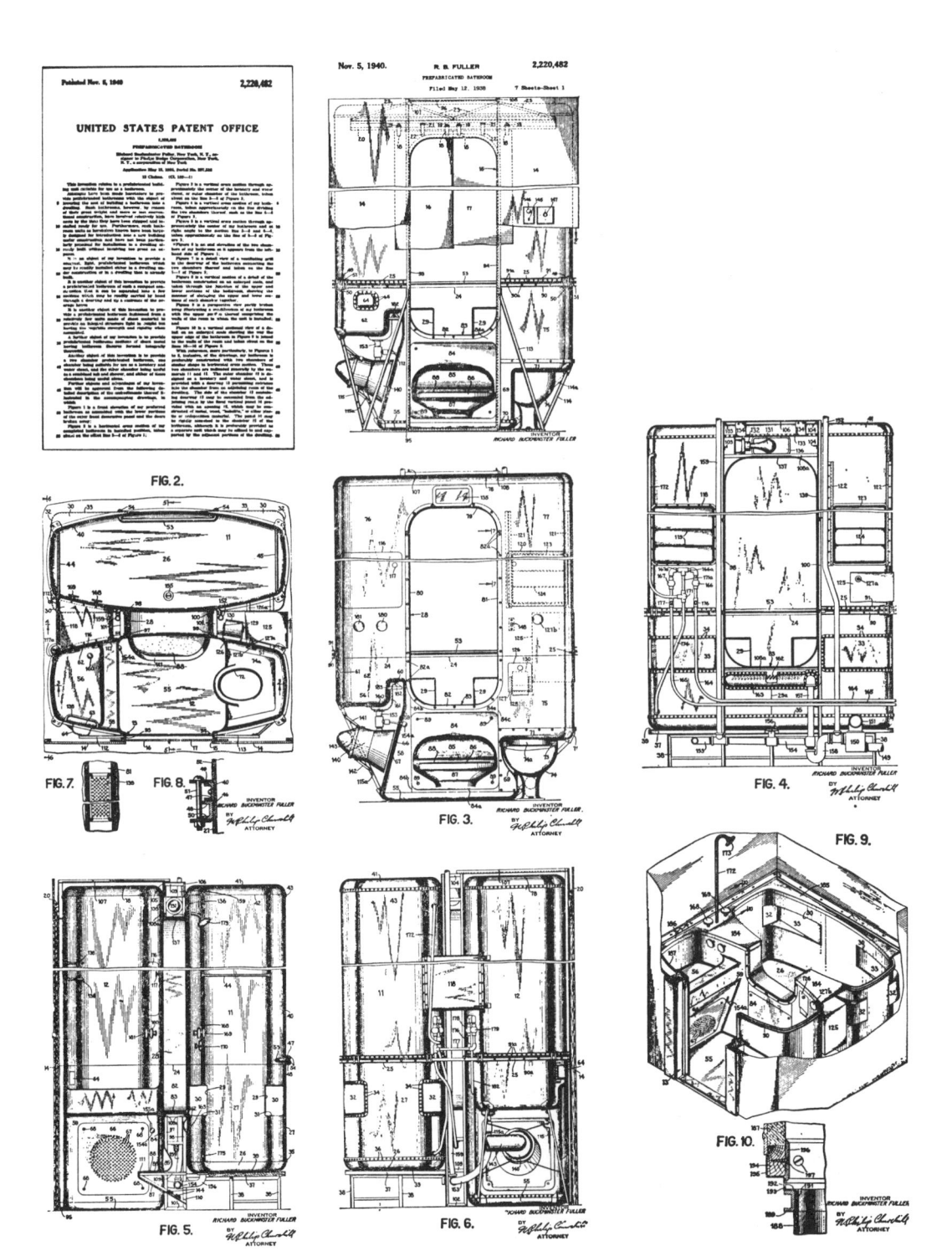

75 最初のフェルプス・ダッジ製のダイマキシオン浴室。フラーは、この型に修正を加え、浴室の前後に、同一の楕円形のスペースをとって、製作コストを非常に小さくした。(1937年)

76—79 ダイマキシオン浴室の四つの主な部分を組み合わせている。各々の部分は、小さな扉を通り抜け、古い型のサービス階段を登って運ぶのに十分軽く、小さくできていた。

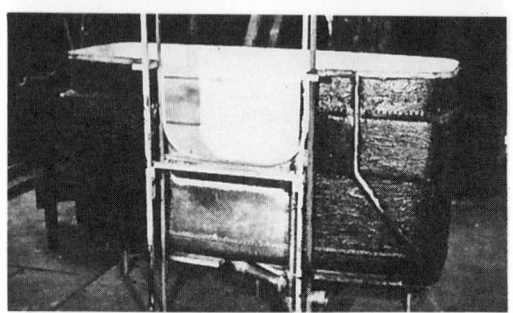

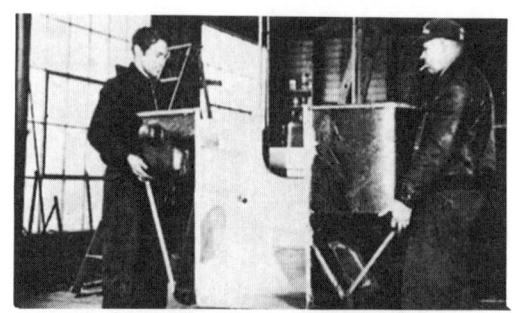

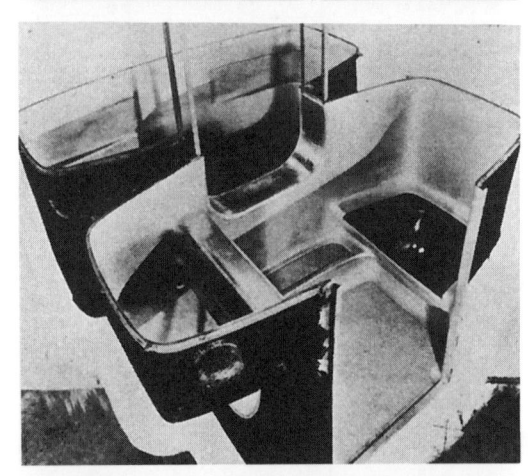

80 完成した二つのダイマキシオン浴室。電気設備、配電盤、空調設備が備えられている。各々の浴室は、5フィート×5フィートの床面積に当たる。いくつかの例では、二つの浴室が、主人の部屋と客間とに並んで取り付けられ、「夫と妻」のような形態で置かれているものがあった。(1938年)

81 浴室内部。戸だなの扉が開かれていても鏡が使えるようになっているのがわかる。光源は鏡の下端にそって設けられている。洗面器は，5ガロンの容量がある。水量調節用の丸いハンドルは，赤と青のプラスチックでできている。冷水と温水を示した色わけは，現在も世界各地で浴室設備として用いられている。洗面台の下の方に，蒸気や汚れた空気を排出するための循環排気装置があることに留意したい。洗面器にはつまみや栓がついていない。排水用のハンドルは，洗面器の外側，ひざの高さにある黒いつまみである。排水するには，ひざでこのつまみを右へ倒して行なわれる。

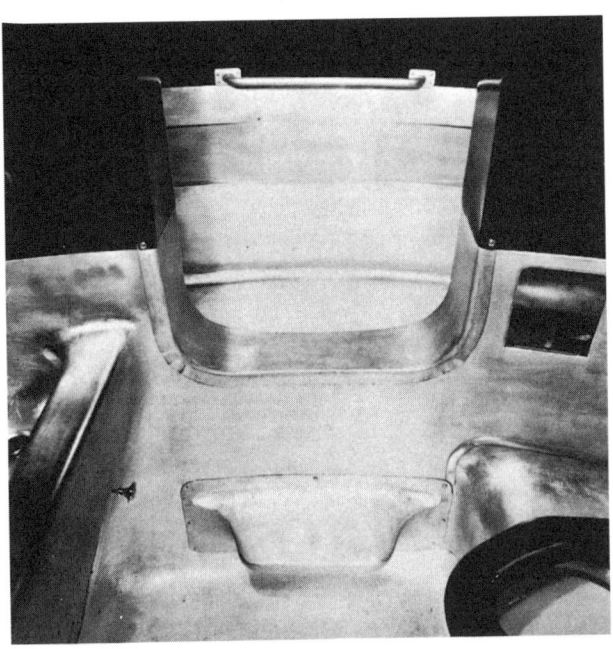

82 正面のドアから浴室内部を見たところ。浴槽とシャワーに入るためのステップが，浴槽の底と同じ高さにあるのに注意したい。ドアの両側，浴槽に入る所のハンドルは，使用者が浴槽に出入りする際に転倒したりするのを防ぐためである。

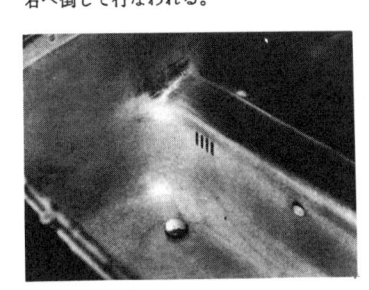

83 つまみのない洗面器の内側。下の方右中央に，温度が調節された湯が，洗面器の正面から，反対側の方へ，注ぎ込まれる口が見える。水が注がれる方向は，水の勢いによっては，手首の上の方まで濡れたり，はねたりしないようにできている。あふれた分の排水口が，逆流を防いでいるのに注目したい。

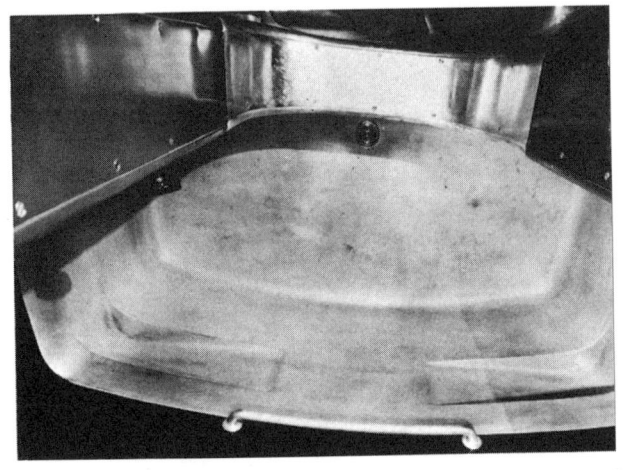

84 浴槽部分を見おろしたところ。浴槽は，幅27インチで，通常のものより3インチ広い。そして使っている人が自由に体を浮かせることができる。排水口を浴槽の中央におくことで，フラーは，床面の傾斜を少なくして，滑りにくくすることを可能にした。さらに，浴槽面は滑り止めのためたたき仕上げが施されている。スポンジや石けんのためのくぼみ，浴槽の角のひじつき，プラスチックの浴槽や，入口右側のシャワー・ハンドル，入口足もとの腰かけ部分に注意したい。

119

85—86 1940年にバトラー社のためにデザインされた，フラーの円筒型浴室の内外部。内部写真には，1階部分のシャワー，洗面器と便座が見られる。水タンクは，円筒の上部，天井の上に取り付けられている。この円筒は直径4フィートである。外部写真は，フラーの1940年の展開型ユニットにつけられた浴室である。浄化槽は，地面より下に，円筒の基部に納められている。

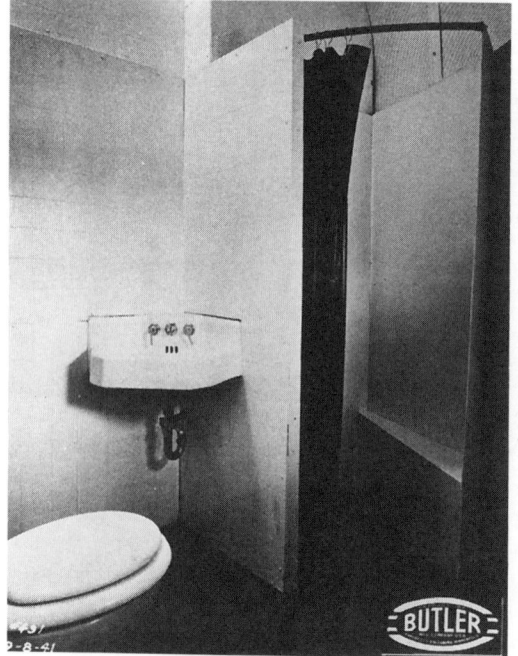

87 カンザス市，バトラー社製作の，フラーのダイマキシオン展開型ユニットのもう一つの作品。便座，洗面器，シャワー，浴室の床，壁が，台所の配管設備と一緒の台座の上に備えられている。台所は，中央の壁の反対側にあって，この壁の中には，配管や電気系統設備が，取りはずし可能なパネルに設置されている。（1941年）

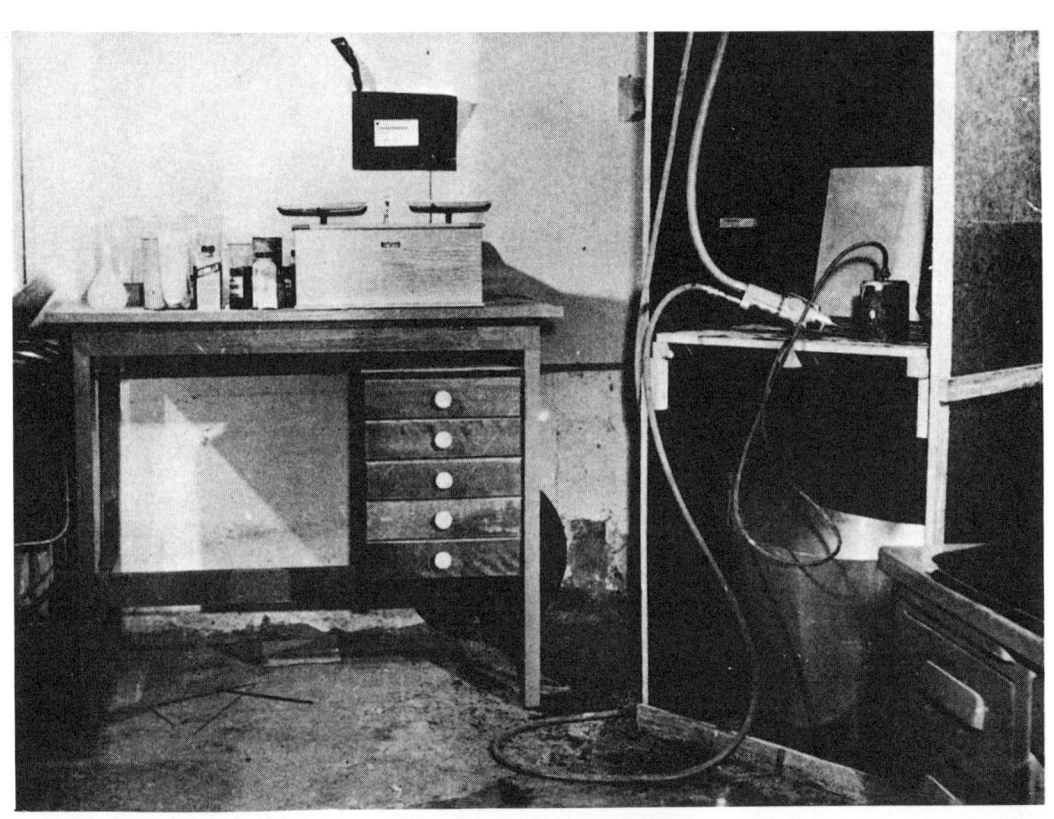

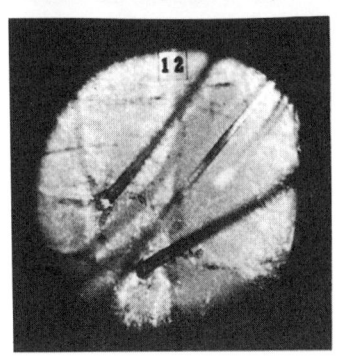

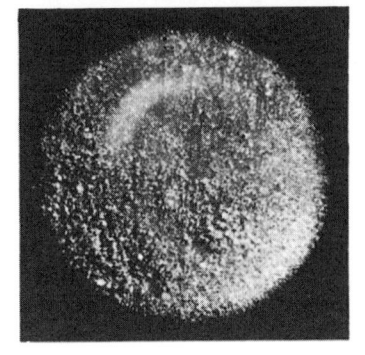

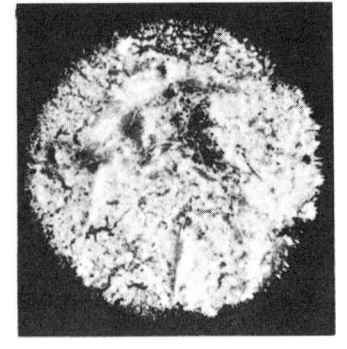

88—91 フラーは，ダイマキシオン浴室を，過渡的な，大量生産可能の衛生設備とみなしていた。ここに示されている，彼の噴霧銃は，新しい入浴方法を可能にした。これは圧搾した空気と霧状の水を溶剤で混合したものであった。水流を高圧にして針の先のようにしたので皮膚を傷つけるのを避けられないが，高圧の空気の噴射の活発な力は，皮膚を傷めずに有効に用いられた。フラーの海軍時代，体についたエンジンルームの油よごれが，デッキにいると，風や霧によって気がつかないうちに落ちてしまうという体験から，皮膚の表面に水と空気を高圧で噴射すると，表皮の酸化を促進させ，皮膚に付着した汚れと，同時に表面の角質化した細胞も落とすことに着目し，後に実演してみせた。

丸い写真は，皮膚の表面を拡大したものである。このうち2枚は，さんご礁状の毛皮や腺孔に散在する汚れを示している。(1927—48年)

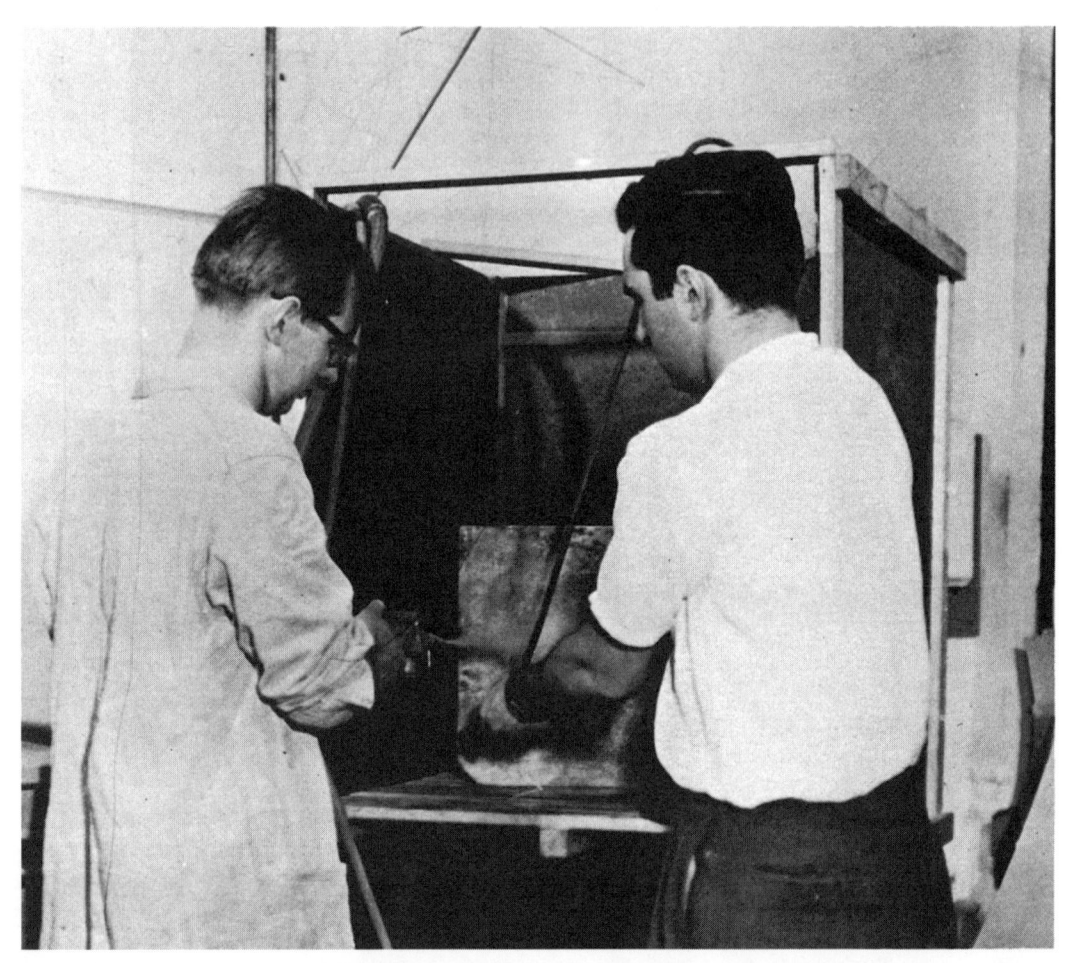

92 1948年，シカゴのデザイン学校で噴霧銃をテストしている研究生達。(継続した研究が，エール大学やその他の大学で行なわれた。) 1時間の圧力マッサージの入浴には，たった1パイント (約0.471ℓ) の水しか要しなかった。この噴霧銃入浴をヒート・ランプのもとで行なえば，衛生効果も，筋肉をほぐすなど他の入浴効果も，浴室を用いずに可能になる。浸み出る水もないので，重たい配管や防水の囲い壁が省略される。また，入浴という行為も衣服を着るのと同様に，寝室で行なうことの一つになる。フラーは，排泄といった浴室に残された唯一の機能も，現代的なプラスティックや，電子的封印方法や，電送方式を駆使した臭いのしない乾式の包装機械により寝室で可能になると考えていた。

93 ニューヨーク州配管業協会の公的機関誌である『ラドル』の1937年4月号に掲載されたページの復刻。この記事は，抵当動産になりうるものとしての，大量再製の可能な，フラーの1936年のフィルプス・ダッジの浴室ユニットに対する，配管業界の熱意について述べている。業界の熱意と公共の大きな要求にもかかわらず，産業界はこの浴室の生産と販売に失敗した。

1. THUD

2. CLICK

3. SNAP

4. PRESTO!

THE NEWEST
prefabricated bathroom
IS ALSO NEAREST

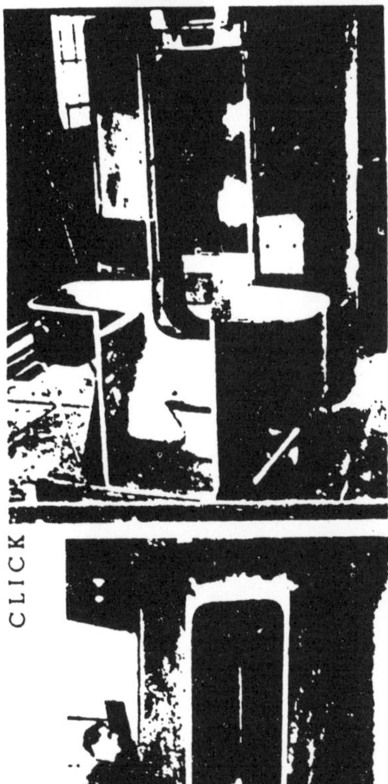

On the 29th floor of 40 Wall St. there sits the finished model of a new plumbing fixture that might well bug the eyes of any bystanding master plumber, a fixture that to all intents and purposes constitutes a one-piece bathroom. Designed by Architect Buckminster Fuller (Dymaxion House, Dymaxion Car) it accomplishes, by the simple connection of four basic parts, a complete bathroom weighing 404 pounds, with integral lavatory, toilet and bath. First known as the "Five by Five" (because that's the space it takes up), the official designation is now "The Integrated Bath".

In the research department of the Phelps Dodge Corporation it sits, ready for moderate production (100 units) in 1937. Architect Fuller has assigned his patents to the PD organization, and rumor discerns a new manufacturing and marketing subsidiary in the immediate offing. The range of uses for the unit is broad: pullmans, planes, trailers, trains, but mainly small homes. In fact, Mr. Fuller hopes this light, compact, complete bathroom will even inspire renters to install copies in their apartments, and remove them when they move. All of which lies in the realm of speculation. For the immediate future the device will probably induce fewer orders than conversations. None the less the fact remains that this prefabricated bathroom comes closer to commercial reality than any of its predecessors.

The Integrated Bathroom consists roughly of two oblong sections that form a partition where they join, which conceals the piping and other mechanical appurtenances. The sections (each a monometal stamping) are each split in the middle, the top being aluminum and the bottom 272 pounds of sheet copper unmetallized and tinted by a coating of silver, tin and antimony alloy. The bottom of one section is the lavatory and toilet, of the other a flat-bottomed tub.

The toilet, though reminiscent of the old backyard one-holer, is fully sanitary. The seat lifts and remains upright by compression against the walls. Underneath is a standard form of bowl (though chrome nickel bowls are also available).

Two men can handle an installation in three hours, for all piping except a minimum amount of connection material is integral with the unit. So are electric connections, ventilation equipment, etc. Fresh air is drawn by a motor under the lavatory from the nearest room, and exhausted wherever circumstances permit.

Miscellaneous features: A composition Venetian blind gives privacy to the bather, and, while permitting the escape of steam, prevents the escape of water. The door frame between the two sections is six inches thick, permitting use as seat. Complete cleansing of tub is easily attained. The plumbing layout was devised in collaboration with a local master plumber, copper tubing being used for water lines. Particular care was used to avoid back siphonage possibilities. Sliding doors conserve space. The metallic finish has a "hammered" appearance while at the same time being thoroughly sanitary, the inventor claims. Under surfaces of the base metal are covered with Dum-dum, a sound deadening material. An electric heating system between the two units warms the metal itself, radiating heat to occupant of bathroom. Removable panels permit access to plumbing traps and connections under toilet and lavatory.

123

ダイマキシオン・トランスポート

94　フラーの全方向性輸送の初期の4D作品。(1927年)

4D

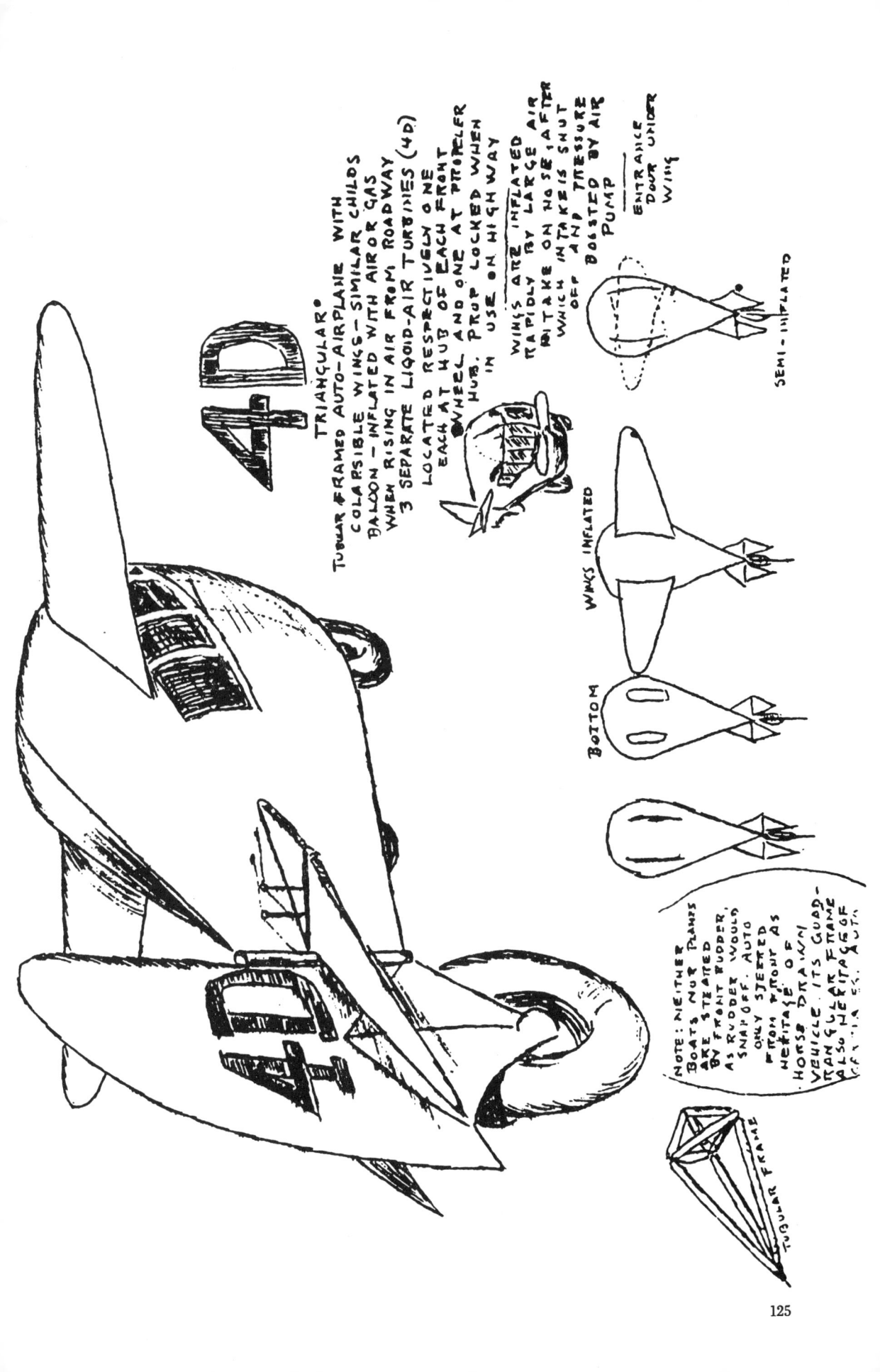

TRIANGULAR
TUBULAR FRAMED AUTO-AIRPLANE WITH COLAPSIBLE WINGS-SIMILAR CHILDS BALOON-INFLATED WITH AIR OR GAS WHEN RISING IN AIR FROM ROADWAY 3 SEPARATE LIQUID-AIR TURBINES (4D)

LOCATED RESPECTIVELY ONE EACH AT HUB OF EACH FRONT WHEEL AND ONE AT PROPELER HUB. PROP LOCKED WHEN IN USE ON HIGHWAY

WINGS ARE INFLATED RAPIDLY BY LARGE AIR INTAKE ON NOSE, AFTER WHICH INTAKE IS SHUT OFF AND PRESSURE BOISTED BY AIR PUMP

ENTRANCE DOOR UNDER WING

SEMI-INFLATED

WINGS INFLATED

BOTTOM

NOTE: NEITHER BOATS NOR PLANES ARE STEARED BY FRONT RUDDER, AS RUDDER WOULD SNAP OFF. AUTO ONLY STEERED FROM INFRONT AS HERITAGE OF HORSE DRAWN VEHICLE. ITS QUAD-RANGULAR FRAME ALSO HERITAGE OF GENUINE EX. AUTO

TUBULAR FRAME

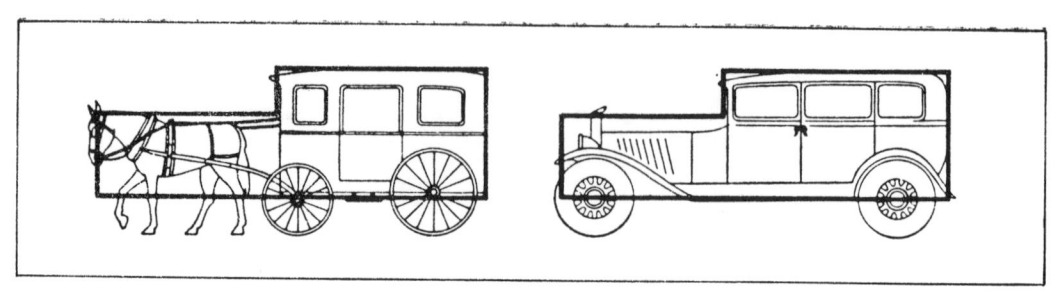

95 1932年型の標準型自動車。セダン型の車体は，馬と箱車の輪郭とほぼ同じであった。

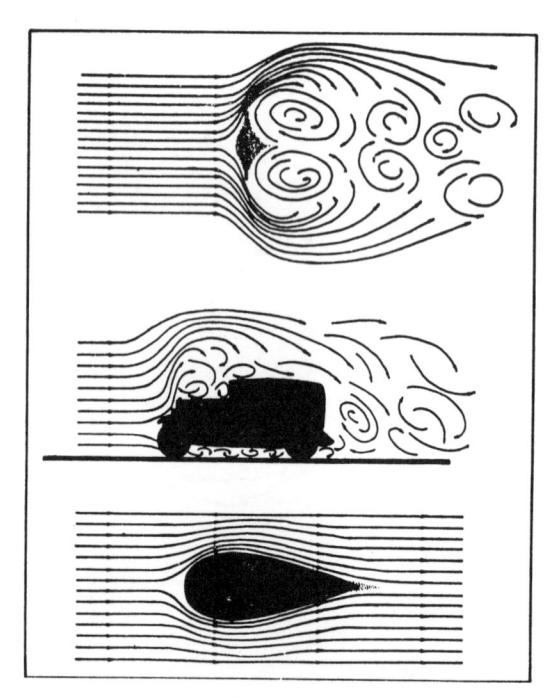

96 従来の型の車体と，理想的な流線形をした車体とに対する，空気の流れの影響について，フラーの初期の研究。(1930年)

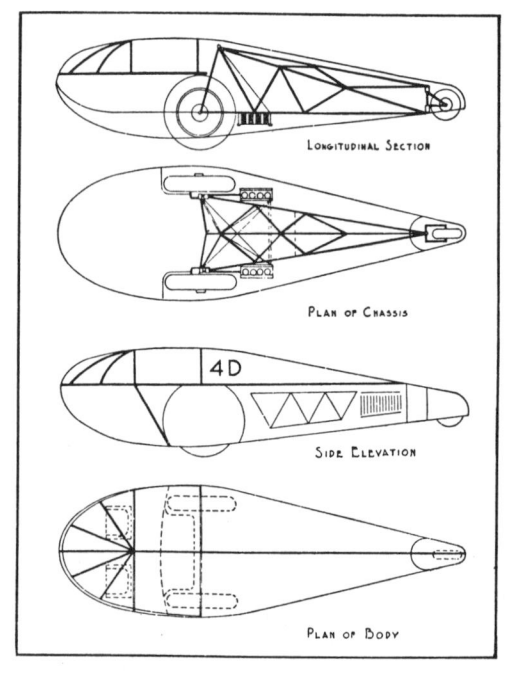

97 1932年，フラーの『シェルター』誌に掲載された，4Dダイマキシオン車の外形，座席配置，牽引方式と操縦の仕組みについての研究。

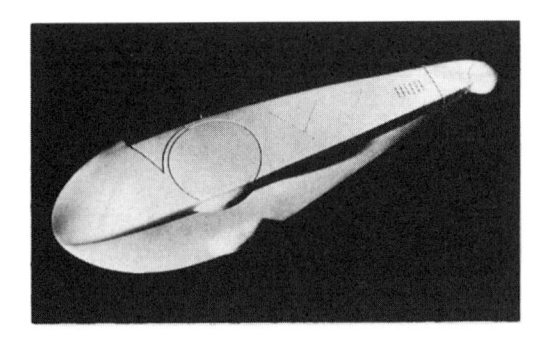

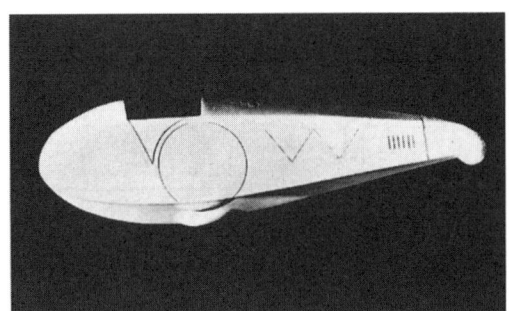

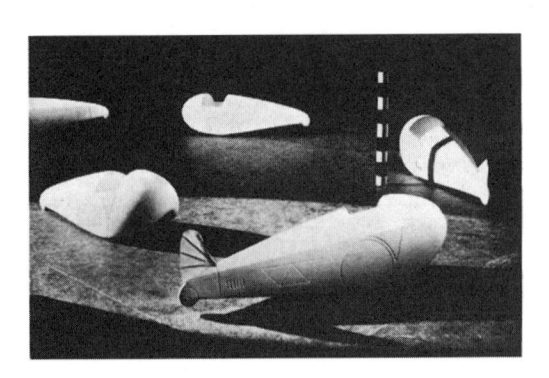

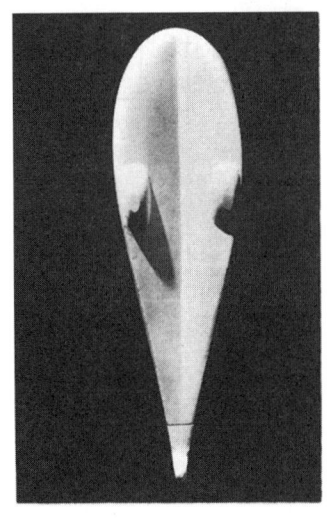

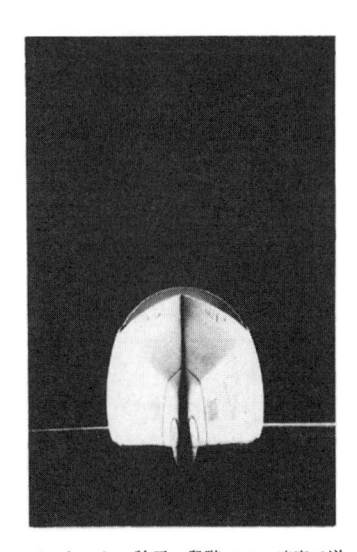

98—104　4Dダイマキシオン車の車体構造についての研究。車体は，高速の際に後部が持ち上がると同時に気流を切って進むのを避けるため，逆V字形になることになっていた。その結果は，無限に長いホイール・ベースみたいなものだった。このような車は，より速く走れば走るほど，飛行機の場合と同様に，その走行はよりスムーズになった。計画の段階では，速度が増すにつれて方向舵に対する空気摩擦が大きくなるので，尾翼をつけることになっていた。計画された輸送機関の外殻の下側には，空気入りの長いガードレールが取り付けられた。（図102は「ダイマキシオンの輸送単位」の章の扉ページにも見られる。）

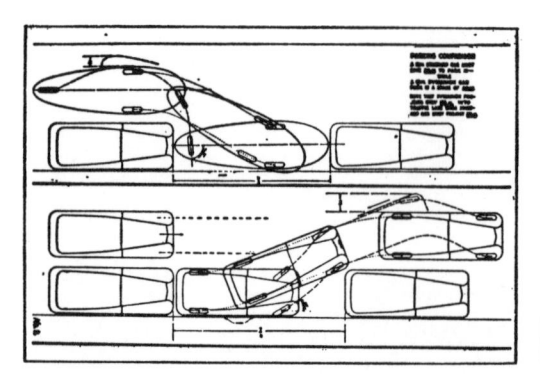

105 標準型の15フィート車と比較した，ダイマキシオン車の駐車経路が示されている。15フィートのフォード・セダン1932年型は，駐車に21フィート半のスペースを要したが，19フィートあるダイマキシオン車は，20フィートの長さの所に駐車できた。

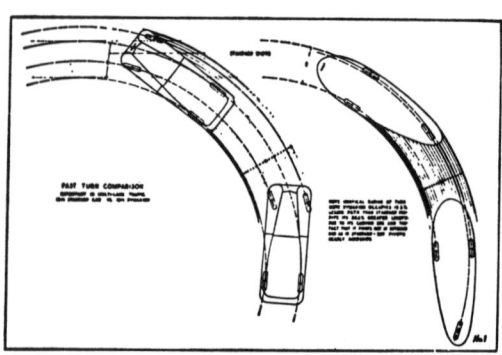

106 ダイマキシオン車と，1932年型車の回転半径を示したもの。

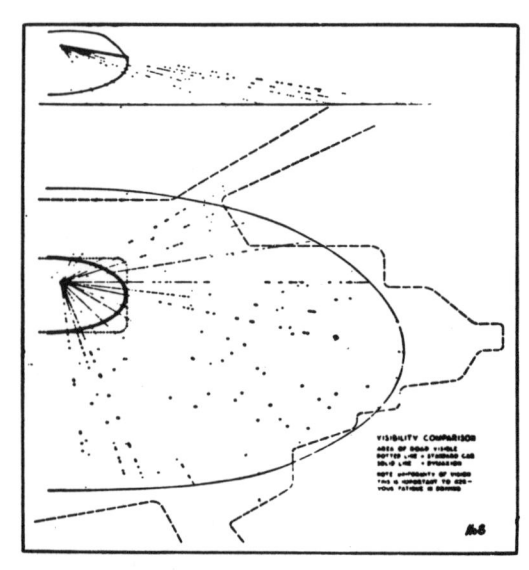

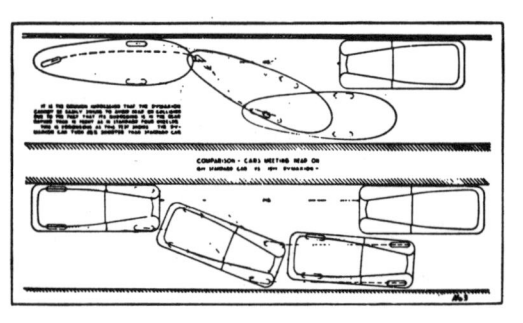

108 ダイマキシオン車と15フィートの長さの車との，衝突防止性能の比較。

107 正面の視界の比較，1933年型標準車とダイマキシオン車。破線の外が標準車で見える範囲。

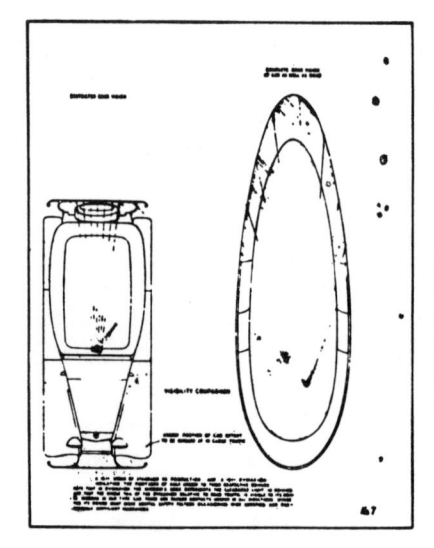

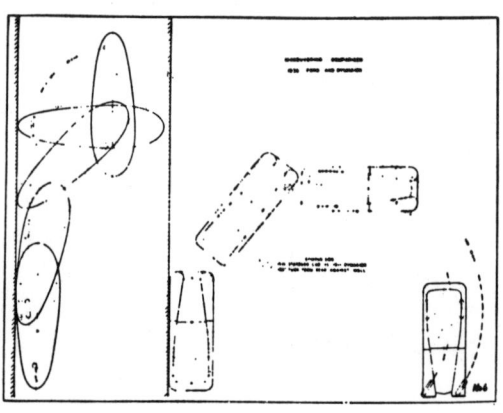

110 方向回転性能の比較，1933年型車とダイマキシオン車。

109 後部視界の比較，1933年型車とダイマキシオン車。

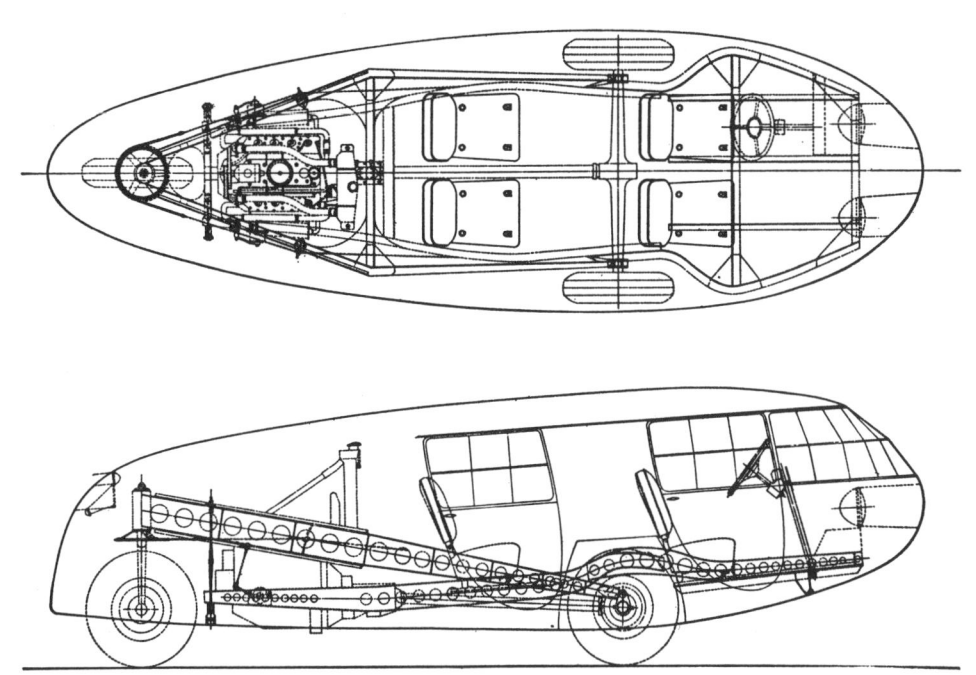

111 ダイマキシオン車第1号の設計図。

112 ダイマキシオン車特許書類の第1ページ。

113—115 ダイマキシオン車の正面，後部，側面と主要構造を描いた特許図面。

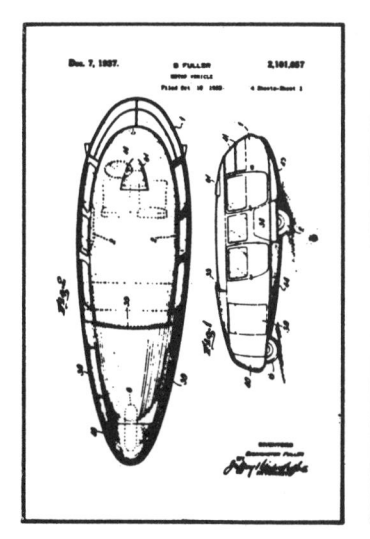

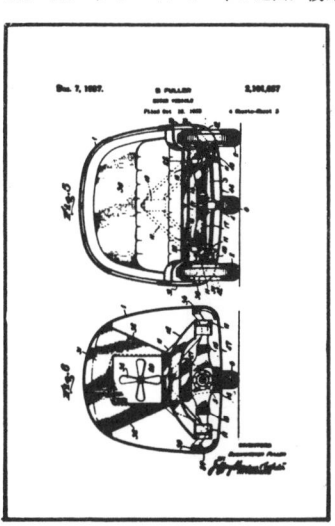

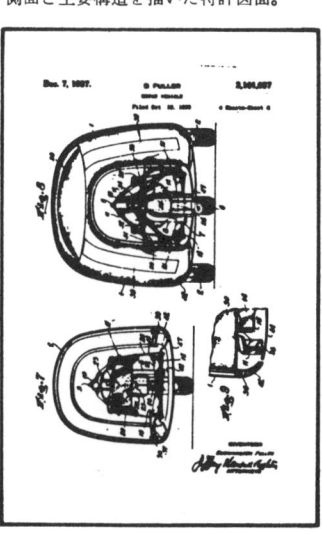

116 コネチカット州ブリッジポートにある、動力車工場の動力計用の建築物。フラーが、ダイマキシオン車の原型を開発するために譲り受けた。(1933年3月)

117—119 ダイマキシオン車の原型を開発中の、ブリッジポートの工場の内部。

120 ダイマキシオン車プロジェクトの主任技師、スターリング・バージェス。有名な造船技師である彼は、これより前に二つの設計でアメリカの賞を受けており、三角翼をつけた飛行機、バージェス・ダン飛行機を発明し、最初の成功をおさめた。この時期はバージェスの「作品受賞の間」にあたり、フラーは彼に4D全方向性輸送の地上走行性能の実験の助力者として働くよう説得した。フラーとバージェスは、ともに次のように確信していた。「発明者、開拓者というものは、見かけ倒しや一時しのぎの見当違いな考えに妨げられることなく、一つの発明の価値が正しく評価されるために、適切な公表を社会に求める責任がある。」(1912—14年)

121 バージェスの手助けを得るために，フラーは，バージェスが引き受けていた，バーミューダ級の海上レース用帆船の建造を，助けなければならなくなった。帆船建造の工程は，ダイマキシオン計画に実に好都合となった。

122 第1号のダイマキシオン車のシャシーが路上テストを受ける前に乗車しているスターリング・バージェス。フラーは右側に立っている。（1933年）

123 航空機用クロームモリブデン鋼でつくられた第1号車のシャーシ。航空機タイプのA型フレーム軸受から，車輪の軸受へ至る鍛鉄製の舵とり軸にあけられた，軽量化のための孔に注目したい。この構造が，舵輪の完全1回転を可能にした。従来の舵輪では，34度しかまわれなかった。

124 第1号車の車体構造。

125 第1号ダイマキシオン車が完成し，1933年7月12日，フラー38歳の誕生日に，ブリッジポートの工場から搬出された。

126 第1号車の前のフラーとスターリング・バージェス。

127―128 ブリッジポートでは、第1号ダイマキシオン車の路上テストを見ようと、観衆が動力車工場の私設スピードウェイに列をなした。運転席の屋根の上に伸びているのは、後方を見るための潜望鏡である。

129 第1号車の側面。

130 ダイマキシオンの流線型は、現在の目からみても、モダンである。ここでは、当時のフランクリン車の隣りに置かれている。メキシコの芸術家、ディエゴ・リベラが、車の向こう側でコートを腕にかけ、車のドアの間に立ちこの車を見ている。

131 飛行士「アル」(翼の意味)・ウィリアムズ(右)、スターリング・バージェスと第1号車。ウィリアムズは後にこの車を買った。

132 ダイマキシオン車の横に立つ、有名なレーサー、ラルフ・ド・パルマ。ド・パルマは、第1次世界大戦の前にアメリカに初めてフィアットを持ち込んで、初期のインディアナポリスのレースに参加した。

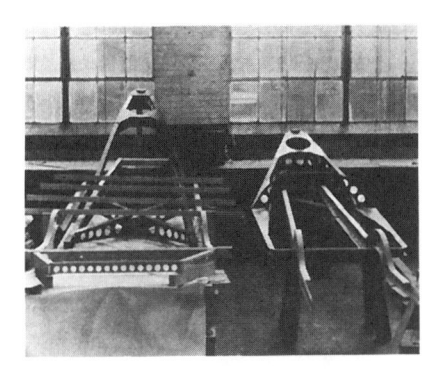

133　ダイマキシオン車第1号の比較的重い2本フレーム構造（右）と、第2号車で採用された、軽い3本フレームの構造（左）の比較。

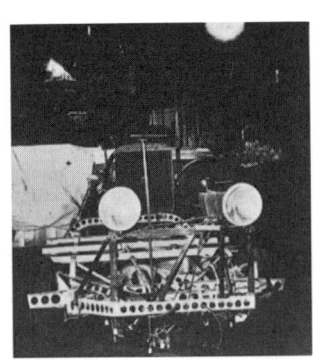

134—135　第2号車の構造の詳細。

136　車輪の強度と走行負担度をテスト中の第2号車。

137　完成した第2号車、ヘッドライトは車体よりくぼんで取り付けられ、空気を入れる「鼻孔」としても働いた。中に入ってくる空気をドライアイスが冷やした。

138　1934年にアメリカを訪れたH・G・ウェルズが、ダイマキシオン車の前で写真におさまっている。『ザ・サタデイ・レビュー・オブ・リトラチュア』紙は、エルマー・デイヴィスによる、ウェルズの最新著作の評論に添えて、この写真をその第1面にかかげた。その標題は、「ウェルズ氏の前に立ち向かう、新しい形」となっていた。

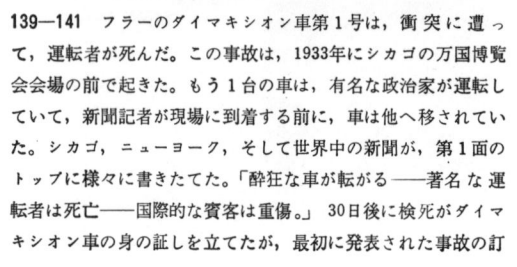

139—141　フラーのダイマキシオン車第1号は、衝突に遭って、運転者が死んだ。この事故は、1933年にシカゴの万国博覧会会場の前で起きた。もう1台の車は、有名な政治家が運転していて、新聞記者が現場に到着する前に、車は他へ移されていた。シカゴ、ニューヨーク、そして世界中の新聞が、第1面のトップに様々に書きたてた。「酔狂な車が転がる――著名な運転者は死亡――国際的な賓客は重傷。」30日後に検死がダイマキシオン車の身の証しを立てたが、最初に発表された事故の訂正はなされずに終った。フラーは、彼の輸送原理は確かなものであり、従来の輸送機を技術的に越えたと確信を得たので、その事件について、いわれなき汚名を消し去るのが彼の責任であると考えた。1934年に彼は第3号車を完成させて、シカゴ万国博覧会に送り込んだ。その写真がこれである。これに、彼は相続したすべての財産をつぎ込んだ。シカゴ万国博は、これをアメリカの輸送機関の最後の一大エピソードとして「世紀の翼」と、特徴づけた。

142 グッドイヤー社の技師達と並ぶフラー。オハイオ州アクロンのグッドイヤー社には，ツェッペリンの繋留場があった。この会社は1934年のシカゴ万国博覧会へ向かうダイマキシオン車にタイヤを提供した。中央にいる頭の禿げた人がアーンスタイン博士で，当時，グッドイヤー・ツェッペリン社の主任技師を勤めており，その後18年間，グッドイヤー社の副社長および調査部取締役に任じてきた。存命する世界でもっとも偉大な構造数学者で，等方性ベクトル行列徴積分の創始者であるアーンスタイン博士は，3分の1世紀の間，フラーの仕事の熱烈な協力者であった。彼の数学は，フラーのエネルギー・共エネルギー幾何学に関連していた。

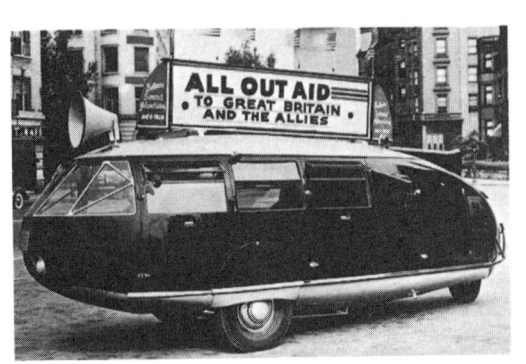

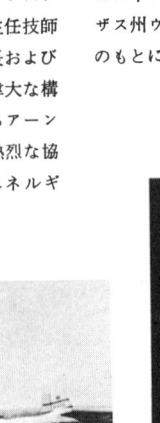

143 レオポルド・ストコフスキー夫妻が，第3号車を買い，何カ月か後に手離した。それから9年の間に何度も持ち主がかわり，その後しばらくの期間，話題に上らなかった。そして，1944年ブルックリンで姿を現わし，フラーの友人である，カンザス州ウィチタの J・A・パッツ・ジュニアによって，フラーのもとに送り戻された。

144 約30万マイル走ったと思われる第3号車は，フラーによって最初の状態に修復された。この写真は，1945年カンザス州ウィチタの空港で，フラーが所有，操縦していたリパブリック・シービー飛航艇の横にあるものである。

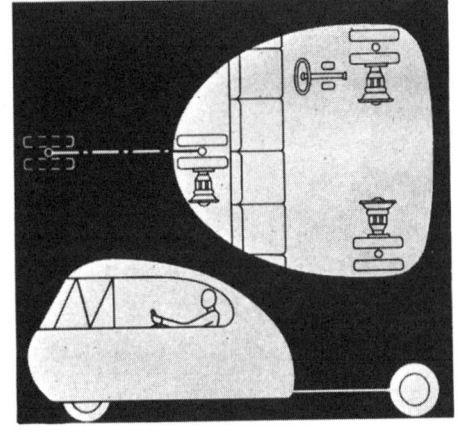

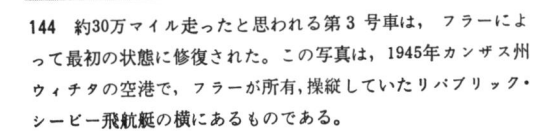

145 フラーの原文は以下の通りである。
——1馬力につき2分の1ポンドの重さのガスタービンが実現されつつあった当時，地上の輪送機関の可能性を速やかに再検討しようという気運があった。この絵は，3組の「二つタイヤ」の車輪を動かす組合せハンドルを特徴とする，ダイマキシオン第4号車である。それぞれの車輪部分には，専用のガスタービンがついている。胴体は，航空機タイプの垂直支柱で吊られ，速度に応じてホイールベースが長くなるように伸ばすことの可能な後輪張り出し棒が取り付けられている。これは，幅7フィート，全長（短縮時）10フィートで，向かい風に対して「流線形」をしていた。また，7フィートの運転席で，大きなベッドにも変えられるのが付いている。この車は，現在の車が駐車するのに必要なスペースの半分の場所で回転進入できる。頭頂部は交換可能なアルミニウム製の西瓜型のものでできている。これは流線型の胴体で，実用上に必要なロードクリアランスを保って車体下部がまとめられ，高速で曲がる時にもスキッドせずに行けるだろう。重量は960ポンドである。

135

メカニカル・ウイング

146 1946年、フラーはメカニカル・ウィングを設計した。これは，当時のアメリカ生活に欠せない機械の基本的な部材を運搬可能なように一つの型にまとめてA型フレームで輸送し，どんなキャンプ場や小屋へも行けるようコンパクトな収納を意図していた。このユニットは，管状のA型フレームのトレーラーに付けられていて，脚輪の上にジャッキが不可欠のものとして備えられていた。メカニカル・ウィングには，基本的には，（1）密封された下水槽とその化学的処理装置の付いたダイマキシオン浴室，（2）ディーゼルエンジン，空気圧縮装置，発電機，湯沸し器の設備のあるエネルギー・ユニット，（3）台所と洗濯設備——流し，洗濯層，電熱器，冷蔵庫，食器，銀器の収納スペースが設けられている——が備えられていた。フラーのA型フレームは，後になって，ボートを輸送するためのトレーラー・フレームとして普及した。

CREATED BY BUCKMINSTER FULLER FOR THE *design decade* NUMBER OF THE ARCHITECTURAL FORUM

Born 1895, Milton, Mass. Inventor machines, building products, Dymaxion house, Dymaxion car, one-piece prefabricated bathroom. Outstanding exponent of industrialization of building. Author "Nine Chains to the Moon." At present technical consultant to "Fortune."

THE MECHANICAL WING is a compact, mobile package in which the mechanical essentials of contemporary U. S. living can be transported to the Vermont farmhouse, lakeside camp site, week-end or vacation house, or incorporated in a permanent dwelling.
It is attached to a tubular steel A-frame trailer, frame integral with axle. Attaches to car by ball joint hitch, weight sprung by car. Has integral jacks on casters for maneuvering by hand, blocking up Wing, etc. A-frame alone is useful as luggage, fuel, boat and water carrier, also as a crane for manipulating heavy objects. Note hinged-up tubular barrel chock.
Bath-dressing room unit supplied optionally with (1) water line connection where running water available, (2) combination compressed-air, water and chemical fog-gun cleansing devices, (3) hermetically sealed waste packaging and chemical disposal apparatus.
The energy unit is located between bath and kitchen. Contains diesel engine (h.p. optional), electrical generator, air compressor and tank, battery and radiator. The last uses domestic hot water to warm incoming air. The fan shown can be reversed in summer to exhaust warm air from living units.
Kitchen and laundry unit, with sink, laundry tub, electric range and refrigerator, storage space for dishes, silver and linen. Dry warm storage shelves over diesel above sink.
Side walls: waterproof, synthetic-resin-glued plywood truss. Walls and floors of the three units
(Continued on page 92)

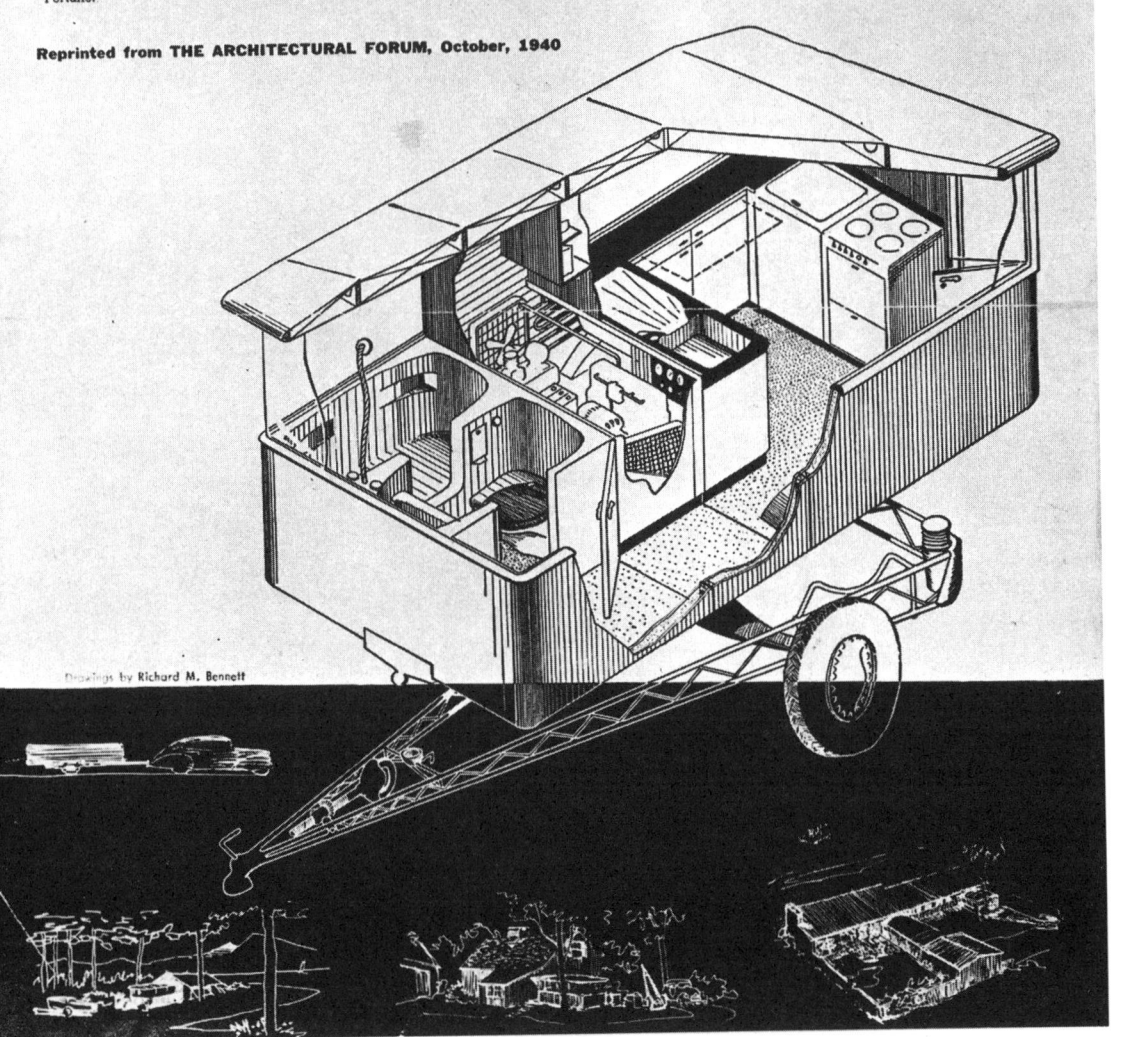

Reprinted from THE ARCHITECTURAL FORUM, October, 1940

Drawings by Richard M. Bennett

ダイマキシオン展開型ユニット

147 フラーにより，ダイマキシオン展開型ユニットとして設計し直された改造穀物倉庫(1940—41年)。英国が合衆国から大西洋を横断して輸送したすべての鋼鉄を，武器あるいは，住居設備よりも必要とされた兵具へ優先的に供給すべきことが明確になってから，このユニットは，英国戦時取得計画の中からはずされた。バトラーにより製造されたダイマキシオン展開型ユニットは，合衆国では，主に住居用として考えられていたが，武器への鋼鉄優先使用の理由で避けられた。ほとんど無視されていたが，この展開型ユニットは，突然ペルシア湾において，アメリカの戦闘機を集め，移動させ，ソ連に運ぶ等の任務を持ったアメリカやソ連の技術陣のレーダー小屋や住居として非常に重要視され，利用されることになった。

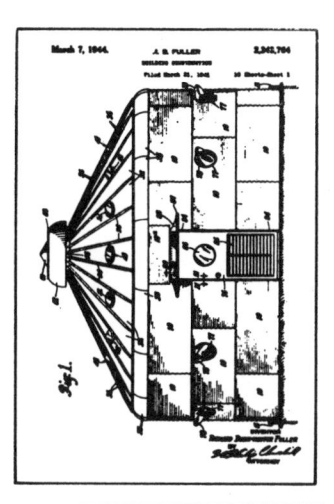

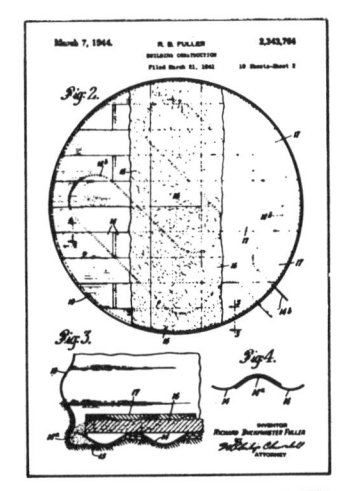

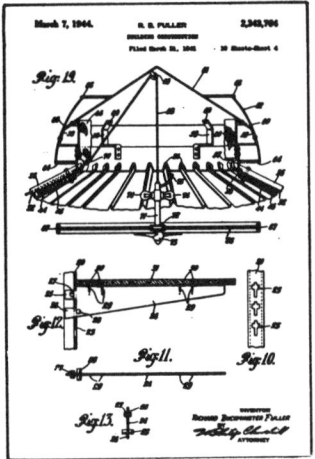

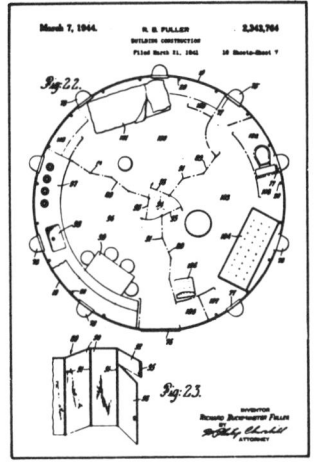

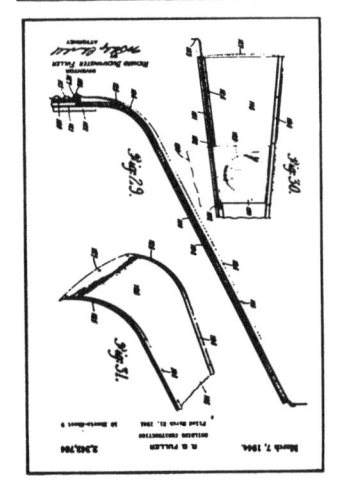

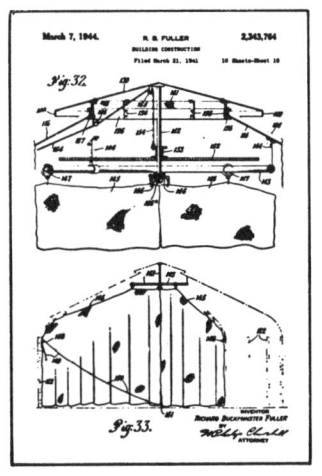

148—154 フラーの組立て式建築に関する特許書類の最初の数ページ。展開型ユニットの建設原理を示している。

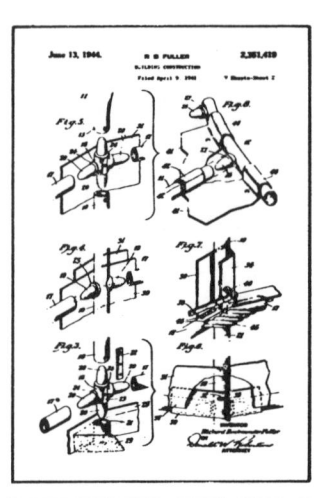

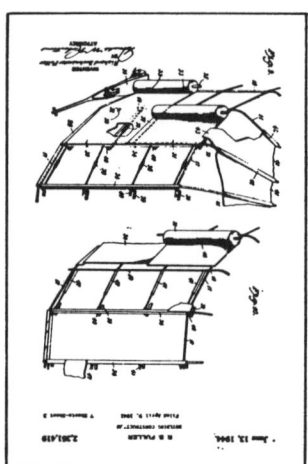

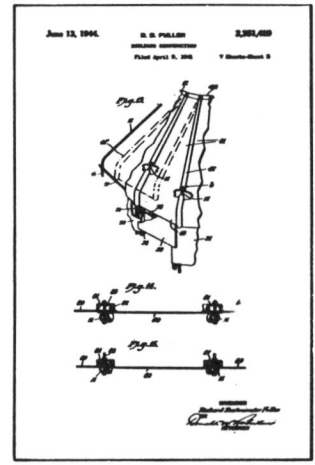

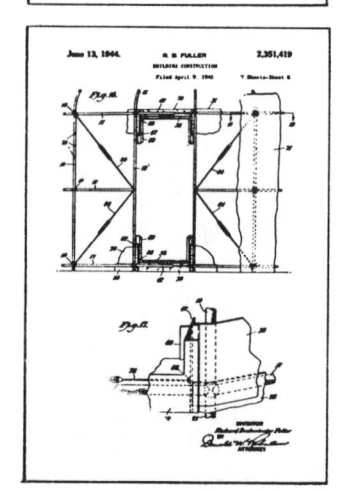

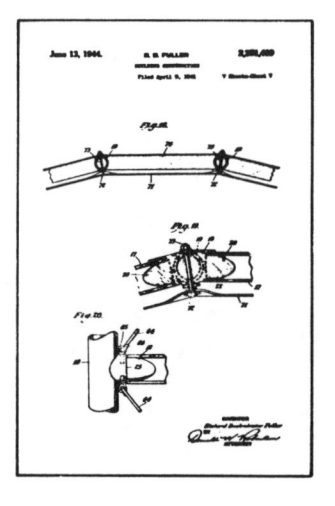

155—160　フラーの小住宅向き建築の構造に関する特許書類の，最初の方のページ。展開型ユニットの建設原理を示している。

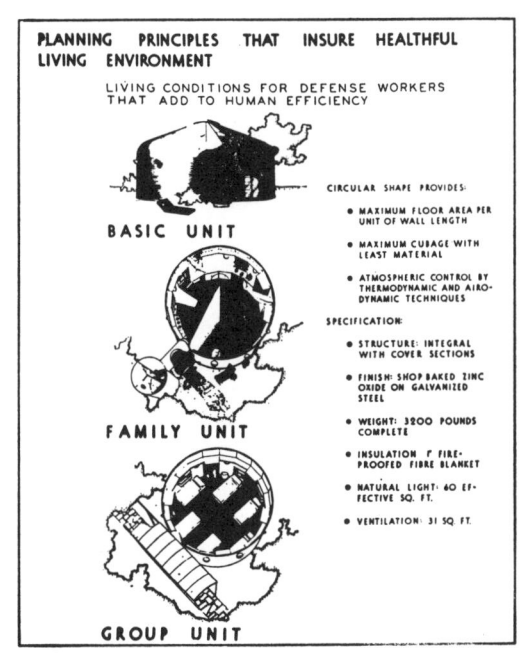

161 D.D.U.（ダイマキシオン展開型ユニット）の設計意図の提案。

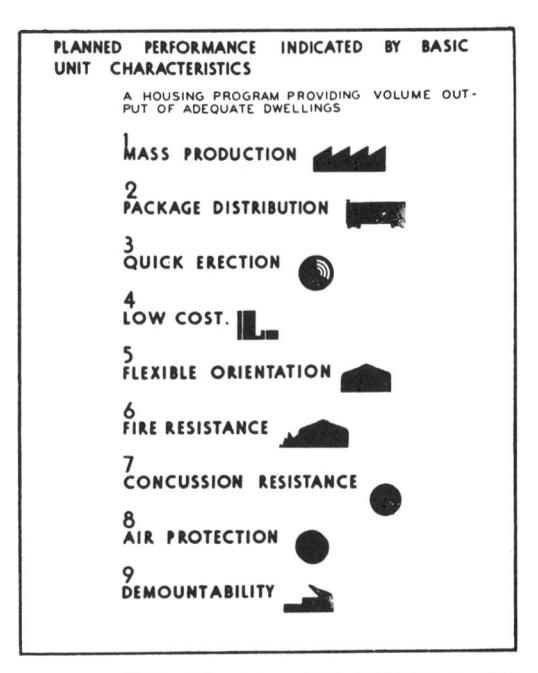

162 ダイマキシオン展開型ユニットの設計責任を示したリスト。フラーのすべての計画において，設計責任は，固定的なあるいは物理的な最終生産物に止まっていなかった。広い意味での設計責任とは，フラーが，「産物の全生命，揺りかごから墓場までの長きにわたる命」と呼ぶところのものとかかわっていた。その意味するところは次のようである。

「……製品の内的，外的関係。世界の全体的な流れにそった，また，それに関連して個人の利益をも加えた環境コントロールを，補足することができるか。全世界的視野からみた資源の優先度。論理にかなった製造と分配のネットワーク。もっとも経済的な製作手段。様々な道具の最大効果をねらった使用法。製品流通網。分配の簡便さや部品輸送の安全性。環境コントロールに基づいた，世界にもまた各地方にももっとも適した輸送法。各地方や気象条件に適した建設計画。いかなる言語，背景を有する人びとも簡便に建立できるか。原野で建設するために必要なあらゆる道具——手工具，足場，支柱，クレーン，半分組み立てた治具も含めて——がうまく整えられているか。構造の作動性とその技術面。保守点検の時期や頻度の計画性。部品が損傷なく移動できるか。以後の増築のための再輸送可能性または備蓄容量。

道具一式は，ダイマキシオン展開型ユニットのパッケージに含まれていた。それぞれには，大工や自動車工や一般人がよく使用する道具が含まれていた。第2次世界大戦の初期には，フラーは，この展開型ユニットの納入に，これらの道具を含めることを主張した。しかし，バトラーや政府の役人は，そのような前代未聞のことをしたら，ユニットを建設する人達が，すぐにその道具を着服してしまうだろうと反論した。フラー自身，そのことは考えに入れていたと答えた。彼は，仕事に従事する者が分捕品を持ち逃げしたいため，いそいでその建設を終えるだろうから，道具を盗られることはかえって非常に安いボーナスになるだろうと考えた。実際，その通りとなった。

163 円錐形屋根のバトラー製穀物倉庫を住居ユニットに変えるには、大小いくつかの放射状に湾曲した軒を用いた。2次曲面が全体の構造をしっかりしたものにし、軒が大きければ大きいほど、その強度が増すことをフラーは発見した。(1940年)

164 バトラーの穀物庫を改造し、窓、天窓、通気孔を設けた、直径20フィートのダイマキシオン展開型ユニットの内部。

165 フラーは，改造した穀物庫を壁板で内張りした。その内部の表面には，ファイバーグラスの絶縁体を薄く張った。壁板は，垂直な溝付き部材で定位置に設置され，その部材には全長にわたり掛け穴があけられていた。穀物庫の本体と結合させている長いボルトが内側に出た部分は，掛け穴のある部材を取り付けるために使われた。この掛け穴は，後で柵や様々な用具を取り付ける腕木を付けるのに用いられた。建物の天井は織物でおおわれた3インチ厚さのファイバーグラスが張られ，絶縁や防音の効果が非常に良かった。

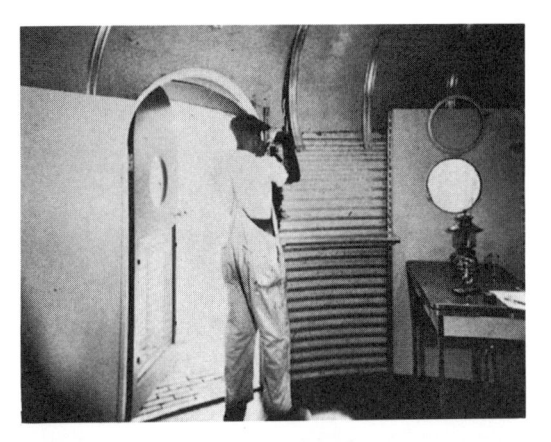

166 ダイマキシオン展開型ユニットの直径より1フィート大きいレンガの円状の内に納まる乾燥した床材で，取りはずしができ，地面に直接置くことのできるものを，フラーは考案した。(1941年) メッキされた車輪構造が環状のレンガをめぐり，樽輪が樽板をよくしめるようにレンガをしめつけた。平坦な地面の上に (レンガの輪の内側)，フラーは，波状の，メッキをした鋼板を敷いた。重なり合った横と垂直の端の接点が写真左下の方に見られる。波状の「雪靴」の上には，1/2インチ厚みのフェルト加工された絶縁板 (セロテックス) が敷かれ，それらは一緒に接合されてはいたが，何かでとめてあるわけではなかった。フェルト板の上は，加熱圧縮した1/8インチ厚みのマゾナイトであった。セロテックス板の継ぎ目とマゾナイトの継ぎ目が同じ位置にならないように，マゾナイト板は，セロテックスに対して軸線が90度になるように敷かれた。マゾナイトの光沢のある方の面が延びて反る性質を持っているので，フラーは，光沢のある面を上にして，重力でその反りを平らにするようにした。マゾナイト板の端が上にめくれることは決してなかった。このようにしてすべてこの床材はただ重力と摩擦で，1枚の円形サンドウィッチとしてしっかりくっついている。その表面は突付で密着していたが，端の裂け目から塵を掃除するために持ち上げることができた。フラーは，この「留め付けていない」床材を様々な場合に用いた。そして1958年には南アフリカでこれを使った。近年，彼はポリエチレンの1枚板により充分な防湿効果を見出して，波状の鋼板のかわりにこれを使用するようになった。

167 ここに示されているダイマキシオン展開型ユニットは，政府と軍の住宅機関の研究のために，1941年4月，ワシントン市にあるヘインズ・ポイント・パークに設置されたものである。当時，円筒型の浴室とモントゴメリー・フォード社の家具を含めた1戸の展開型ユニットの価格は，250ドルで，これには灯油による冷蔵庫とストーブが付いていた。

168 円形窓にはアクリル樹脂がはめ込まれていた。展開型ユニットのこの窓は，第2次世界大戦時，非常に貴重な材質であったアクリルを使う例としては，航空機を除いて初めてであった。天窓は，爆弾の破片を避けるためにかくされた。

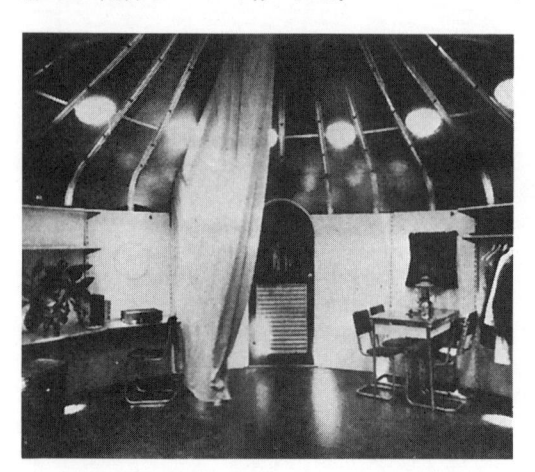

169 正面扉は夏冬兼用に設計された。下の方の通風用のよろい戸に注目したい。内側にボタン式の窓が取り付けてある。

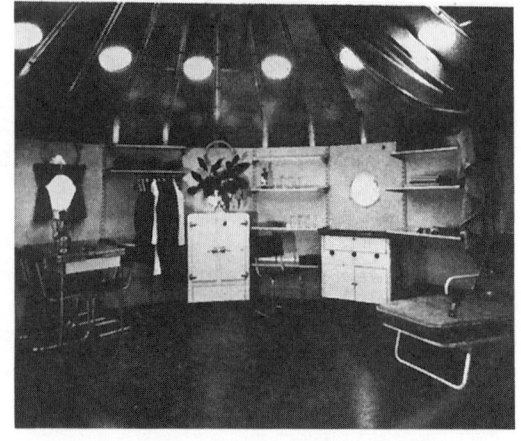

170 マゾナイトを敷きつめた乾いた床面は滑らかで，その継ぎ目はきちっとしていて，非常に弾力性に富み，清潔であった。棚や洋服掛けは掛け穴のある溝に取り付けられている。右上のカーテンは，劇場の舞台のアーチのように引き上げられている。このカーテンのすそにはタイヤ・チェーンが付けられて重みとなっていて，カーテンは引き紐をといた時に，展開型ユニットの各部分をパイの形に仕切るよう，グレープフルーツの仕切り膜のように定位置に納まっていた。カーテンがユニットの真中に達した時，それぞれの端は，プルマン車*の囲いのようにボタンでとめられた。タールを塗った麻の防水布のカーテン材は防火加工がされていて，天井の防音効果とともに，仕切られた各部分のプライバシーを充分に保った。この各部には折りたたみ式の長椅子が備えられていた。（＊　豪華特別客車）

171 ミシガン大学建築学科の長であった建築家ウォルター・サンダーズ夫妻がワシントンで，展開型ユニットにテストとして生活し，非常に満足した。(1941年)

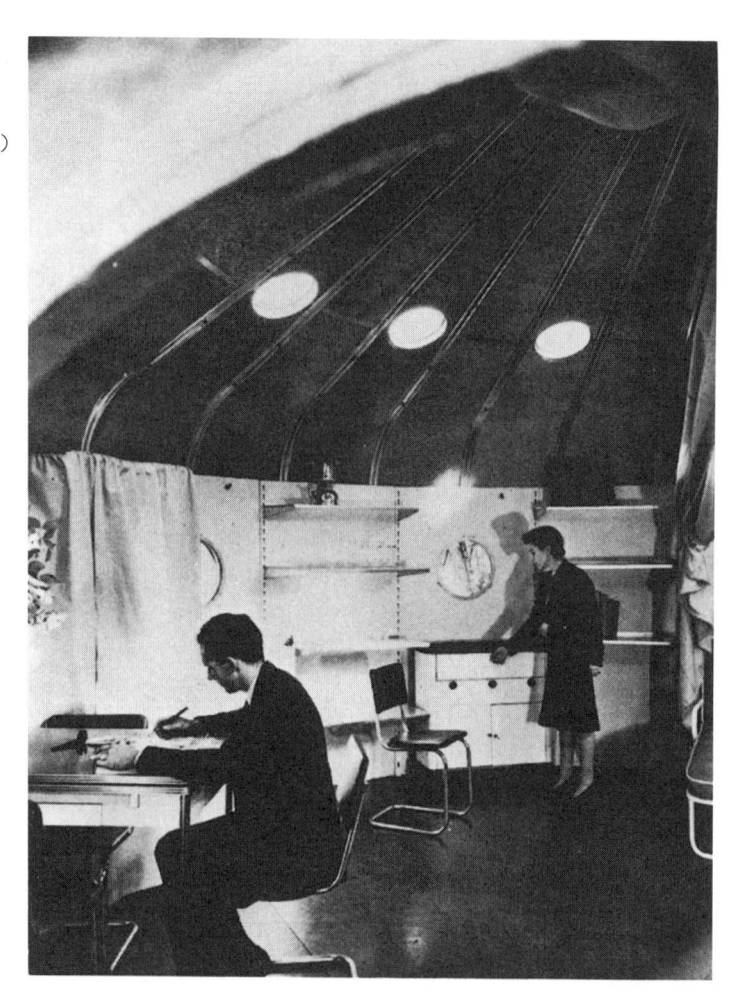

172 フラーの4Dダイマキシオン住宅と同様，展開型ユニットも上から下へと建てられた。屋根材は，地面で組み立てられてから引き揚げられた。胴体部の板は，地面に立って作業する人びとが快適に働ける高さで取り付けられ，連続的段状に並んで引き揚げられた。バトラー製円錐状穀物庫の屋根は，この方法では不可能だった。なぜなら，直線の接合部分が蝶つがいの役目をしたからであった。円錐状の屋根が吊り上げられると，重力でプリーツスカートのようになって，1枚が内側へ折れ込むと，1枚が外へ向いた。フラーの軒のカーブした接合は，そのような現象を起こさなかった。半径が大きくなればなるほど，曲率を増したので，その構造上の安定性を保つための各部の負担は小さくてすんだのである。
(1940年)

173 この写真は，フラーが自分の「環境コントロールにおける包括的理論」を実際に試行する過程での「一里塚としてのエピソード」を示している。ここでは，胴体壁の第1層と第2層が吊り屋根に取り付けられ，一体となり，ダイマキシオン開発型ユニット頭部の大きな穴からつき出ている支柱に吊られている。この頭部の穴は後に，通風機構となることになっていた。レンガの輪と床面，さらには地中に埋設されたアンカーに至る，壁面と床面をつなぐスチールの継ぎ手がはっきり見える。この写真は，1940年8月中旬のある日の正午に，ミズーリ州カンザス・シティにある，バトラー製作所の人里離れた試験場で撮影されたものである。フラーは，バトラー社の技術者と社長のE・E・ノーキスト氏の到着を待ちながら，初めてこの構造をこの位置に吊ったのである。

　気温は，日陰でも37.8°Cを越えていた。建物の金属部は，触れられないほど熱くなっていた。バトラー社の技術陣は，目の前に実現された「理論」の整然とした姿に強く感銘を受けた。建設事業に生涯をかけてきたノーキストは，技術者達に中へ入るよう，うながした。技術者が「入ると暑さに焼かれてし

まうから，入らないほうがいい」と言ったが，ノーキストは，スウェーデン人らしい妥協を許さない態度で入ってしまった。数秒後，彼は外へ呼びかけた。「この中は空調がきいている。」

技術者達は，彼が冗談を言っているものと思ったが，後に続いた。フラーは，以下のように報告している。「寒いとまでは言えずとも，内部は本当に涼しく，全員が驚いた。たばこの煙と人びとの表情で，中央部に冷たい空気がさかんに吹き降りてくるのがわかった。焼けつくような太陽の下で，内部を驚くほど涼しくしている，目に見えない空気の流れの状態を知るために，何本もたばこに火がつけられ，煙のパターンが内外で試された。」

ここで発見されたことが，フラーが長い間温めてきた理論である。気体のエネルギーは，各部によって独特の流れを引き起こすということを立証した。

エネルギーは，各部において，周囲の大気の熱水準とは全く異なった熱水準を持続することが可能である。それは，メキシコ湾流が，もっと広範囲な大洋環流の中にあって，独特の水流パターンを有して，他とは異なった熱水準を保持しているのと同じことであると，フラーは理由付けた。もしエネルギーが大気のパターンのみによって局地的に保持されるならば，人類のためにその地方の環境コントロールは，目に見える「壁」なしでも可能かもしれない。目に見える壁は，自然に作り出された大気流を補うためのものとして作られるべきだと彼は考えた。かぶら型の壁は，水平なドーナッツ型の大気流を補助するであろう。煙の輪がその頂点で「外へ」向かうなら，その底部では内へ入り込むに違いない。もしそのような輪が逆になれば，頂点で内へ巻き込み，底部で外へ向かうはずである。

フラーの実験は，複合した湾曲構造が，まずエネルギーを分化する第1のものであることを明らかにした。この写真においては，構造体の凸面（屋根）に集中した太陽のエネルギーは，その表面で拡散されて，結果として放熱される。

この写真においては，太陽の放熱（展開型ユニットの周囲の大気に拡散されたもの）は，周囲の大気を熱して膨張させる。こうして空気は軽くなり，上方に浮き上がり，展開型ユニットの周囲の上昇流となる。この熱が，上昇流を可能とするように，建物の周囲の空気のみならず，持ち上げられた建物の下からも，空気を引き込むのである。この現象によって今度は，建物の下部から空気が吸出されてできる真空を補うために，構造の頂点から（上の方の通風口から）下へと，室内に空気が引っぱられる。また，冷気の流れが上昇熱流の中心部を螺旋状に降りて，頂点の通風口から中へ引き込まれる。内側の冷気が螺旋状に下降するのと外側の熱い空気がエネルギー交換して上昇するのが一緒になって，熱エネルギーを分散しているわけである。ベルヌーイの定理から予測されたように，その結果，自然な内部冷房設備となるのである。エネルギーの集中が凸面にあた

ると，内部では，空気が螺旋環状の動きを見せるのである。つまり，熱くなった壁のすぐ内側の空気は，非常に薄い境界層となって急速に上昇し，頂部で1点に集中し，下方へ吸引され，希薄になり，その過程で冷却される。また，構造のくぼんだ面にエネルギーが集中すると，放射されたエネルギーは中央部に上昇拡大し，頂部から外へと「放出」される。そして外部に降下流が起き，大気の円環状の流れの底部へ戻り，「放出機構」へ再び昇ってゆくのである。

フラーは，この大気の内へ向かう流れも放出される流れも，壁面の形態や通風機構（建物の上部と下部）を適切に補って，少量のエネルギーを計算されたパターンへ導入することによって，冷暖房効果をそれぞれに備えることができると考えた。フラーが1927年に唱えた「環境コントロールにおける，本来形を伴わぬ部分の設計問題の基礎として，内部および外部の空気力学」の仮説を，この実験が立証した。

しかし，フラーが上昇熱流の現象についての知識をいくら披露し，説明しても，今日においても，ドームを用いる多くの人が，熱せられた空気はどこにおいても上昇するものと考えていることを，フラーは知っている。彼らは，ドームの頂点に通気口を設けて，夏には空気を上に引き上げ，外へ出すようにとファンを作動させる。このことが，ドームの下部で，空気が自然に下降し，外へ出ようとする流れを単純にさえぎるのみとなっている。その結果，熱エネルギーは，ドームの内にたまったままになっているのである。

174 この写真では，「2筒式」ダイマキシオン展開型ユニットの第2ユニットが建てられているところである。第1ユニットからは支柱がはずされており，第2ユニット建設のために再度設置されている。

175 第2ユニットの屋根が完成し，引き上げられている。その下の方には扉が見えていて，この扉で二つ目の円筒は，第1の円筒と連続される。第2ユニットの屋根のすぐ下には，浴室，台所ユニット組立て用の箱型の土台と，仕切りの骨組みが見える。

176 第1，第2円筒体が完成した。

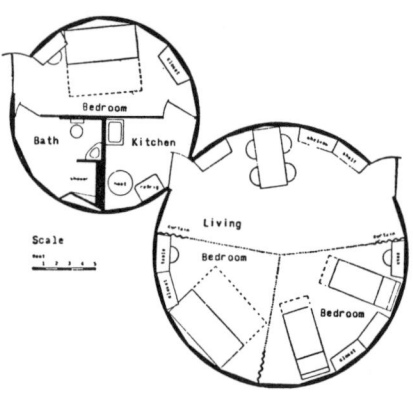

177 ダイマキシオン展開型ユニット頂部の調節可能な半透明な通気口が，少し持ち上げられている。これは，さらに18インチ開くことができる。

178 2筒式ダイマキシオン展開型ユニットの平面図。寝室が3室あり，そのうち1室は浴室，台所ユニットと壁をへだてて設けられている。大きい方の円筒体は，カーテンで寝室2室と居間に仕切られている。

148

179 2筒式展開型ユニットの内部。昼間は，大きい方が20フィートの居間兼台所の役目を果たす。掛け穴部材の上を一周して室内に配線された，プラグ差し込み用の配電に留意したい。電気製品がどの位置ででも使用できる。

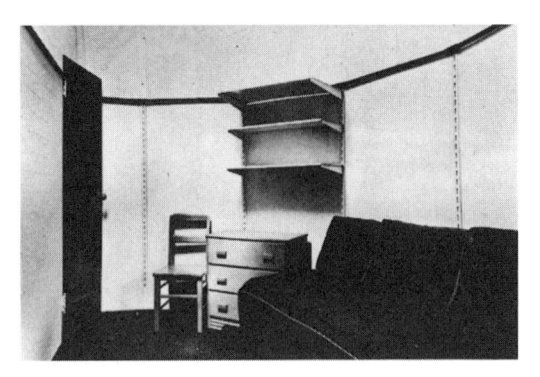

180 2筒式ダイマキシオン展開型ユニットの小さい方にある寝室。左手に見える間仕切りは，台所，浴室と寝室を仕切っているT字型の一つである。

181 1941年夏，ニューヨークの近代美術館の庭に建設中の2筒式ダイマキシオン展開型ユニット。金属製支柱と，これに必要な巻き揚げ装置に注意したい。これは，軍隊へ渡すユニット一式の標準部材となった。

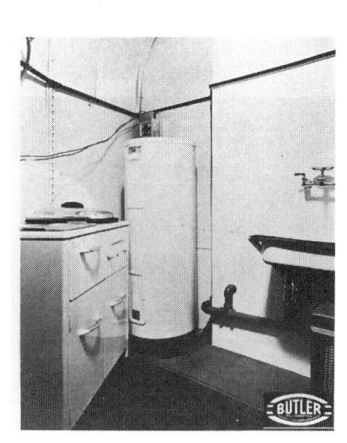

182 ユーティリティ・ユニットの台所側と，電気温水器のタンク。

183 第2次世界大戦中，アメリカの戦闘機をロシアへ運ぶために，操縦士や技術者が住居として使用した，ペルシア湾突端のダイマキシオン展開型ユニット群。各戸は，ドックに固定された船の発電機に接続されて，独立した空調と光源の設備をもっていた。

ダイマキシオン居住装置
<small>ドウェリングマシン</small>

184 ダイマキシオン居住装置用の換気装置。

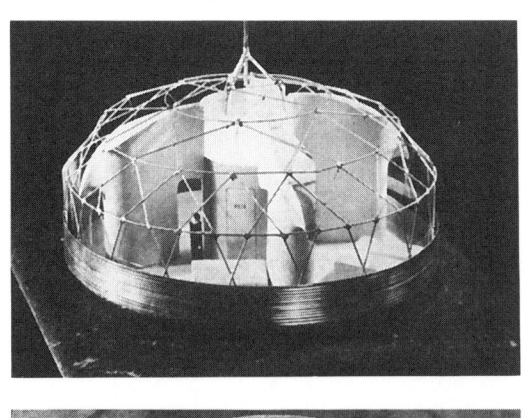

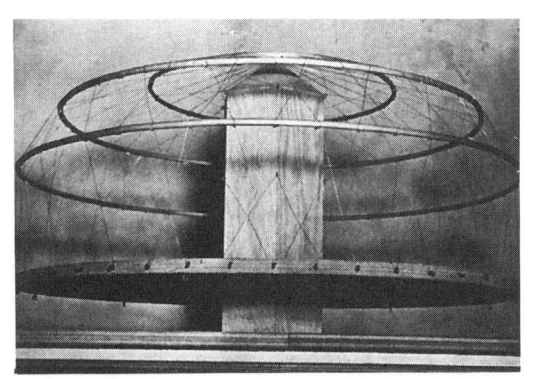

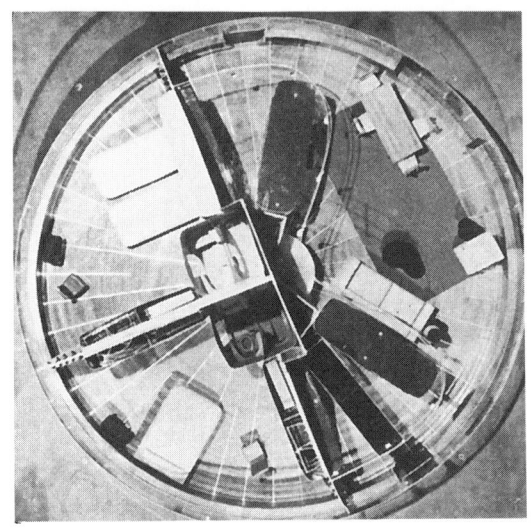

185 ダイマキシオン居住装置（ウィチタ・ハウス）の初期の模型。機械設備は，航空学的に流線型に整えられた区画の中にすえられるよう設計された。

187 居住装置内の各室。寝室2室，二つの浴室，台所，玄関，居間。機械設備を卵型に包んで，なめらかで角のない壁面を作っている。そして，菱形の居間の長い方の対角線は28フィートある。

186 環境コントロールのための円環形の外形が確立された後，フラーの平行な車輪構造が発展されていった。

188 居間空間。バルコニーが二つあり，中央にはステンレス製の暖炉がある。

189 ヴェンチュリ型風洞開口部の装置の上にのせられた、初期のダイマキシオン居住装置の模型。この模型は、カンザスの平原にあるかぶら形ガソリン貯蔵タンクのまわりに生ずる、航空力学的状況によく似ていることを示した。(これは注意深く計画された。)地面に近い構造体の周りでの空気流が、飛行中の航空機の周りに起こる空気流とは大きく違っているのを、フラーは承知していた。地面に近い所の風の動きは、川底に規則的な波形を残す水の流れに似ている。砂漠では、強風が砂を波のように大きくうねらせる。これらのことを念頭において、フラーは、建物に対する風の負圧力を最小限にしようと試みた。(1944年)

190 風洞の前の模型をクローズアップした所。模型が透明なのは、空気の流れに混入した色付きのガスが、建物の内部を通るのも外側を通るのも、よく見えるようにするためであった。

191 ヴェンチュリ型風洞口の所で模型に対する抵抗を測定してから、フラーは、がっちりした模型を風洞の中央に逆さに吊りさげた。時速25マイルの風から、ハリケーンの2倍の風速までを実験した。上の写真に逆さに写っている換気口に管が取り付けられた。構造にかかる低圧の抗力の中心が常に換気口の出口にかかるように調節された。建物のまわりの空気の流れによって生じた負圧による吸引力は、こうして、換気口から直接排気が行なわれるように利用された。
「引っぱられる空気」は、いかなる曲線の所でも、それにそって引かれるので(「押された空気」は自力で戻る勢いがあるのに対して)、通風の流れ方は、建物に設けられた通風口を通り抜ける流れ方の制御によるのである。こうして、空気は、建物の下部においてもっとも強く引かれ、冷暖房のための内部の空気力学を補うものであることがわかった。ダイマキシオン展開型ユニットの床の端に設けられた真空調風装置は、その近くに吹き寄せられた塵を自動的に外へはき出してしまう。この風洞実験の結果、建物の周囲の風速の変化に即して、どれほどの負圧が換気装置の排気口にかかるのかが明らかになった。

192 様々な型の換気装置が、吊り下げた居住装置模型の下に取り付けられて、どの型がもっとも抵抗が小さく、排気に役立つかが試された。

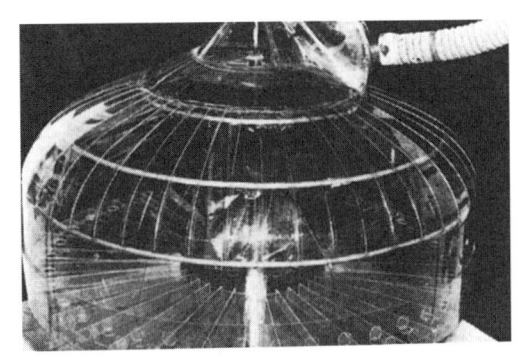

193 抵抗が最小で，排気能力が最大の機能を有する換気装置が逆さに示されている。その形はクルーザーの船体や舵に似ている。(この写真での上下正しい姿は図184に示されている。)

194 換気装置の排気口に吸気管が取り付けられ，内部の空気を誘導して有効な換気をおこした。この換気の循環は，居住装置の円筒体の低部の穴や，底の中央部の穴で調節された。この吸気管が作動中に，居住装置の下から色付きの気体を入れると，空気は円筒体の真中を，住居空間とはまったく関係なく通り抜け，頂部の排気口から出て行くのをフラーは発見した。空気は中央の円筒部を上昇し，住居空間の上部に入り，さらに（1）床の周囲の排気口へ引き降ろされ，（2）床下のダクトを通って中央内部の円筒へ至り，本排気口へ上昇，排気されることをくり返すのである。この装置によって，冷たい空気を床下のアルミニウム製熱交換器の下面にあるダクトへ引き込み，支柱の中を上昇させ，中央の太陽利用方式によって暖め，さらに室内へ出て下降し，窓に近い冷たい空気にぶつからせることができる。さらにその空気は，アルミニウム製熱交換器である床下のダクトへ入り，反対側から入り込んでくる冷たい空気に，その熱を伝導することになる。この方式で，フラーは，補助的な拡大円環流を開発した。上昇拡大排気は，寒冷期にも屋内に熱を保ち，また，螺旋下降し，周囲の下部から排気され，頂部の取り込み口から補充される流れは，暑い時期に自然の冷房装置となった。

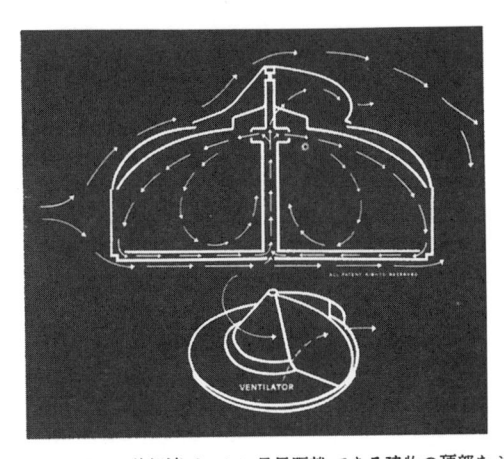

195 図は，外気流がいかに最長距離である建物の頂部を通って流れ，換気口に負圧を生じ，その結果，内部の空気を吸引するかを示している。中央の二つの円筒が示されていないが，一つは少し小さくて，他と同心円をなしている。入ってくる空気は大きい方の円筒を上昇し，室内から引き込まれて排気される空気は，小さい円筒を上昇する。こうして，排出される空気は床下の調節器で新しい空気に熱を奪われてしまうが，円筒内を通る新しい空気は，排出される空気に汚されることはない。

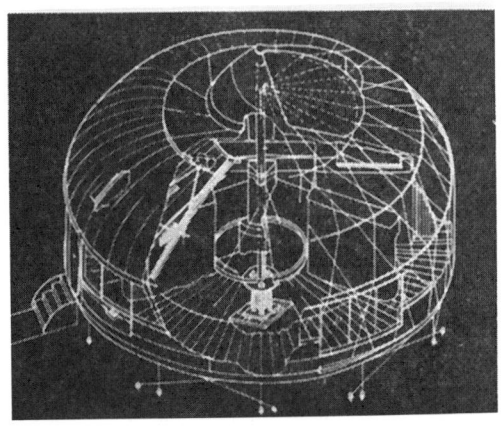

196 ウィチタ居住装置の構造と機械系統の最終的な全体の組立てを示す。支柱の地面にあたる所に何重にもコイルが巻かれている。これは，構造が受ける衝撃を受け止めるためである。全体の構造は，垂直および斜めに張られ，基部でアンカーに止められた張力ケーブルで支えられている。

197 ビーチ社の航空機の主要な組立て工程。双発のビーチ機の製造ライン（むこう側）と平行して，ダイマキシオン居住装置の部品が左手前で製造されているのが見える。

199 カークサイトの雄型と雌型は，落としハンマーに取り付けられ，アルミニウムの平らな板を，ダイマキシオン居住装置の，換気装置のエプロン部に変形してしまう。この部材は，換気装置の円錐型とは18フィートのスロート部で接合する。部品は，図面の完成後，24時間以内に製造された。

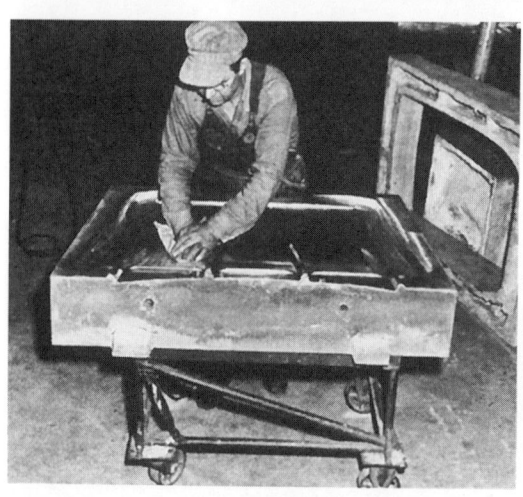

198 1945年，ダイマキシオン居住装置の自由成型の製造工程は，航空機業界において，「変更はありうること」との暗黙の了解のもとに発展してきた，独特の道具が利用されていた。そのような道具は，限られた工程にだけ使用されていた。ここに見えるのは，カークサイトの押型成鋳型の雄型である。カークサイトの主成分はすずで，融点が低いことから，短時間に道具を改良することができる。そのような道具を作る第1準備段階は，粘土模型を作ることであり，この型から石こう型が作られる。石こう型からすぐに鋳物の模型が作られる。簡単にすばやく溶かされた半田のようなカークサイトが，鋳型に注ぎ込まれる。カークサイト製の型は，写真で見るように，紙やすりで簡単に適切な形に整えられる。合衆国内には経済的に採算の合うすず鉱石はなかったが，マラヤ，ボリビア，タンガニーカからのすずが，航空機産業の貯蔵庫に，いつでも作り変えられるような状態になって，カークサイト型の形で貯えられている。このすずの容量は，おそらく現在でも世界中広範囲に散らばって埋蔵されているすず鉱山の個々の量より，はるかに大きいと考えられる。実際，合衆国が地上で保有するすず鉱山の量は，世界最大である。そしてこのすず鉱山において，金属はいつでも有効に用いられている。

200 大きな型押機がアルミニウムの平らな板を変形して、居住装置に用いる14フィートの山型溝の根太を作っている。その一つが左のテーブルの上にある。

201 住居装置の床の支えである環状のアルミニウムZ断面リングに、山型溝付根太を全部並べて完成させたところ。

202 床材のくぼんだ構造を通じて、建物内部の床の周囲から排気を導くために用いられた、床溝の表面。隣接した根太の下側は、入り込んでくる冷気を中央の支柱へ導く導管となる。合板のパイ型床部材が、アルミニウムの床組の上に置かれた。この床ユニットは、「カギ型」の床接合部の目地棒で固定され、床組の間の溝にとめられ、滑り止めとなり、そこに扇型の床材が斜めになって、くさび型のコルクのようにはめこまれた。展開型ユニット同様に、フラーは、ねじやくぎやセメントを一切使わずに、床を仕上げた。そして完全に乾燥して、取りはずしの可能な、きっちりとした床が完成された。

203 アルミニウム床組の下部。各々の重さは、たった10ポンドしかなかった。ここに、内へ入り込む冷気が導かれるダクトが見える。

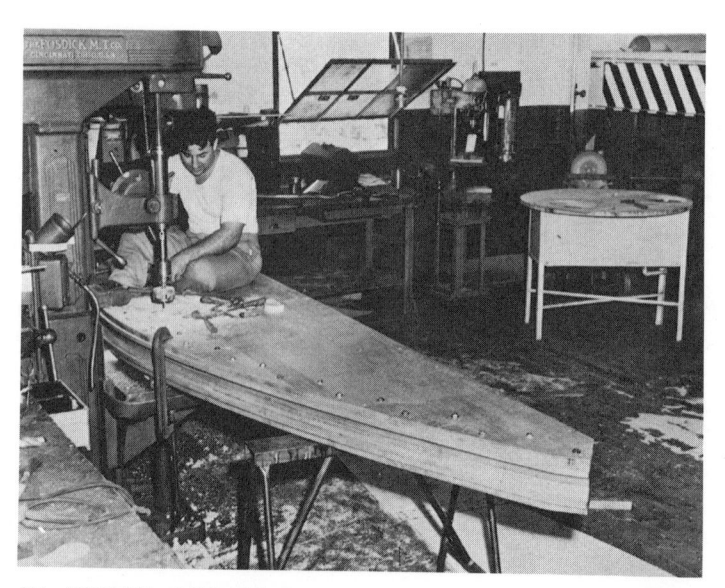

204 航空機産業に特徴的な製作道具が，ここに示されている。木型は，航空機産業で用いる典型的な成型法であり，ここではダイマキシオン居住装置の屋根材の成形に用いられている。

205 木型（手前右）が水圧で作動する装置に取り付けられ，作業員が，左手前の電気制御装置の前に立っている。もう1人の作業員が，航空機用24STアルミニウム合金製の，6インチ×4インチ×14フィートの「帽子型」の細長い部材を取り付けているのが見える。この部材は，写真では上下反対になっていて，アルミニウムの雨樋のように見える。このまっすぐな部材の両端は，チャックと呼ばれる水圧で作動する固定具でしっかり固定されており，樋の中央部は硬い木型の溝に乗るようになっていた。

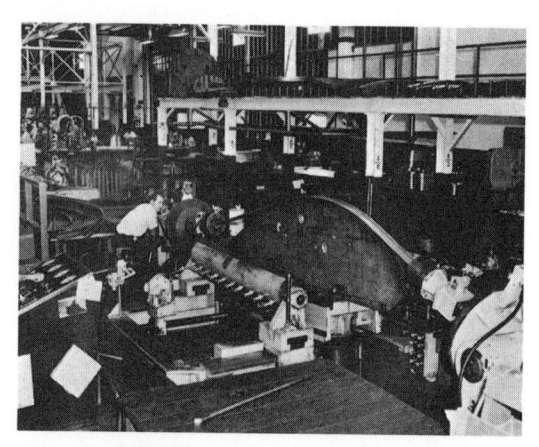

206 木型が制御装置の上で持ち上げられると，自在継ぎ手である大きな固定握りが，金属の樋材を木型の楕円形の周囲の溝にそって，あめのように引き伸ばした。

207 最終形成過程での伸張プレス工程。溝型は、楕円の型に合うように引き伸ばされた。

208 重さ2ポンドの完成した溝型材の湾曲率を検査部で検査している。

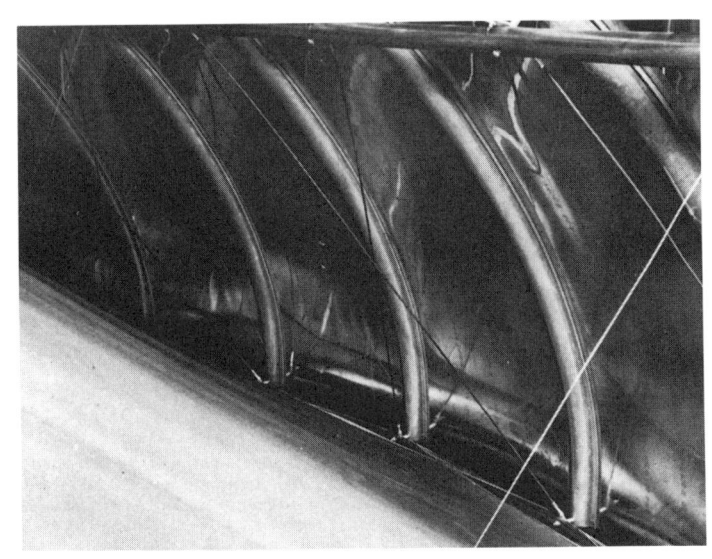

209 ダイマキシオン居住装置のドーム形屋根の内側。重さ2ポンドの湾曲した「帽子型」溝型材が重なって外殻を支えている。型材の機能は、第1には屋根および屋根にかかる重量を支えることだが、同時に、屋根の外皮を形成している召合せアルミニウム板の継ぎ目から漏ってくることも予想される湿気を受ける樋の役目も果たしている。屋根材の接合部は、ちょうど溝型材の中央の上にくるようになっている。そして屋根材の端部は、型材のまわりにぴったり張られていたので、継ぎ目から入り込む湿気は、溝型にしか達しなかった。この溝型材は、居住装置の内部で窓の上端の高さをひとまわりしているネオプレン製の樋へと続いていた。屋根の内側についた水蒸気や液化成分はすべて、この樋へ落ちるが、居住装置に張られたファイバーグラス・ネオプレン製の皮膜（左下の隅に見える）にしたたり落ちた。この膜を伝って降りた水分は、やはりネオプレン製の貯水槽に集まった。屋根の下のこの部分は、乾季に空気から水分を取る凝縮装置として用いられた。

210 ダイマキシオン居住装置の建設は，まず，床を形成する輪と放射状の根太を設置し，中央の土台とスプリングに，構造体の本支柱を建てることから始まった。精巧な張力材が斜めと垂直に張られて，床梁の下の，地中に埋められたアンカーへ延びているのが見える。12あるアンカーの各々は，上向き12,000ポンドの張力に耐えることができる。22フィートの支柱は，3インチのステンレス鋼チューブ7本が緊結されて束となっている。六角形の帯が，18インチ間隔のステンレス鋼の水平の帯金と平行に結ばれていた。22フィートのチューブは，各々10ポンドを少し下まわる重さであった。支柱全体の重さは，帯金も含めて72ポンドしかなかった。サボテンのような，垂直に溝の入った支柱は，建物にかかる屋根の自重と，積載荷量ばかりでなく，120人の人が入った場合の負担にも耐えられるよう考えて設計し，試験された。写真に見られるのは，水平な車輪構造の環構造のうち，A，B，Cの各輪である。この輪は，高炭素張力鋼のスポークで相互に結びつけられている。居住装置のもっとも圧力の大きい所を支えているB輪は，管断面をしたステンレス鋼で作られた。ダイマキシオン居住装置に使用された金属その他の素材は，塗装や保守をまるで必要としなかった。どれもさびることはなかった。電気的腐蝕の恐れがある金属の間には，絶縁パッキングが入れられた。(1945年)

211 2ポンドの「帽子型」型材が，A，B，Cの輪に三つのボルトで取り付けられた。写真は型材の間をおおうアルミニウム箔が張られているところ。この膜は，ダイマキシオン居住装置の外側と内側の間で，2次的な幅射熱防止となった。左下の方にいる作業員は，少し曲げられた屋根材を持っている。この板は，スプリング用鋼材の強さに匹敵する強度のある，熱処理の施された，航空機用アルミニウムの良質な合金で作られていた。左側は，A輪とC輪にすでに屋根材が張られている。二つのボルトがC輪に，もう一つがA輪につけられ，ナットが締まると，三角形の屋根材は型材の周りにぴんと張った。

212 屋根材がすべて張り終った。太陽光線に照らされて，双曲線状の複合湾曲面がよくわかる。また，各々の屋根材の継ぎ目が無駄なく重なっているようすも明らかで，ここを浸透してくる水分が，屋根の樋に導かれる。

213 屋根ドームの建設が終って一個の完成品となった。定位置に吊り上げられ，十字に交差したステンレス鋼の棒で，Z型の床の輪と緊結される。この棒の間の六角形の開口部は，ドアその他通路用に充分なスペースとなる。

214 中央支柱頭部の詳細。ステンレス鋼を鍛造した支柱の頭部部材と、そこに納まった7本の、3インチステンレス鋼チューブが見られる。ドームの放射状のスポークが鍛造のリングで吊られて、張力の強い、航空機用のUリングでしっかり固定されている。また、キャップから吊られているのは、六つのボールベアリング滑車である。この滑車を通じて、航空機用の柔軟なケーブルが六カ所に渡され、支柱キャップの上に取り付けられた、同様の滑車と連絡している。このケーブルをモーターで巻き上げると、劇場の緞帳がスルスルと上がるように、屋根ドームが、組み立てた位置から定位置へと引き上げられる。支柱頭のリング、スポーク、滑車の上に見えるのは、18フィートの換気装置用の管状スポークである。換気装置全体は、軸受型のキャデラック車前輪の心棒の上で回転した。フラーは、次のように述べた。「この、宝石のような、錆のこない合金の設備は大変高価なように見えるけれども、ほんの少量で充分用が足りるので（全体の重量は非常に小さかった）、ビーチ社は、居住装置の自由成型による製造が各々わずか1,800ドルでできると確約した。」

215 特別の組立て用トラックの伸長できるクレーンが、安全対策として支柱頭部に取り付けられた。この時は、第1回の組立てを、わざと強風の時に行なった。この実験で、部分的に組み立てた構造が、クレーンの力を借りなくとも自力で耐えられることが証明された。この写真では、臨時に紙でおおわれた窓用プレクシガラス材が、輪と溝型材の下に吊られ、Z型断面の窓台がプラスチックの窓板の下に固定されて吊られている。

216 完成した118フィートのプレクシガラス窓が取り付けられた。窓の下は上げ下げ窓のようになり，円筒形で，2枚から成っていた。窓のすぐ下にあたる上半分は，下半分の外側にある12フィートのカーテン部分の所に落ちるようになっていた。このカーテン部分は一つおきに窓の下にあり，長さ12フィート，高さ18インチの，網付き換気用開口部となっていた。上げ下げの外壁は同時に全部開けることができ，高さ18インチの換気開口部となり，居住装置をぐるっとひとまわりして，118フィートの長さになった。この網付きの環は，暑い天候の時に冷たい空気を下方に引き込む，自然な空調設備として設計された。右にあるのは，18フィートの換気装置と，それと組になっている後部の排気用垂直安定板（尾翼）である。

217 換気装置が，クレーンで，支柱頭部の回転支柱に装着された。換気装置全体は，支柱頭部の機構で，頂点，中央の屋根の環状より3フィート上の位置まで持ち上げられ，その環状の所は直径18フィートで，網付きの開口部となっていた。大竜巻きの目とか大きな爆発に見舞われた場合に，もし構造が突然低圧状態に巻き込まれたりすると，18フィートの換気装置が，3フィートの小貫にそって持ち上がり，スチーム・ボイラーの安全弁の働きをして，内部の高圧力を効果的に減少させる。
双曲線カーブの尾翼と，前部の円錐形，さらに28平方フィートの排気口部のある広い部分が結合して，空港で用いられる，4面体で尾部の広い，風向指示計のように回転する構造となった。この尾部の形が（尾部の広い弾丸のように），尾部表面の両側の圧力の差でバタバタ振動するのをおさえた。ダイマキシオン居住装置の換気装置は，常に風の方向に向かっていた。

218 居住装置の最終建設が終了した。下の樋が雨水用の主装置として定位置に取り付けられた。手すりのついた通路の左にある垂直の円筒には，居住装置の構成部品すべてが納められている。部品は，まず中央の心棒のまわりに納められて，それがそのまま円筒の中に入り出荷される。円筒の両端は環状のふたで閉じられている。これ全体で重さは約6,000ポンドである。この数字は，フラーが1927年に見積ったように，合金の研究が完成した暁には実現すると予想された，同規模のダイマキシオン住宅の重量と同じ数値であった。

219 居住装置用の，円筒に積み込む前の全構成部品。フラーの考えによれば，すべての部品を最小限の体積に納めることが，設計の基本的責任であった。ほとんどの部品は，一緒に束ねられるようになっていた。どの部品も重さ10ポンドを越えることはなかった。どれ一つとして，1人の作業員が片手に持って定位置に置くのに，片足を地面から離すことのできないようなものではなかった。その結果，誰の助けも必要としなかった。

220 2本の屋根用型材で作った8ポンドのはしごに登って，1人の作業員が換気装置を調節している。双曲線状の屋根の湾曲状態がよく見える。右下の方にはレンガが用意されている。これを居間に積み上げて，120人の人が一カ所に集まった時の重さ，つまり，大型ハリケーンや地震の際にかかる異常な荷重量と同様の状態を，想定してみるためである。

221 寝室と寝室の間のドアは，吊り下げてある「現代風折りたたみ」扉（いわゆるアコーディオン・ドア）。フラーが1927年に考案した空気入りで，溝に垂直に立てられたスライド式のカーテンと，この扉の外観は似ていた。居住装置の垂直壁の水平方向の強度を補っているZ型断面のアルミニウム製の窓の下枠に注目したい。プレクシグラス製の二重の窓ガラスが，同心円の弧を描いて窓枠に納められ，この2枚のガラスの間隔は1/8インチあった。窓の下の方は，防水層で止めてある。

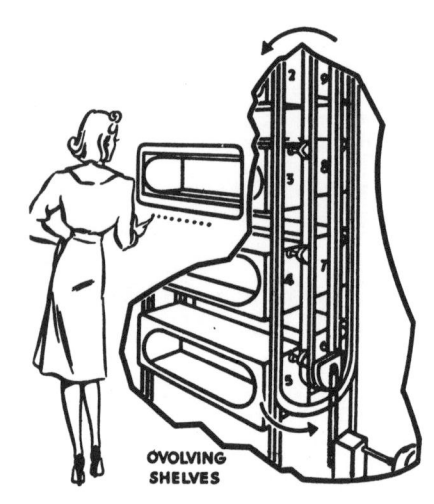

222 仕切り壁の裏側にチェーンで連結された，ロザリオ（珠数）状の「卵型回転式」収納棚。この棚の開口部は，大人が使うのに都合よく，子供には高すぎる位置で，壁の開口部と合うようになっていた。横のボタンを押すと，目当ての棚が出てくるまで，棚がまわってゆくのが見える。各寝室ごとに備えられているこの回転式の棚は，同じ横幅だと，18フィートの高さまで棚を積み上げるのに等しい収納力があった。ダイマキシオン居住装置では18フィートに限られるとしても，この棚はどんな高さ（何百，何千フィート）にでもできるし，大きな蔵書保管庫でも，蔵書がすばやくわかるようにできる。

223 貯蔵部の外壁を取り付ける前の，回転式棚の製造モデル。棚の昇降は電動モーターで運転される。

224 フラーは，回転式のたて型の洋服ダンスと，半円形の靴，帽子入れを考案した。これはすべて，構造の中心を軸とする間仕切りパネルの中央の垂直空間に取り付けられた。

225 完成したモデルとなるウィチタ・ハウスの居間内部。37フィートのプレクシガラス製の窓も見える。また，ファイバーグラス・ネオプレン製の天井板も見られ，そのくすんだ銀色の天井板の上には，卵形の仕切りユニットの上部から，色調調節の可能な照明が間接的にあてられている。

226 音楽家たちは，居住装置の音響面に感銘を受けた。マリアン・アンダーソンは，ウィチタ・ハウスで歌った後で，これほど反響も歪みもない「丸みのある音」を聞いたことは，かつてないことだと述べた。

227 年に2万戸のダイマキシオン居住装置を製造するのに1,000万ドル不足だったため，この開発は，ウィチタ・ハウスの実験で終わりとなった。空軍から原型のもの二つの発注を受けたが，これは後にフラーの事業に買いもどされた。最終的には，カンザスの石油業者の手に渡り，彼はこの二つを結合してしまい，上の写真のような，回換式換気装置のない住宅にしてしまった。「彼の建築的造作と変形のおかげで，この飛行機は永久に地上に固定されてしまった」と，フラーは言った。

163

共エネルギー幾何学
シナジェティック

228 初期の「エネルギー・共エネルギー幾何学」の図解。エネルギーに対する共エネルギーは、計算における微分に対する積分の関係にあたると、フラーはとらえている。自然のエネルギーに関する研究を進めると、その場所その場所の独特の機能が区分され、明確となってくる。共エネルギーに関する研究を進めると、自然に先天的にそなわっている、複数の作用が協同して作り出すパターンを組織化し、理解することができる。「共エネルギー幾何学を学ぶことによって、子供も核物理学を論理的に、楽しく、背伸びすることなく学ぶことができる」と、フラーは言っている。しかし、「核」の領域へ科学的に近づくには、現在のところ、エネルギーの方から入ろうとしていて扱いにくい厄介な方法が用いられている。エネルギーの方からの研究では、個々の科学的調査をつなぎ合わせた、厄介な定数を扱うが、大型コンピューターの開発と採用によって、こうした厄介な仕事から解放された。このような作業は計算機が行ない、人間が科学の長い旅を、盲目の状態でも問題なく続けられるようになったのだから、今度は、共エネルギー幾何学によって、自然を感覚的、概念的にとらえてゆくことの意義をゆっくり理解してゆけばよい。(1944年)

165

229 位相幾何学は、必ず、線、頂点、面から成る。システムの頂点を小球とみなし、この小球を拡大してゆくと、球体は次第に各頂点を結ぶ線を囲んでゆく。拡大が更に進めば、球体はついに互いに接するようになり、線は完全に球体の内部に含まれてしまう。この写真は、球体の幾何学的塊りで、これらの多くは、前に述べた図解の中で線によって表現された、トポロジカル・システムに相対する。球体が、一つの球のまわりのあらゆる方向に、秩序正しく連なっていくにつれて、連続して表われる基本的な幾何学形態が、全宇宙の核構成の恒久性を示唆していると、フラーは考えた。原子核に関する知識は、このような純粋理論の研究で発見できると、彼は想定した。フラーの数理幾何学によって発見された、核に関する原理は、核物理学者による「粒子」加速機による衝撃実験やその弾道の破懐状況を統計的計算を基にしてまとめた資料に、近年さかんに登場している。

230 基礎的幾何学による球の最密パッキングの塊りと25の大円球の、組立て途中の模型を前にした、フラーと研究生達。(1948年)

231 頂点，面の中心，辺の中心によって決定される軸のまわりにシステムを回転させると，それぞれの回転の軸に対応する「赤道」の大円の軌道ができる。これらの円は，核の中心については，システムの内部の平面を延長したものとみることができる。この写真の中の最も大きい球にみられる25の大円のパターンは，ベクトル平衡体をそのすべての対称軸のまわりに回転させてできたものである。原子を直接（磁場放出顕微鏡によって）撮影した最初の写真が1950年代初期に発見されたが，25の大円の軌跡が見られ，この円は，核中心のまわりをもっとも自由に展回するのにもっとも省エネルギー的な形態を呈していた。（この写真は「エネルギーと共エネルギー幾何学」の章の扉にも掲載されている。）

232 フラー自身と彼のエネルギー幾何学模型，ダイマキシオン地図，ジオデシック・ドーム，張力複合体，そしてエネルギー・共エネルギー幾何学の共同作用から直接導き出されたオクテッド・トラス構造体。（1951年，ニューヨーク州，フォレスト・ヒルズにて）

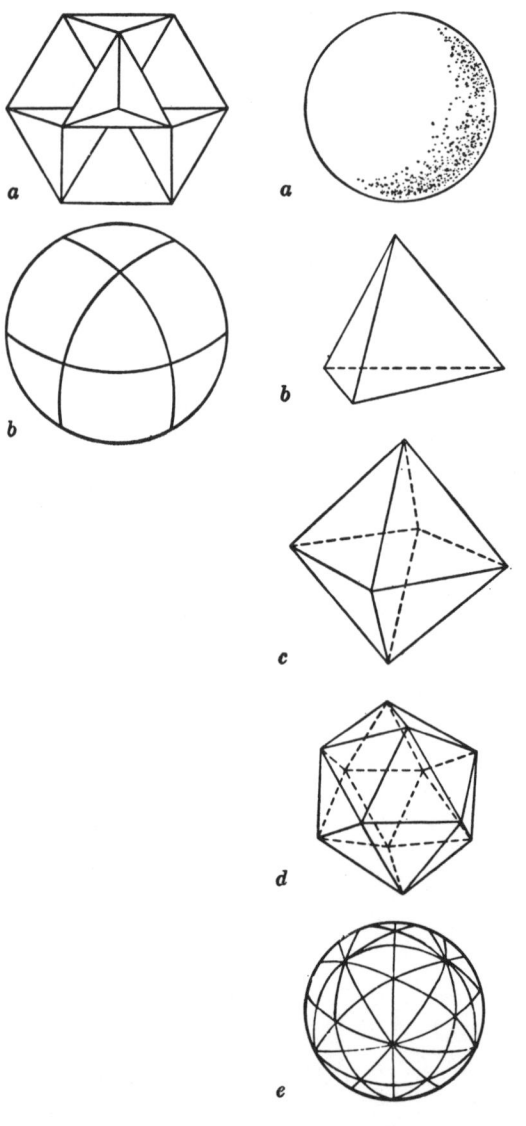

233 ここに示されているものは，(a) フラーのベクトル平衡体の構型。辺と半径によって作られる内部平面を示している。(半径の線は外側の頂点と中心の頂点とを結んでいる。)(b) ベクトル平衡体を球の表面に投影したところ。フラーは，ベクトル平衡体を，「自然界の無数の事がらをもっとも経済的に説明付ける，まさに自然界のための数理学的座標体系」の「一大集結点」と呼んでいる。

234 フラーは，球(a)を，「核の中心からすべての方向にほぼ等距離にできる不連続なものの複合体」と定義付けている。このシステムの個々の点は三角形で結ばれることもある。四面体(b)，八面体(c)二十面体(d)だけが，等辺三角形が面となる多面体システムの可能なケースである。(e)図は，二十面体の30の頂点をすべて正反対の頂点とつないでできた15の軸について，二十面体を回転して得られた15の大円である。ここに生じた120の直角三角形は，同一半径のシステムの均一な再分割としては最大のものである。この事実は数学では古くから知られている。120というのは12の10倍なので，この幾何学的関係は，数の数え方としての十進法と十二進法双方の基礎となっていて，有限なシステムをその最小公分母に再分割することで導かれたのではないかと，フラーは考えた。古代バビロニアの科学や，中国，インドの航海士の数学的発明にみられる基礎的な考え方から，十進法や十二進法を現代のわれわれが受け継いで使っているのだと，彼は信じている。

235 すべての閉鎖システムの加法上および乗法上の二進法について，多三角形分割と全要件を考え，トポロジカル・システムの基本的性質を表わす「相対的多様性を説明する諸定数」を示したフラーの図表。フラーの基本的定理は次のようである。すべての有限な閉鎖システムにおける，頂点すべてのまわりの角の和と，そのシステムの頂点数の360倍の差は，常に2×360度である。つまり，有限なシステムと閉鎖されていない無限開放のシステムとの差は，対応した二つの平面上にある2点のまわりの角度の和に等しい。角度の和が360度より大きいか小さいかによって，凸(コンベックス)面になったり，くら型凹面(コンカビティ)になったりする。つまりフラーによると，有限と無限の差は2なのである。
凸と凹という本来異質なものがあるということが，掛け算の2が常に出てくる理由である。図で解るように，「加法の2」は極の2点であることを，フラーは発見した。「乗法の2」は，凸と凹との2面性によるものである。対称的で多面三角形体のシステムは，すべてこの加法の2と乗法の2が引き出されるので，頂点の数は常に小さい方から数えて四つの素数，1，2，3および5のうちの一つ，あるいはそれ以上から当然導かれる数となり，面の数は頂点の数から2を引いたものの2倍，辺の数は，常に頂点の数から2を引いたものの3倍となっている。

TRUE RATIONAL VOLUMES WHERE TETRAHEDRON IS UNITY	LOCALLY SYMMETRICAL, OMNI-TRIANGULATED	LOCALLY MIXED SYM-ASYM, OMNI-TRIANGULATED	LOCALLY ASYMMETRICAL, OMNI-TRIANGULATED	SPACE FILLERS	COMPLEMENTARY SPACE FILLERS	SYSTEM	EULER FORMULA $V + F = E + 2$	FULLER SYNERGETIC TREATMENT EXTRACTS 2 VERTICES FOR NEUTRAL AXIS $V - \Theta$ $\Theta = 2$ $V + F = E$	FULLER SYNERGETIC TREATMENT DIVIDES BY FUNDAMENTAL WITHINNESS & WITHOUTNESS CONVEX CONCAVE TWONESS $\div 2$ $\div \Phi$
—	1:1 TRIANGULATED				•	VECTOR EDGE TETRA	$4 + 4 = 6 + 2$	$2 + 4 = 6$	1
4	1:2			•	• •	VECTOR EDGE OCTA	$6 + 8 = 12 + 2$	$4 + 8 = 12$	2
3		⬧			•	ALTERNATING + TO - TETRA VECTOR DIAGONAL	$8 + 12 = 18 + 2$	$6 + 12 = 18$	3 FREQUENCY OF MODULAR SUBDIVISION OF EXTERIOR EDGES OF SYSTEM
20	1:4.63			•		VECTOR EQUILIBRIUM	$12 + 20 = 30 + 2$	$10 + 20 = 30$	5 $(1+2=3)\sqrt{2} \cdot \Phi \cdot \Theta$
18.510	27.000					VECTOR EDGE ICOSAHEDRON	$12 + 20 = 30 + 2$	$10 + 20 = 30$	5 TOPOLOGICAL ABUNDANCE CONSTANT 1 VERTEX OR 2 FACES OR 3 EDGES
8.490	AREA : VOLUME RATIO			•		VECTOR EDGE CUBE	$14 + 24 = 36 + 2$	$\Theta + 12 + 24 = 36$	3 • 2
6				•		VECTOR DIAGONAL RHOMBIC DODECAHEDRON	$14 + 24 = 36 + 2$	$12 + 24 = 36$	3 • 2
25.986				•		VECTOR EDGE RHOMBIC DODECAHEDRON	$14 + 24 = 36 + 2$	$12 + 24 = 36$	3 • 2
65.018						VECTOR EDGE DODECAHEDRON	$32 + 60 = 90 + 2$	$30 + 60 = 90$	3 • 5
96	91.004			•		VECTOR EDGE TETRAXIDECAHEDRON	$32 + 60 = 90 + 2$	$30 + 60 = 90$	3 • 5
						VECTOR EDGE TRIACONTAHEDRON	$32 + 60 = 90 + 2$	$30 + 60 = 90$	3 • 5
						VECTOR EDGE ENENICONTAHEDRON	$92 + 180 = 270 + 2$	$90 + 180 = 270$	$3^2 \cdot 5$

COPYRIGHT 1975 — R. BUCKMINSTER FULLER

地図と海図

236 空と海を包括した「一つの町」としての世界を描いた，フラーの1927年の謄写版図。彼の10階建て建造物を，世界の果ての，環境上最悪の条件をもった土地へ空輸するという仮定は，飛び石のように配された保守基地を継いで，かつて不可能と思われたルートへの空路によって，一つに統合された世界の実現へと近づけた。東洋の北西を飛んで合衆国と中国を結ぶ航空機，アフリカとシベリアを横断する，ダカール・ナタール間，またアメリカの大陸内の航空機がここにみられる。フラーがこの図を描いた頃には，このような路線は1本もなかった。当時は，やっとリンドバーグの時代であった。この世界図（図20で前出）は，フラーが資源や全世界の人びとを考慮した包括的設計の第一歩であった。

26% OF EARTH'S SURFACE IS DRY LAND
85% OF ALL EARTH'S DRY LAND IS HERE SHOWN
86% OF ALL DRY LAND SHOWN IS ABOVE EQUATOR
THE WHOLE OF THE HUMAN FAMILY COULD STAND ON BERMUDA
ALL CROWDED INTO ENGLAND THEY WOULD HAVE 750 SQ FEET EACH
"UNITED WE STAND, DIVIDED WE FALL" IS CORRECT MENTALLY AND SPIRITUALLY
BUT FALLACIOUS PHYSICALLY OR MATERIALLY
                                                          RBF
                                                          1927
2,000,000,000. NEW HOMES WILL BE REQUIRED IN NEXT 80 YEARS

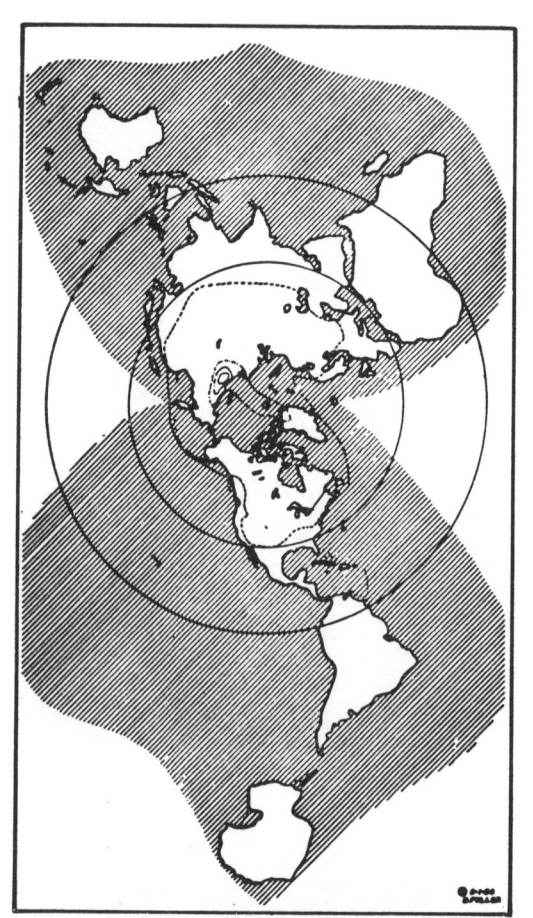

237 フラーが地球儀を基にざっと描いた世界地図で、大陸の配置は正確な数学的過程を経て表わされるはずだという、フラーの「直感的な思いつき」の試みとして描かれた。この地図は彼の『月への9本の鎖』という書籍の見返し部分に再現された。

238 フラーの考えに基づく「一続きの海に浮かぶ一つの世界島」の模型。これは、彼の友人で人形使いであったビル・ベアードが、『月への9本の鎖』を図解するために1937年に製作したもの。

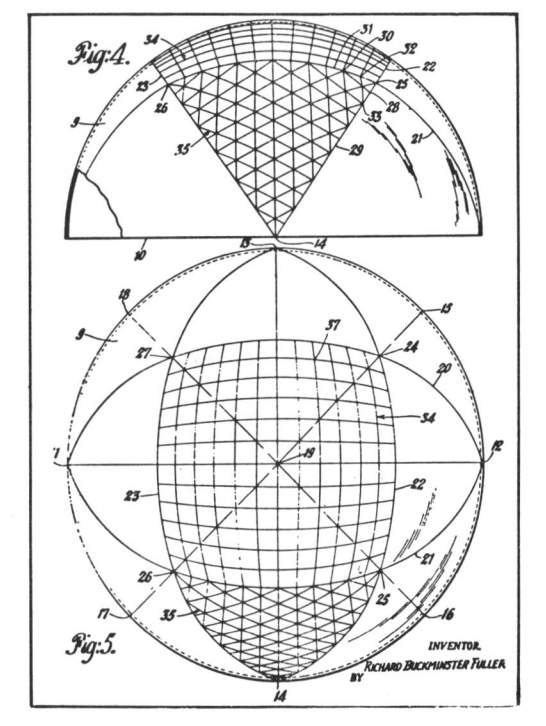

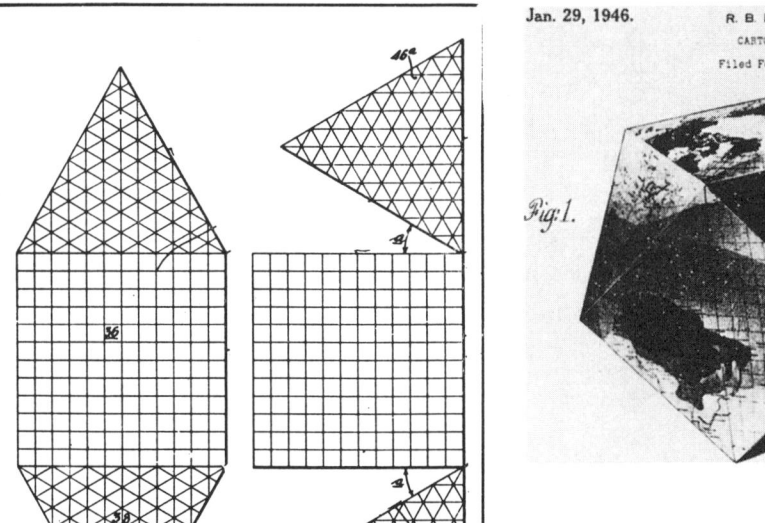

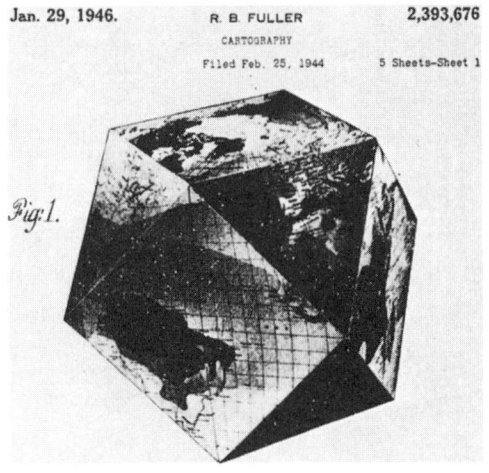

239—242 フラーのダイマキシオン地図，米合衆国に提出した特許書類の数ページ。これについて，雑誌『サイエンス』は，「合衆国特許局より発表された最初の地図作成法特許」と述べている。(右上の図は「地図製作法（作図法）」67頁の章の扉のページにも掲載されている。)

173

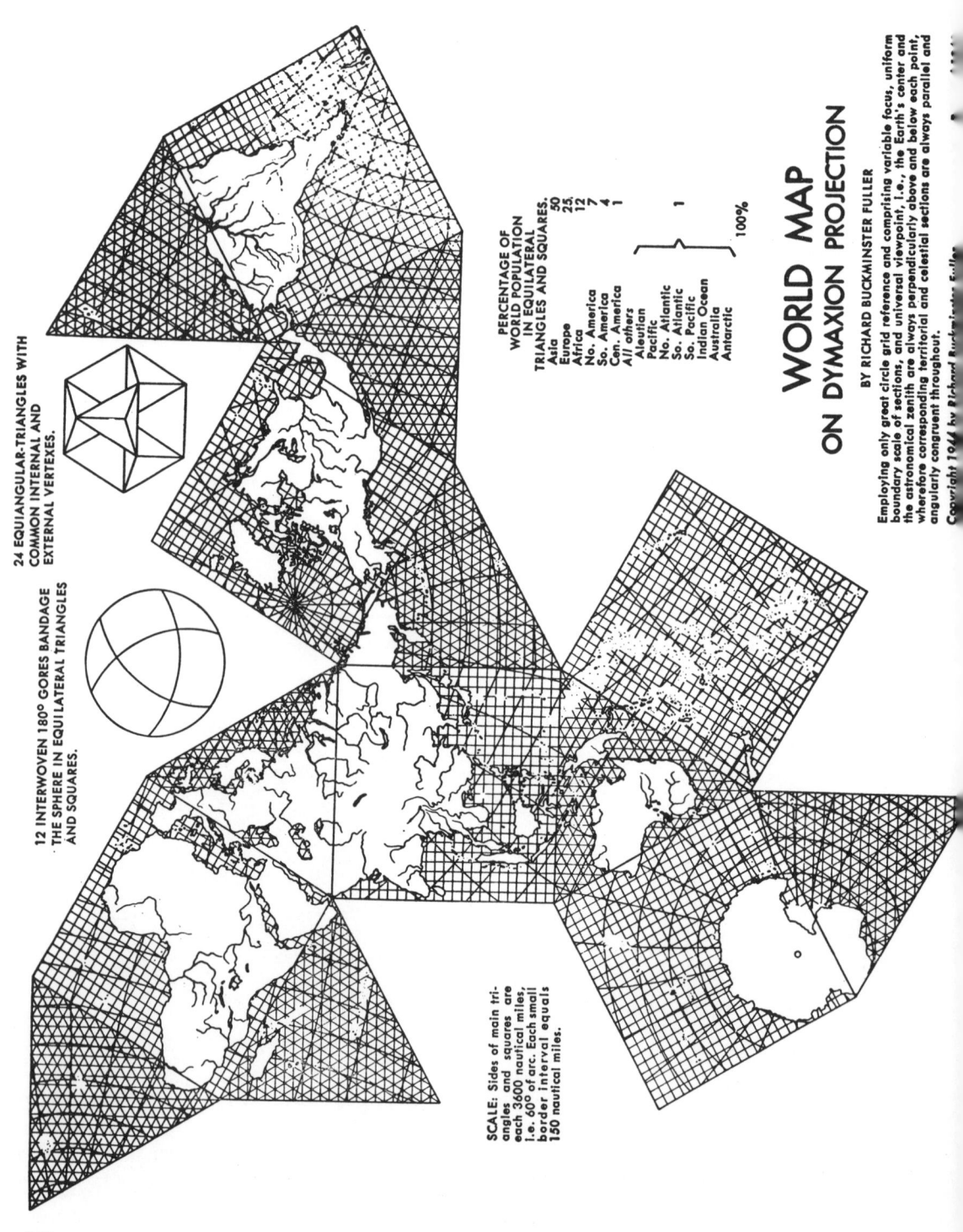

WORLD MAP ON DYMAXION PROJECTION

BY RICHARD BUCKMINSTER FULLER

Employing only great circle grid reference and comprising variable focus, uniform boundary scale of sections, and universal viewpoint, i.e., the Earth's center and the astronomical zenith are always perpendicularly above and below each point, wherefore corresponding territorial and celestial sections are always parallel and angularly congruent throughout.

Copyright 1944 by Richard Buckminster Fuller

24 EQUIANGULAR-TRIANGLES WITH COMMON INTERNAL AND EXTERNAL VERTEXES.

12 INTERWOVEN 180° GORES BANDAGE THE SPHERE IN EQUILATERAL TRIANGLES AND SQUARES.

SCALE: Sides of main triangles and squares are each 3600 nautical miles, i.e. 60° of arc. Each small border interval equals 150 nautical miles.

PERCENTAGE OF WORLD POPULATION IN EQUILATERAL TRIANGLES AND SQUARES.

Asia	50
Europe	25
Africa	12
No. America	7
So. America	4
Cen. America	1
All others	
Aleutian	
Pacific	
No. Atlantic	
So. Atlantic	
So. Pacific	1
Indian Ocean	
Australia	
Antarctic	
	100%

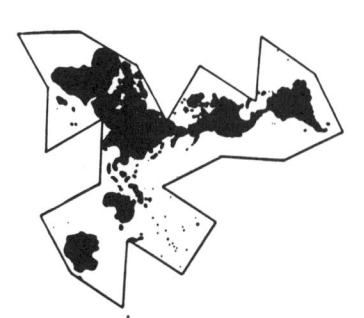

ONE CONTINENT —
Bottom of the Aeronautical Ocean

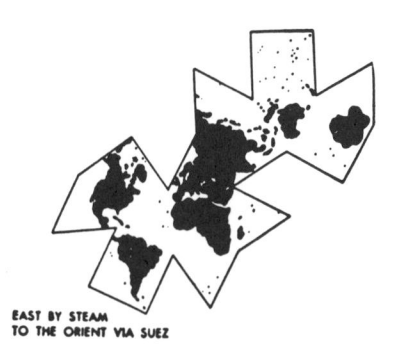

EAST BY STEAM
TO THE ORIENT VIA SUEZ

ONE OCEAN
Admiral Mahan named it. The British discovered and used it.

EAST BY SAIL—TO THE ORIENT VIA GOOD HOPE
From the Spanish Main via the Piratical Indian Waters   12,000 mile
great circle route from New York to Australia.

244—249　世界地図の各部分に注目して組み合わせ表現した
空海一体世界地図。

NORTHWARD TO THE ORIENT AND NORTHWARD TO EUROPE
Old and new worlds on either hand. Russia overhead and McKinder's
World Island trisected.

STRATOSPHERE STRATEGIC
European triangle controls the
altitude merry-go-round.

243　左ページ：1944年に発行されたフラーの空海一体世界地
図で，これは1枚ものの図面に全世界の地理的資料を網羅し，
しかも相対的な形や大きさに視覚的な歪みがなく，どの大陸も
寸断されていない最初のものであった。各部分はベクトル平衡
体に組み立てられ，あるいは各地の独特な地理的関係を強調し
て，様々な形に表現することもできる。

Conservation of Resources

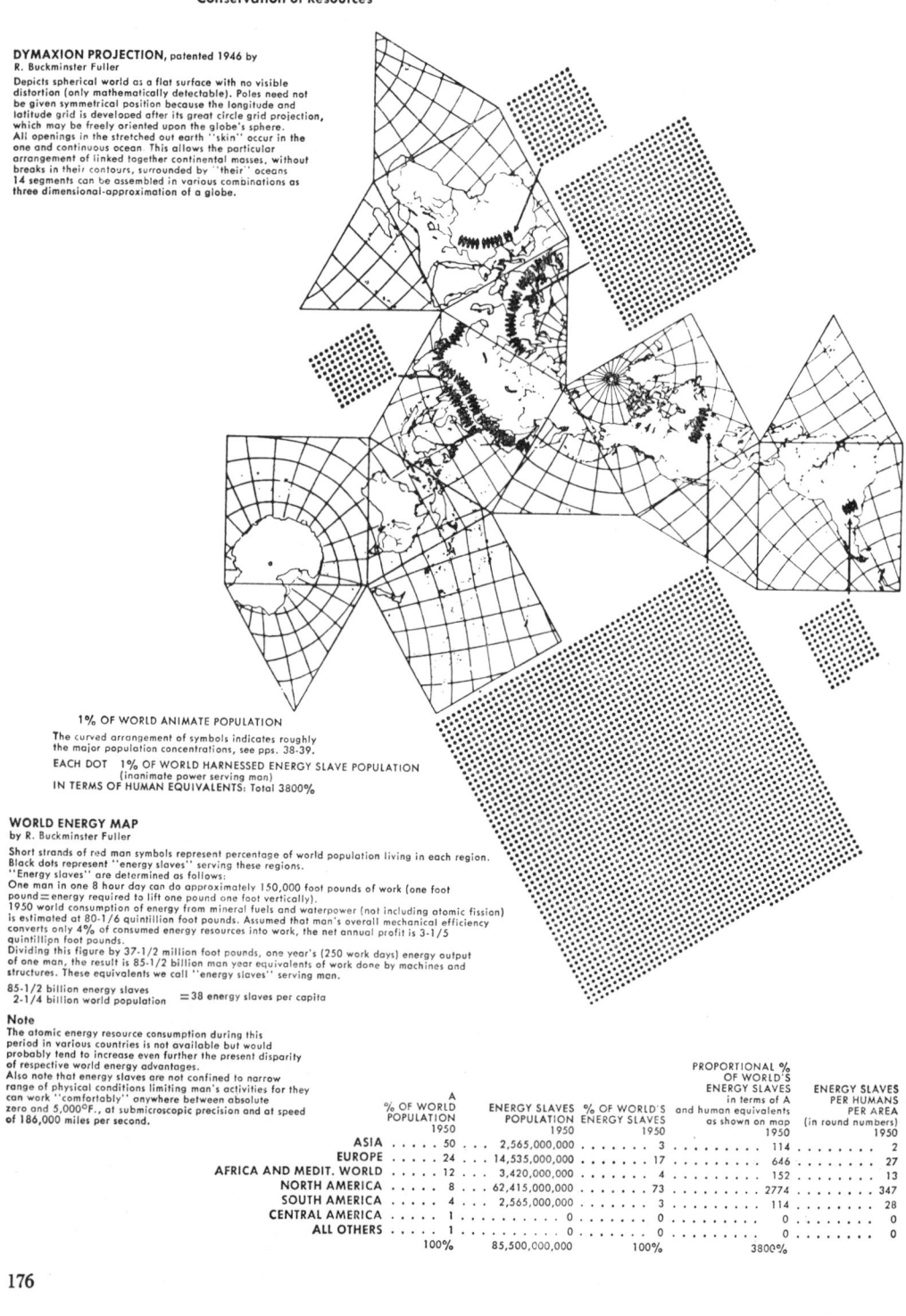

DYMAXION PROJECTION, patented 1946 by
R. Buckminster Fuller
Depicts spherical world as a flat surface with no visible distortion (only mathematically detectable). Poles need not be given symmetrical position because the longitude and latitude grid is developed after its great circle grid projection, which may be freely oriented upon the globe's sphere.
All openings in the stretched out earth "skin" occur in the one and continuous ocean. This allows the particular arrangement of linked together continental masses, without breaks in their contours, surrounded by "their" oceans 14 segments can be assembled in various combinations as three dimensional-approximation of a globe.

1% OF WORLD ANIMATE POPULATION
The curved arrangement of symbols indicates roughly the major population concentrations, see pps. 38-39.
EACH DOT   1% OF WORLD HARNESSED ENERGY SLAVE POPULATION
(inanimate power serving man)
IN TERMS OF HUMAN EQUIVALENTS: Total 3800%

WORLD ENERGY MAP
by R. Buckminster Fuller
Short strands of red man symbols represent percentage of world population living in each region. Black dots represent "energy slaves" serving these regions.
"Energy slaves" are determined as follows:
One man in one 8 hour day can do approximately 150,000 foot pounds of work (one foot pound = energy required to lift one pound one foot vertically).
1950 world consumption of energy from mineral fuels and waterpower (not including atomic fission) is estimated at 80-1/6 quintillion foot pounds. Assumed that man's overall mechanical efficiency converts only 4% of consumed energy resources into work, the net annual profit is 3-1/5 quintillion foot pounds.
Dividing this figure by 37-1/2 million foot pounds, one year's (250 work days) energy output of one man, the result is 85-1/2 billion man year equivalents of work done by machines and structures. These equivalents we call "energy slaves" serving man.

85-1/2 billion energy slaves
2-1/4 billion world population   = 38 energy slaves per capita

Note
The atomic energy resource consumption during this period in various countries is not available but would probably tend to increase even further the present disparity of respective world energy advantages.
Also note that energy slaves are not confined to narrow range of physical conditions limiting man's activities for they can work "comfortably" anywhere between absolute zero and 5,000°F., at submicroscopic precision and at speed of 186,000 miles per second.

	A % OF WORLD POPULATION 1950	ENERGY SLAVES POPULATION 1950	% OF WORLD'S ENERGY SLAVES 1950	PROPORTIONAL % OF WORLD'S ENERGY SLAVES in terms of A and human equivalents as shown on map 1950	ENERGY SLAVES PER HUMANS PER AREA (in round numbers) 1950
ASIA	50	2,565,000,000	3	114	2
EUROPE	24	14,535,000,000	17	646	27
AFRICA AND MEDIT. WORLD	12	3,420,000,000	4	152	13
NORTH AMERICA	8	62,415,000,000	73	2774	347
SOUTH AMERICA	4	2,565,000,000	3	114	28
CENTRAL AMERICA	1	0	0	0	0
ALL OTHERS	1	0	0	0	0
	100%	85,500,000,000	100%	3800%	

NAME OF MAP PIECES	POPULATION 1940	POPULATION 1950	% OF WORLD POPULATION 1940	% OF WORLD POPULATION 1950	ENERGY SLAVES POPULATION 1940	ENERGY SLAVES POPULATION 1950	% OF WORLD'S ENERGY SLAVES 1940	% OF WORLD'S ENERGY SLAVES 1950	% OF WORLD'S ENERGY SLAVES In Terms of Human Equivalent As Shown On Map 1940	% OF WORLD'S ENERGY SLAVES In Terms of Human Equivalent As Shown On Map 1950	SLAVES PER HUMANS PER AREA In Round Numbers 1940	SLAVES PER HUMANS PER AREA In Round Numbers 1950
ASIA	1,062,500,000	1,125,000,000	50	50	2,211,000,000	2,565,000,000	6	3	102	114	2	2
EUROPE	531,250,000	540,000,000	25	24	8,475,500,000	14,535,000,000	23	17	391	646	16	27
AFRICA AND MEDIT. WORLD	255,000,000	270,000,000	12	12	2,579,500,000	3,420,000,000	7	4	119	152	10	13
NORTH AMERICA	148,750,000	180,000,000	7	8	22,110,000,000	62,415,000,000	60	73	1020	2774	148	347
SOUTH AMERICA	85,000,000	90,000,000	4	4	1,474,000,000	2,565,000,000	4	3	68	114	17	28
CENTRAL AMERICA	21,250,000	22,500,000	1	1	0		0	0	0	0	0	0
ALL OTHERS	21,250,000	22,500,000	1	1	0		0	0	0	0	0	0
	2,125,000,000	2,250,000,000	100%	100%	36,850,000,000	85,500,000,000	100%	100%	1700%	3800%		

251 世界のエネルギー図表。

252 このグラフは，1952年までの世界の工業化の達成度と，2000年までの達成計画を示している。

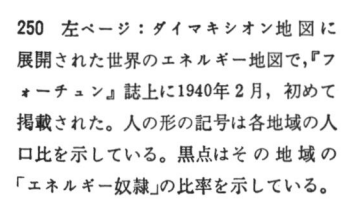

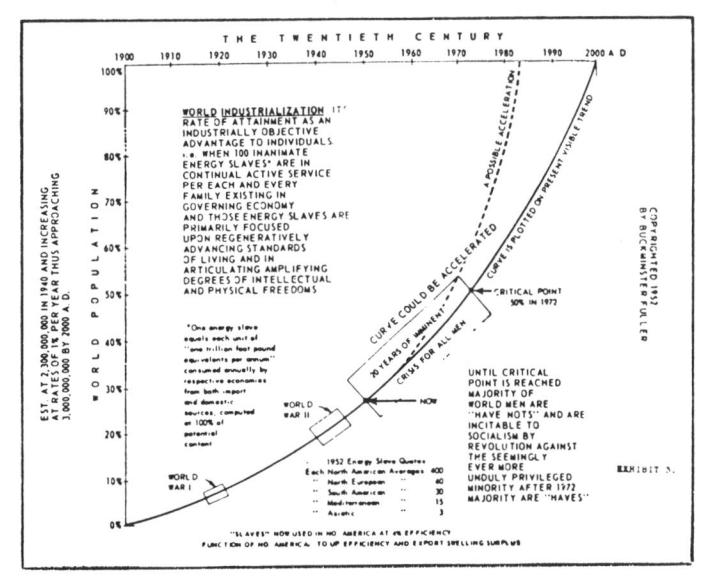

250 左ページ：ダイマキシオン地図に展開された世界のエネルギー地図で，『フォーチュン』誌上に1940年2月，初めて掲載された。人の形の記号は各地域の人口比を示している。黒点はその地域の「エネルギー奴隷」の比率を示している。

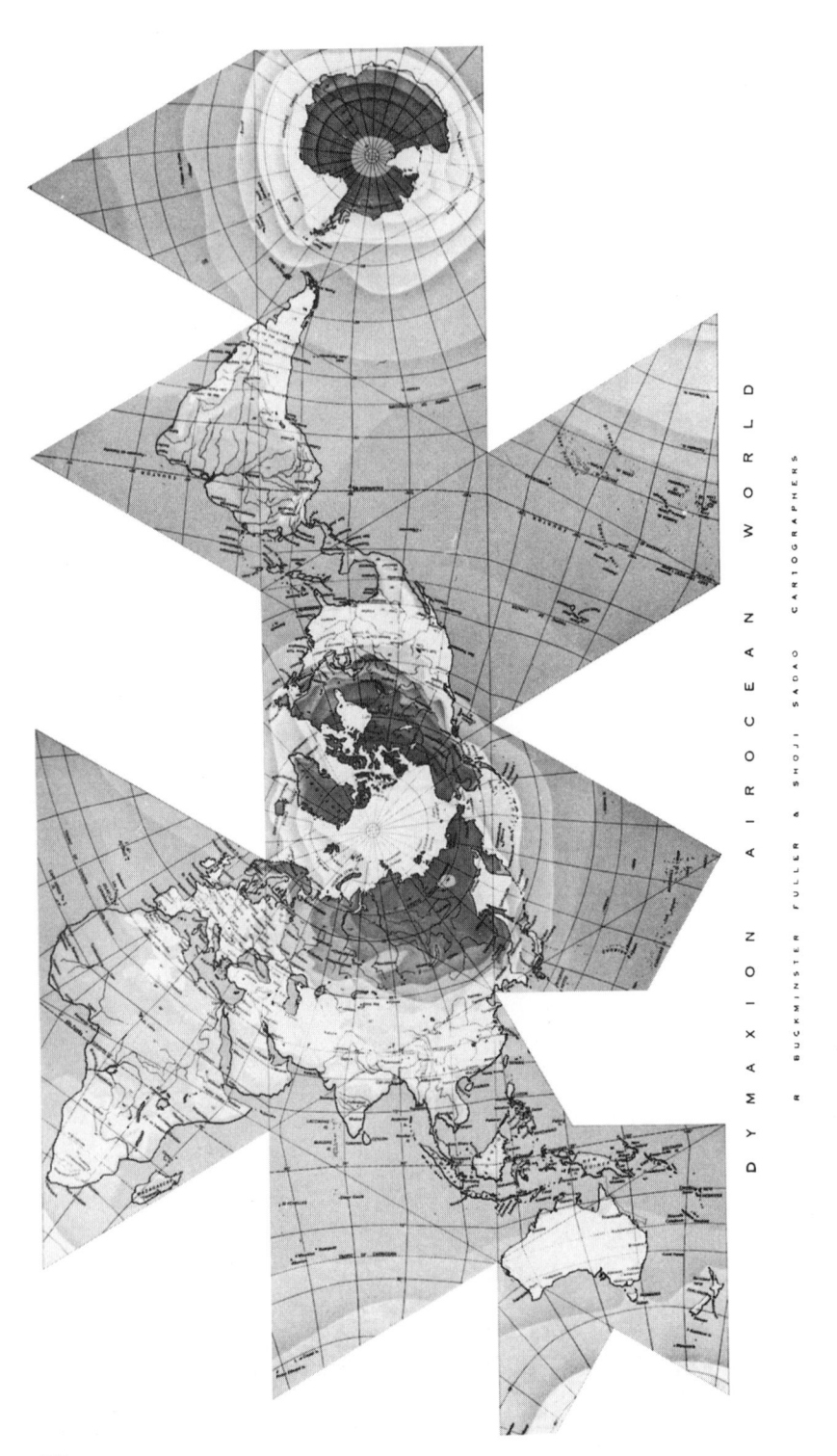

253 北極部分を除いた（1944年版にはあった）フラーの1954年版世界地図。これはベクトル平衡体のかわりに正二十面体を採用している。

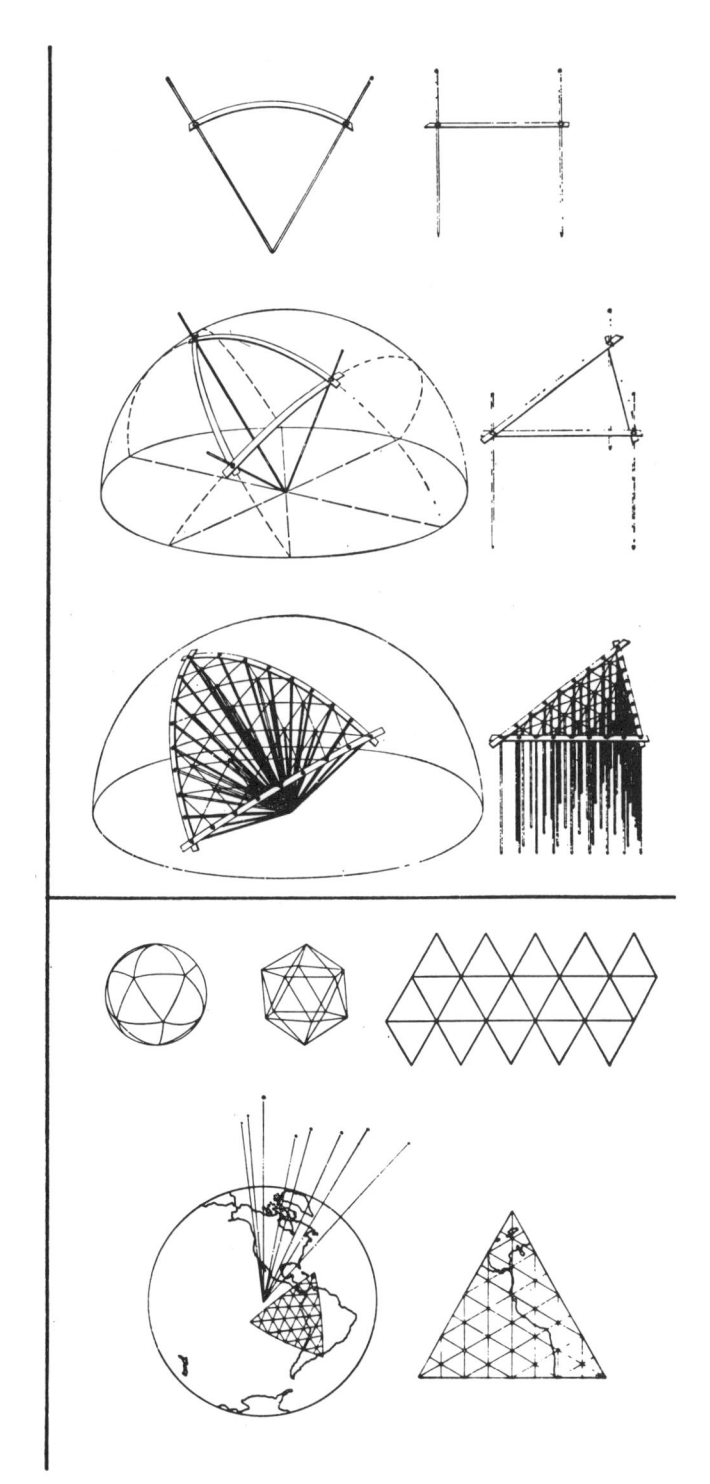

254—255 フラーの地図作成における，球体から平面へのトポロジカルな変換法を示した図。

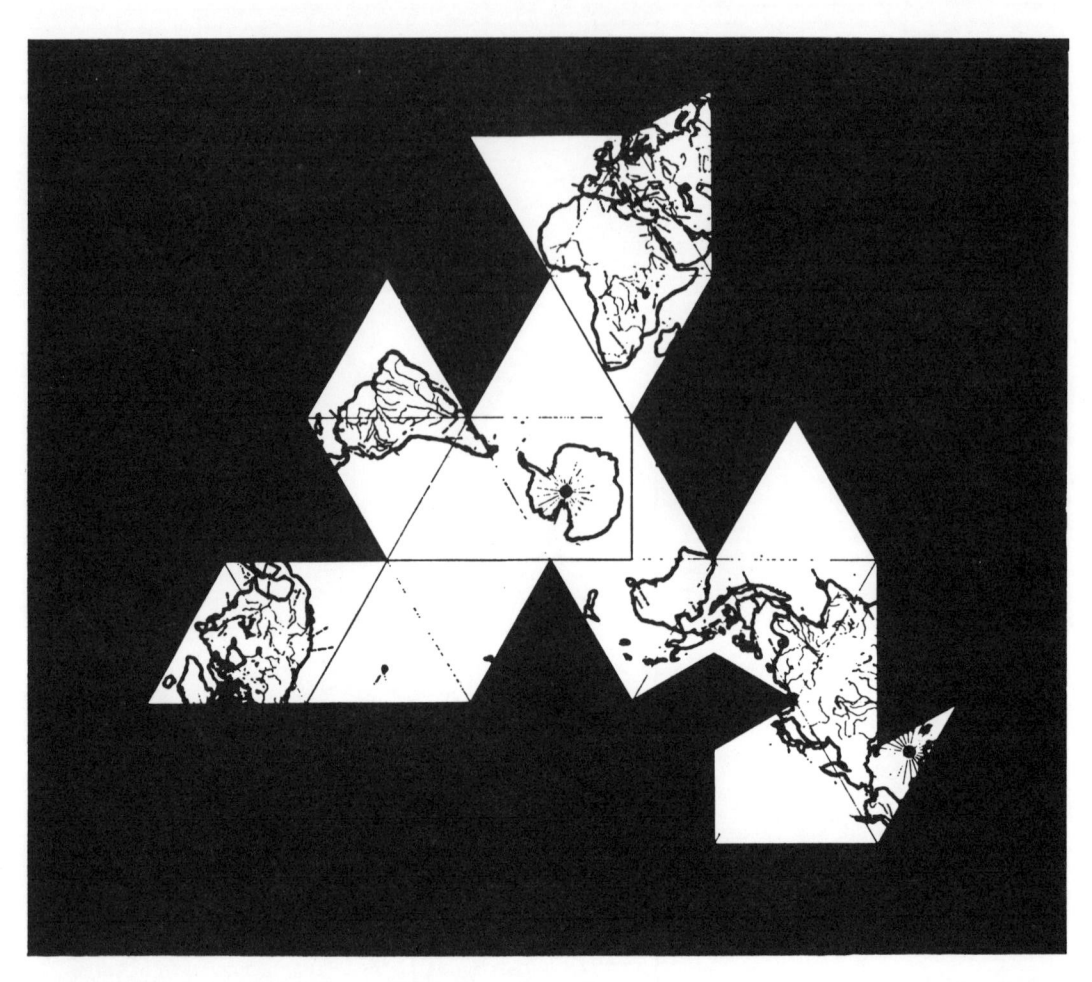

256　ダイマキシオン地図の世界配置のうち「第1世界——海洋」説明の原文は以下のようである。

「陸地、そして各々の民族のエネルギー、経済、習俗、理想、意欲は、生来このように分割されて、ここに示す基本的構造となっている。この構造が、第1次世界大戦までの歴史のすべてを支配した。海路は他の離れた陸地や民族との最短距離を示した。さらには相互交信のもっとも経済的経路でもあった。遠く離れた民族同士の交信は、書簡あるいは実際に面会することによってのみ成り立っていた。そして海路をとることが速やかな方法であった。世界中の無機、有機の資源の大量輸送は船によってのみ可能であった。象徴的取引や急がない用件のみが、平原や川の上流の山々を越えて、人や動物の行き来によって行なわれた。隔り住む民族は、それぞれに直接支配している海を大西洋、太平洋、インド洋などと、別々の海であるかのように考え、語っていた。世界中の人びとは一つの海という世界構造を理解していなかった。しかし実際は、南極大陸という島を中心にした一つの海の世界であることは、今も昔も変わりはなかった。この南極を中心に西から東へと時計のように、風も水もまわっているのである。「ほえる40度帯」(南緯40度の地点にかかる)と呼ばれるこの巨大なメリーゴーラウンドは、現在南半球のジェット気流地域として知られている。大西洋、インド洋、太平洋を出た船は、メリーゴーラウンドですばやく西へ東へ運ばれて、再び大洋へ向かうか、各地への海路を取っていった。各地の湾や港、河口、海峡、水路の入口にあたる不沈の船(島)を支配し、またメリーゴーラウンドへの出入りを制する島々や岬を支配するものは、すなわち世界を制した。何世紀も前に、英国人が不沈の島々を発見し、しかも秘密のうちに、第一次世界大戦の時代まで一つの海の世界を支配して来たことを、今になってやっと全世界の人びとが知ったのである。これら不沈母艦の背後には人の住まない南極大陸だけが残り、南アメリカ、南アフリカ、オーストラリア、アジア、すべての最南端の根拠地を強化して、本来北半球に住むべき人類の無防備な脇腹に、南からいどんで来た。陸地は地球の全表面の4分の1しかない。陸地の約85パーセントそして人類の約85パーセントが現在赤道より北に位置を占めている。全世界の都市の構造とその配置は海洋世界の商取引、交信の流れを捨てたのであった。第1世界を支配する鍵が人びとの視界や知力の範囲を遠く離れた海域にあったので、支配をめぐってこの戦いは遠く隔り、時には世界中の人に知られなかったのである。支配者は本質的に目に見えなかった。もっとも重要な技術や資源は、海洋世界の支配をめぐる目に見えない戦いのために、見えない支配者たちに奪われていた。これは単に民族対民族の争いでなく、人類対海の戦いでもあった。日常的海震やなだれは衝撃を与えた。

技術や富の栄光は海へ向けられ、そのほとんどは結局海の底へ沈んだ。戦いに熱中した人びとはそれぞれの陸地から遠く離れて、陸地にはあまり重要でない物理的問題を解決するために、さほど望まれず、劣った技術や資源のみが残された。北極を越えて人類を結び合わせようという理論は、北極の無限に近

い不可侵性の前でまったくかくされていたが，その北極の「無限」には，見たところ，ひとつの目に見えぬ大きな世界の一大攻略成功の天与の保証があり，またひそかに知られた，もっとも有望でダイナミックな経路があった。」　R・バックミンスター・フラー，1956年6月

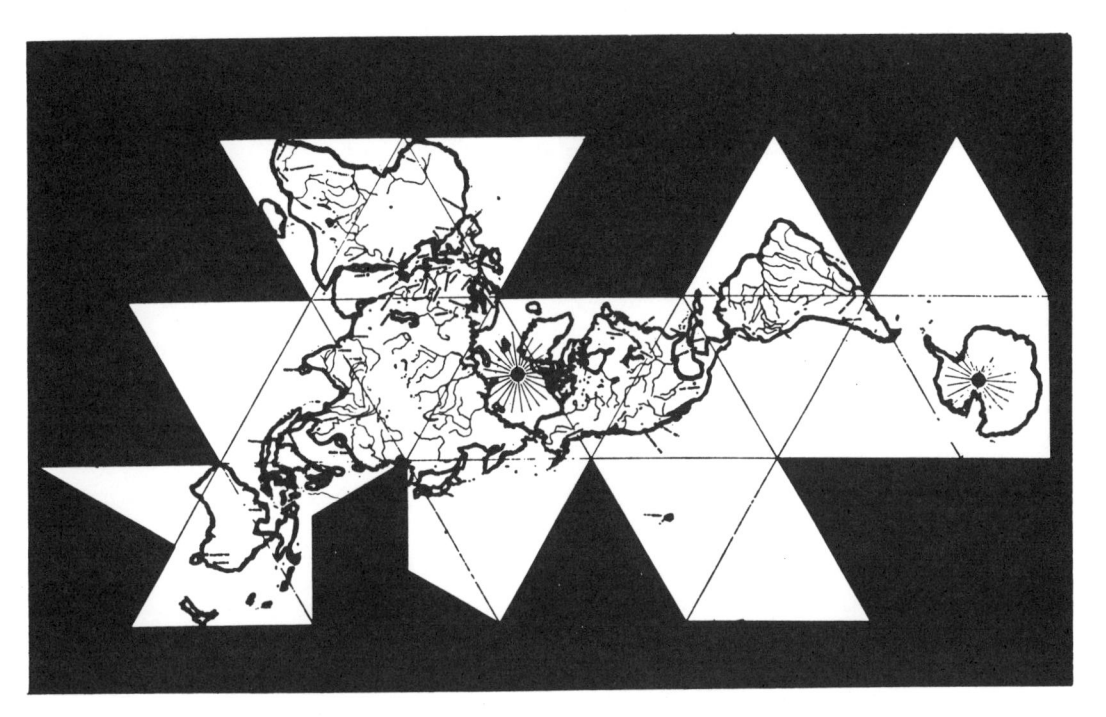

257　同じダイマキシオン地図を再編成して，「第2世界——大気」を示したもの。説明の原文は以下のようである。
「陸地，そして各々の民族のエネルギー，経済，習俗，理想，意欲は，生来このように総和され，ここに示す基本的構造となっている。この構造が第2次世界大戦後の全世界を支配している。この構造は北極のまわりに集中し，北極の周囲には北半球のジェット気流が，時速200から400マイルの速さで，西から東へ時計のようにめぐっている。世界の全人口の88パーセントが，北極の片側にあたるアジア，ヨーロッパ，アフリカの四角形の中に住んでいる。残りの12パーセントが反対側の両アメリカ大陸にいる。北アメリカの人びとから反対側の88パーセントの人びとへの最短のルートは，おそらくすべて北極を越える道であろう。北アメリカの両側にある大西洋も太平洋も，どこにも通じる道ではない。北アメリカから南アメリカへの最短距離は，中央アメリカか西インド諸島を越える道であり，大西洋や太平洋を越えるのではない。

全世界への声の交信は，どこへでも秒速約186,000マイルの速さで届く。それぞれの習俗，言語，政治の点では，いまだ何カ月，何年，何世代もの隔りがある。しかし，人類相互の理解を必要とし，切望する意味においては一つである。全世界の人びとの往来の範囲と頻度が迅速に加速されれば，生来の習俗政治，言語の障害は速やかに減少し，消滅するであろう。全世界の事物の構造が一時に全人類の眼前に出現してくるだろう。個人のあるいは少数グループの，大気世界支配を獲得しようとする志が「スポットニュース」的にではあるが，これを実現している。全人類が民主的にすべてを支配することは本来の姿であり，必然のことなのである。知力と技術の統合は与えられた役目に応じて，より高い水準で，あらゆる資源を少しでも効率よく投下し，より多くの人びとの少しでも多くの要求に奉仕する方向に間断なく加速していっている。より効率よく多くのことを行なうこの過程は，「短命化」を意味するかもしれない。短命化が進めば進むほど，どの積み荷も航空輸送がより利用し易くなる。大気世界への傾斜は，完全に空輸の技術へむかうことを意味する。都市や町は，大気の底の高速道路や空路の立体交差地点となってゆくだろう。道路や空路はひとつの世界のネットワークになってゆくだろう。海や海港都市の，貨物の流通地点としての意味合いは薄れてゆき，かわって，娯楽とか精神的意味合いでの重要性が高まってくるだろう。」

1250 A.D.	1290	1330	1370	1410	1450	1490	1530	1570	1610	1650

SAILING SHIP

EARTH ORBIT IN MAN MADE ENVIRONMENT CONTROL: PRODUCT OF SUCCESSFUL APPLICATION OF HIGH PERFORMANCE PER UNIT OF INVESTED RESOURCES

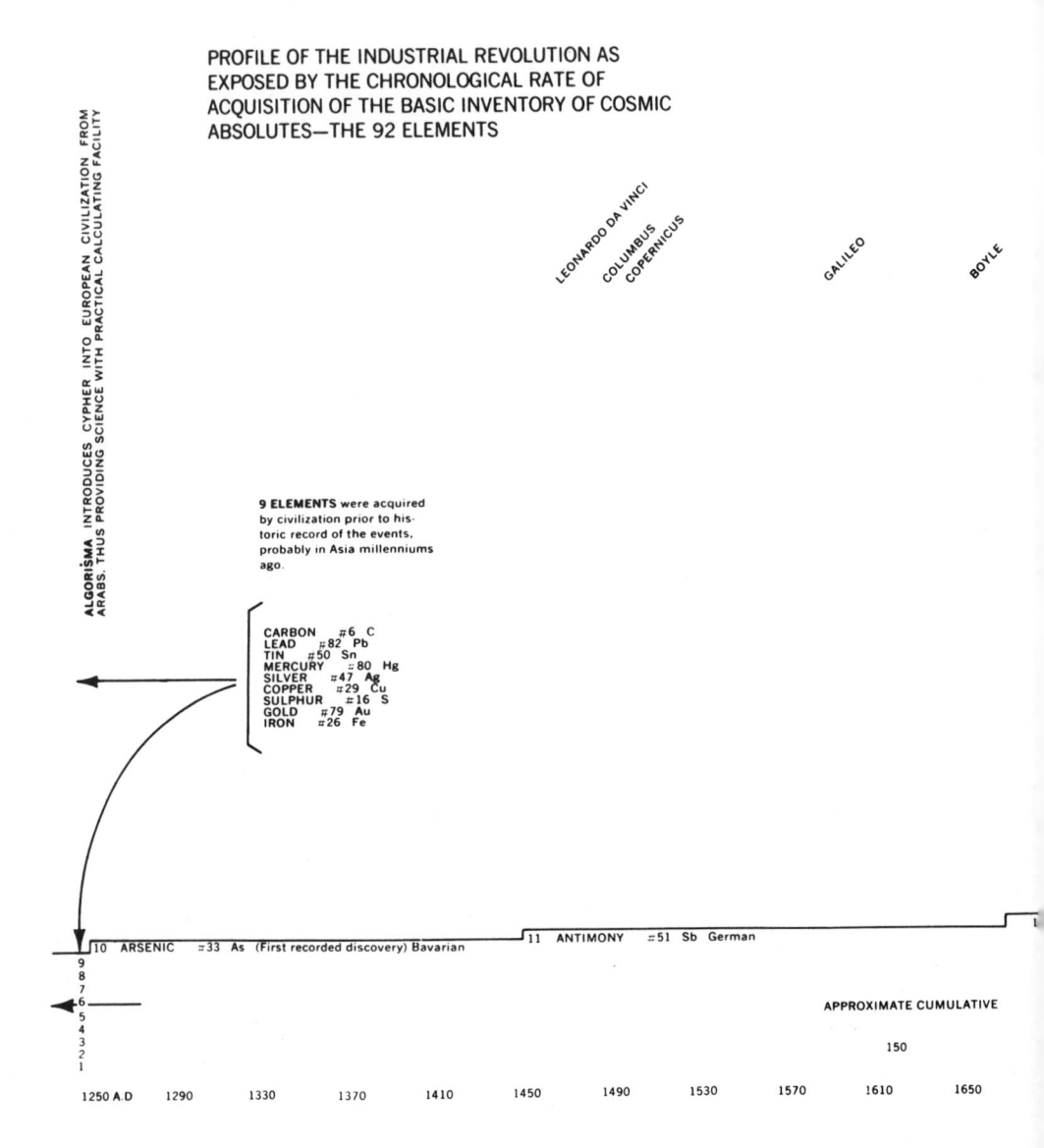

PROFILE OF THE INDUSTRIAL REVOLUTION AS EXPOSED BY THE CHRONOLOGICAL RATE OF ACQUISITION OF THE BASIC INVENTORY OF COSMIC ABSOLUTES—THE 92 ELEMENTS

LEONARDO DA VINCI
COLUMBUS
COPERNICUS
GALILEO
BOYLE

ALGORISMA INTRODUCES CYPHER INTO EUROPEAN CIVILIZATION FROM ARABS, THUS PROVIDING SCIENCE WITH PRACTICAL CALCULATING FACILITY

9 ELEMENTS were acquired by civilization prior to historic record of the events, probably in Asia millenniums ago.

```
CARBON    #6   C
LEAD      #82  Pb
TIN       #50  Sn
MERCURY   #80  Hg
SILVER    #47  Ag
COPPER    #29  Cu
SULPHUR   #16  S
GOLD      #79  Au
IRON      #26  Fe
```

10 ARSENIC #33 As (First recorded discovery) Bavarian   11 ANTIMONY #51 Sb German

APPROXIMATE CUMULATIVE

150

1250 A.D.	1290	1330	1370	1410	1450	1490	1530	1570	1610	1650

182

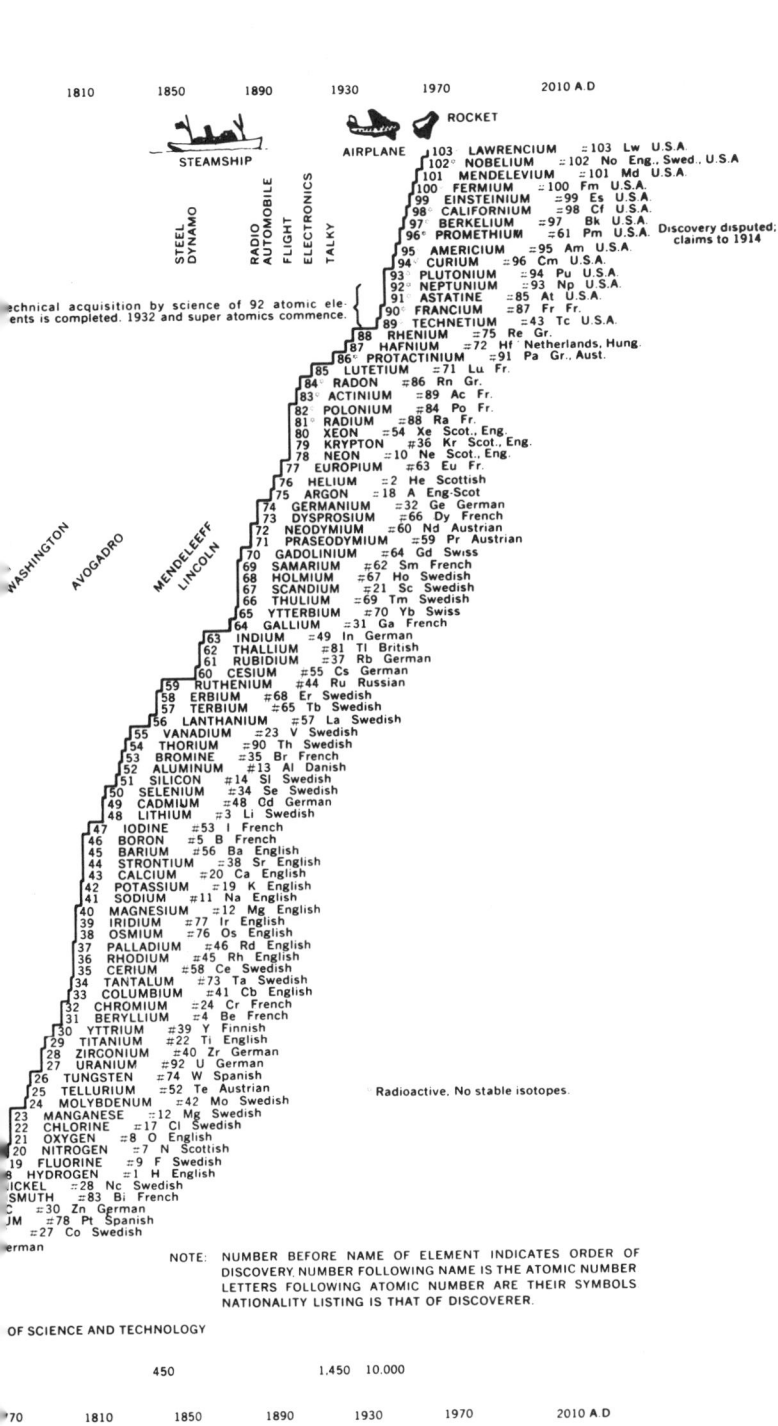

```
                1810    1850    1890    1930    1970    2010 A.D
                                              ROCKET
                                         AIRPLANE  103 LAWRENCIUM  =103 Lw  U.S.A.
                                                   102° NOBELIUM   =102 No  Eng., Swed., U.S.A
                                     STEAMSHIP     101  MENDELEVIUM =101 Md  U.S.A.
                                                   100  FERMIUM    =100 Fm  U.S.A.
                                                    99  EINSTEINIUM =99 Es  U.S.A.
                            STEEL                   98  CALIFORNIUM =98 Cf  U.S.A.
                            DYNAMO                  97  BERKELIUM   =97 Bk  U.S.A.    Discovery disputed;
                                 RADIO              96° PROMETHIUM  =61 Pm  U.S.A.    claims to 1914
                                 AUTOMOBILE         95  AMERICIUM   =95 Am  U.S.A.
                                      FLIGHT        94  CURIUM      =96 Cm  U.S.A.
                                      ELECTRONICS   93  PLUTONIUM   =94 Pu  U.S.A.
                                           TALKY    92° NEPTUNIUM   =93 Np  U.S.A.
                                                    91  ASTATINE    =85 At  U.S.A.
technical acquisition by science of 92 atomic ele-  90° FRANCIUM    =87 Fr  Fr.
ents is completed. 1932 and super atomics commence. 89  TECHNETIUM  =43 Tc  U.S.A.
                                                 88  RHENIUM        =75 Re  Gr.
                                               87  HAFNIUM          =72 Hf  Netherlands, Hung.
                                            86° PROTACTINIUM        =91 Pa  Gr., Aust.
                                           85  LUTETIUM             =71 Lu  Fr.
                                         84  RADON                  =86 Rn  Gr.
                                        83° ACTINIUM                =89 Ac  Fr.
                                       82  POLONIUM                 =84 Po  Fr.
                                      81° RADIUM                    =88 Ra  Fr.
                                     80  XEON                       =54 Xe  Scot., Eng.
                                    79  KRYPTON                     =36 Kr  Scot., Eng.
                                   78  NEON                         =10 Ne  Scot., Eng.
                                  77  EUROPIUM                      =63 Eu  Fr.
                                 76  HELIUM                         =2  He  Scottish
                                75  ARGON                           =18 A   Eng·Scot
                               74  GERMANIUM                        =32 Ge  German
                              73  DYSPROSIUM                        =66 Dy  French
                             72  NEODYMIUM                          =60 Nd  Austrian
            WASHINGTON      71  PRASEODYMIUM                        =59 Pr  Austrian
               AVOGADRO    70  GADOLINIUM                           =64 Gd  Swiss
                  MENDELEEFF 69 SAMARIUM                            =62 Sm  French
                   LINCOLN  68  HOLMIUM                             =67 Ho  Swedish
                           67  SCANDIUM                             =21 Sc  Swedish
                          66  THULIUM                               =69 Tm  Swedish
                         65  YTTERBIUM                              =70 Yb  Swiss
                        64  GALLIUM                                 =31 Ga  French
                       63  INDIUM                                   =49 In  German
                      62  THALLIUM                                  =81 Tl  British
                     61  RUBIDIUM                                   =37 Rb  German
                    60  CESIUM                                      =55 Cs  German
                   59  RUTHENIUM                                    =44 Ru  Russian
                  58  ERBIUM                                        =68 Er  Swedish
                 57  TERBIUM                                        =65 Tb  Swedish
                56  LANTHANIUM                                      =57 La  Swedish
               55  VANADIUM                                         =23 V   Swedish
              54  THORIUM                                           =90 Th  Swedish
             53  BROMINE                                            =35 Br  French
            52  ALUMINUM                                            =13 Al  Danish
           51  SILICON                                              =14 Si  Swedish
          50  SELENIUM                                              =34 Se  Swedish
         49  CADMIUM                                                =48 Cd  German
        48  LITHIUM                                                 =3  Li  Swedish
       47  IODINE                                                   =53 I   French
      46  BORON                                                     =5  B   French
     45  BARIUM                                                     =56 Ba  English
    44  STRONTIUM                                                   =38 Sr  English
   43  CALCIUM                                                      =20 Ca  English
  42  POTASSIUM                                                     =19 K   English
 41  SODIUM                                                         =11 Na  English
40  MAGNESIUM                                                       =12 Mg  English
39  IRIDIUM                                                         =77 Ir  English
38  OSMIUM                                                          =76 Os  English
37  PALLADIUM                                                       =46 Rd  English
36  RHODIUM                                                         =45 Rh  English
35  CERIUM                                                          =58 Ce  Swedish
34  TANTALUM                                                        =73 Ta  Swedish
33  COLUMBIUM                                                       =41 Cb  English
32  CHROMIUM                                                        =24 Cr  French
31  BERYLLIUM                                                       =4  Be  French
30  YTTRIUM                                                         =39 Y   Finnish
29  TITANIUM                                                        =22 Ti  English
28  ZIRCONIUM                                                       =40 Zr  German
27  URANIUM                                                         =92 U   German
26  TUNGSTEN                                                        =74 W   Spanish
25  TELLURIUM                                                       =52 Te  Austrian      Radioactive, No stable isotopes.
24  MOLYBDENUM                                                      =42 Mo  Swedish
23  MANGANESE                                                       =12 Mg  Swedish
22  CHLORINE                                                        =17 Cl  Swedish
21  OXYGEN                                                          =8  O   English
20  NITROGEN                                                        =7  N   Scottish
19  FLUORINE                                                        =9  F   Swedish
8   HYDROGEN                                                        =1  H   English
ICKEL                                                               =28 Nc  Swedish
SMUTH                                                               =83 Bi  French
   =30 Zn  German
JM =78 Pt  Spanish
   =27 Co  Swedish
erman
              NOTE: NUMBER BEFORE NAME OF ELEMENT INDICATES ORDER OF
                    DISCOVERY. NUMBER FOLLOWING NAME IS THE ATOMIC NUMBER
                    LETTERS FOLLOWING ATOMIC NUMBER ARE THEIR SYMBOLS
                    NATIONALITY LISTING IS THAT OF DISCOVERER.
OF SCIENCE AND TECHNOLOGY

                    450               1,450   10,000
 70     1810     1850     1890     1930     1970     2010 A.D
                       Copyright 1946 and 1964 by R. BUCKMINSTER FULLER
```

258　産業革命のダイマキシオン的概観。これは、第2次大戦中、ワシントンのコスモス・クラブに毎週集まっていた、米国と英国の代表的科学者たちの「チョークリィ木曜昼食会」の席上、1943年にフラーが初めて公表したものである。これは、純粋に科学上の進展を示す曲線である。純粋科学は応用科学をリードし、応用科学は技術を、技術は産業を、産業は経済を、そして経済は社会的、政治的、日常的出来事をリードすると、フラーは考えた。そしてこの曲線は、世界史の加速的発展の基本的な形を示すものとして信頼に足るものと考えた。なぜならばこの曲線は、互いに制御しあう近いもの同士か、一組の発明発見から成っているからである。それは人間によって分類された、ウラニウムまでを含む、すべての「再生産的」化学元素の有限集合体である。超ウラン元素は非再生元素である。すべての再生産的元素は、自然に自らのパターンを繰り返している。

　特に初めも終りもなければ、その順番になど何の意味もない、「個人的興味のために選ばれた無数の科学的出来事とは違って、われわれの知る限りでは永久に自然の中に存在する最初の92の再生産的化学元素の組合せと、人類が分離に成功した日付の順を追ってなされた配列は、1から92までの電子-陽子数の数学的規則性を基礎とする、真に有限で完璧な集合なのである。したがって、明らかに加速しているその発見の順序は、重要な意味を有している。この急激に加速された曲線は、いまだ発見されていない要因に起因していたのかもしれない。しかし、人間がその形に気付かずにいる時にも、曲線はそれ自体、堅実な加速性を続けてゆくのである。」

259 地球上の人類の生態学的幾何学。説明の原文は以下のようである。
「ここに示されているのは，地球上の人類の歴史を語るにもっとも顕著な図，3点である。名付けて，第1の図は『もっとも苦しかった最初の50万年間』と題することができるだろう。人は無知で孤立し，他の人間を知らず，友情，資源，相互補助の可能性などは知らずにいた。第1の図は，非常に小さい斑点，巨大な球体，数値的孤立，物理的行きづまりが表わされ，これから逃れるには，知力と道具，つまり科学に頼る他はなかった。

第2の図では，人類は輸送と交信の経路を用いて資源をつなぎ，共存を図った。厖大な富が生じた。水準は高くなった。健康と寿命に対する待望は倍増した。しかし5,000年もすると，エネルギーの流れが増加し，統合される速度が高まり，動脈は硬化し始め，爆発的圧力がかかり始めた。2次元的世界は，整然とした1次方程式であるが，満たされて，また知力に頼る他に策のない行きづまりに達した。

第3の図はこれに対する知的な回答，つまり，新しい容積を有する，無線，無軌道，全方向的なダイナミックな次元を示している。この次元は，頻度が高く，時間的に同時性を有した相互作用で成り立ち，合理的に配置した中継地点に資源を結び，物理的に分散し，再集中させ，次の機能へ何の妨げも受けずに送ってゆく。こうすることにより，動脈にかかる圧力は回避され，しかもあらゆる意味において，環境や行程のコントロールをより高い水準で継続してゆくための，人間のつながりや自由な集合，分散を促進してゆく。第3の図は動きのある世界である。このための物理的設備は，人びとがいつ，どこへ，どうやって移動したいのかを自由に選択させられる状態で，常に速度を増し，知識の同時性をもって動いている。人間は，自分に合った加速，減速を明らかにコントロールしている。「人間が生きてゆく時間」という人間固有の財産を，常により知的に再投資することにより，エネルギーや物資の低下を減らし，各機能の部品をどこまでも減らして，より多くの時代の多くの人びとのための機能をどこまでも増加させてゆく，それが第3の図の世界の科学的鍵である。

第1の図の世界は，力と戦う時代であったために，非常に長かった。第2の図の世界は変遷の時代であったために，非常に短かった。第3の図の世界は，再び非常に長いものとなるだろう。なぜならばこの時代こそ真に「自然」だからである。この世界は巨大な宇宙と同時に進行する。輸送という「種」の進化は増殖的である。

さあ，行きましょう。あ，帽子をおさえることはありませんよ。飛んだりしませんから。」バックミンスター・フラー，1950年。

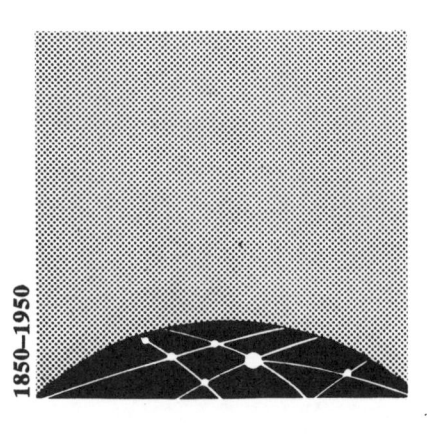

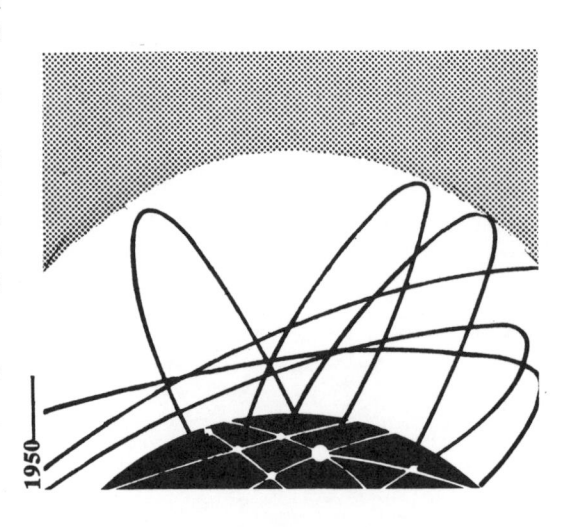

260 直径20フィートの地球の模型。これは1952年5月，ニューヨーク，イサカにあるコーネル大学の屋根の上に，フラーと学生の手で作られた。大陸の配置は，青銅の綱を上に重ねて作られた。設置された時は，南極と北極を結ぶ軸は，地軸と平行であった。南極の位置から上を見あげると，北極はちょうど北極星（実際の天空における）の位置にあった。イサカは頂点にあった。この模型の中心は，実物の地球の中心から4,000マイルしか離れていなかった。地球にもっとも近い星（太陽）とは約92,000,000マイルの距離がある。模型と実際の地球の中心の位置転換は，実測上無視できる数値だった。模型の中心から，おぼろげな大陸の形を透かして見学者の目に入る世界は，実際の地球の中心から透明な地殻を通して見える世界とほとんど違わなかった。コーネルの模型の中心から見上げて，その位置の頂点に出現する実際の空の星のすべては，実際の地球の頂点に出現するのと，正確に同位置であった。模型地球の英国，ロンドンの上空に見える星は，実際ブリテンの島から見える星であった。コーネルの模型地球は心理的に効果のあるプラネタリウムであった。フラーは語った。「たくさんの星々の前を地球が回ってゆくのを，いつもは見過ごしてしまっているが，ここから見上げるとそれが感じとれるようになるのです。」

1955年にフラーはミネソタ大学の学生とともに，直径400フィートの模型地球の数字的計算を進め，ニューヨーク，イースト州のブラックウェル岩棚に設置しようとした。もしこの計画が完了されたならば，縮尺通りの建物が肉眼で見えるような大きな模型となって，国連ビルと向かい合うはずであった。

産業革命による鉄道や貨物自動車の出現によって，長い間支配して来た海上輸送は姿を消し始めた。鉄道やトラックは，船の積荷を積みかえて，陸の大洋を「航海」した。20世紀初頭における人類の北極完航，無線交信の発見，軌道を必要とせず，どの方向へも行ける，大気より重い物体による航空輸送の発明によって，第1世界であった「海洋」の衰退は明白なものとなった。第1次世界大戦と第2次大戦の合い間の22年間が，それまで優勢を誇った海洋世界から大気世界への橋渡しの過渡期となった。この歴史的方向転換に伴ったあらゆる苦痛の原因は，自分達のこれまでの生活方針を基本的に変換してゆくことを拒もうとする，人間全般に通じる「無知」の状態に本来根ざしている。しかし物理世界の作動原理は，その移り変わりを人間が気付かずに耐えている間も，常に持続している。人間が大宇宙の真実や完全さを知るにつれて，この真理に関する自分達の知識の方向を転換する根本的必要性を発見してゆく。

20世紀の開幕とともに生まれた，アインシュタインの相対性理論と，動的平衡状態における理論的保証が，もはや筋道の通らない「静止」や「死」といった静的規範，および，もはや無効となった質量と慣性による理論にとって代わり，大気世界の新しく知られた規範となる。

人類が無知によって，過渡期の混沌の中を長い間回り道して来た末にではあるが，リンカーンが産業に触れて「正義」が「力」にまさったことを知ったのは，まさにその神髄であった。第2世界には目に見えない支配者はいない。第2世界において，目に見える支配者は呪われるものである。民主社会の個々人の主導により，互いに補足し合う完全性によってのみ，第2世界は本来支配されるものである。　R・バックミンスター・フラーによる。1956年6月。

テンセグリティ

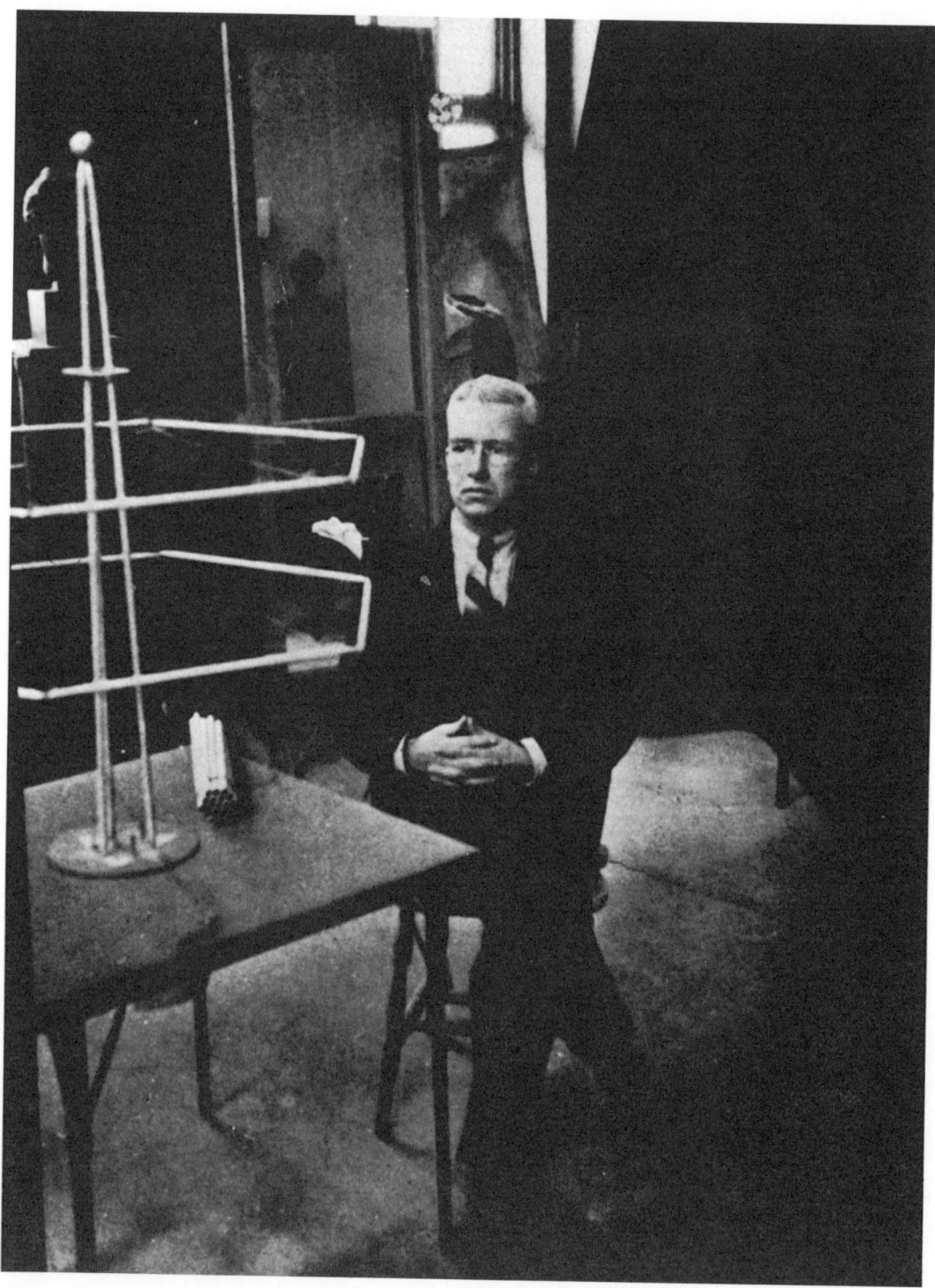

262—263 フラーと試験的張力構造，カンザス州ウィチタにて。

264 フラーの最初の張力支柱，1949年，ノース・カロライナ州ブラック・マウンテンにて。

265 フラーと，ケネス・スネルソンにより作られた張力支柱，1949年。

266 張力支柱，1950年，ノース・カロライナ州立大学にて。

261 左ページ：フラー自身と，彼が1927年に初めて作った1本の支柱と二つの車輪構造から成る張力構造が，グリニッジ・ヴィレッジ研究所の鍵穴から見える，1929年。

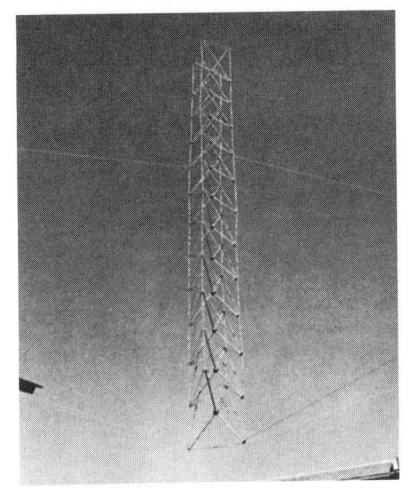

267 オレゴン大学での張力支柱，1953年。

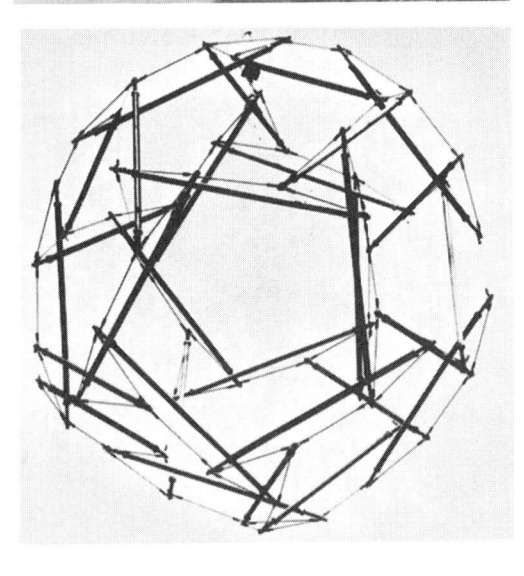

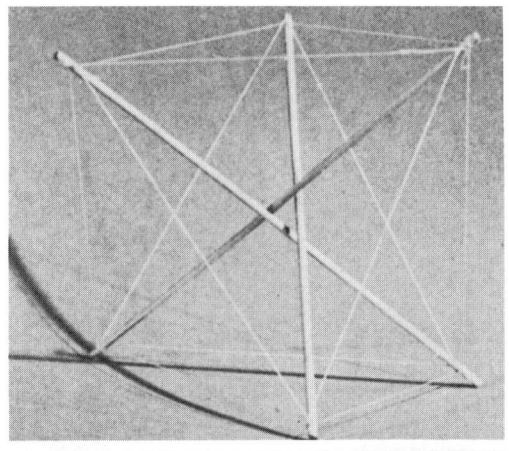

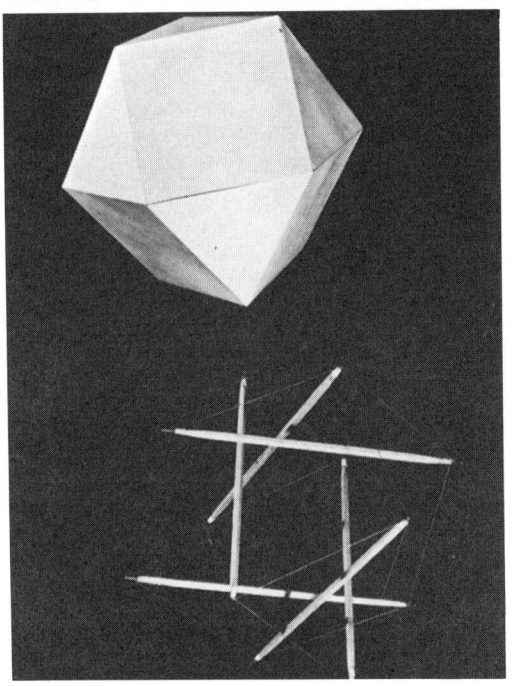

268 フラーの協力者，フランチェスコ・デラサーラにより開発された張力四面体，1952年，ミシガン大学にて。

269 フラーの協力者，テッド・ポープにより開発された張力八面体，1957年，トロントにて。

270 フラーにより開発された張力二十面体，1949年，ブラック・マウンテン大学にて。

271 ジョン・モールマンにより開発された張力ベクトル平衡体，1951年，ノース・カロライナ州立大学にて。

272 リー・ホグデンにより開発された張力三十面体，1953年，ノース・カロライナ州立大学にて。

273 90本の支柱による張力九十面体，1953 年，プリンストン大学にて。

274 直径40フィートの90本支柱の張力構造体，1953 年，プリンストン大学にて。

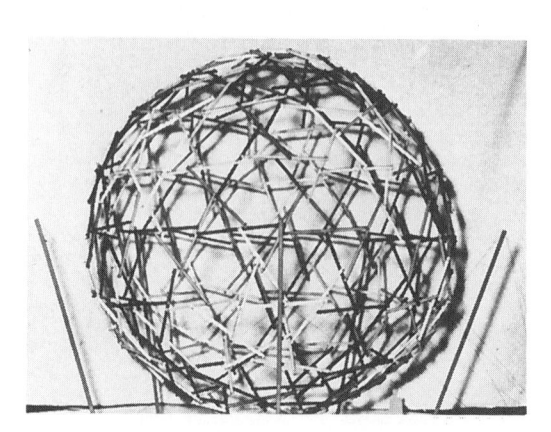

275 張力二百七十面体，1953年，ミネソタ大学にて。

276 直径40フィートの張力二百七十面体の半球。1953年，ミネソタ大学にて。

277 ミネソタ大学の直径40フィートの張力構造体の拡大写真。組立てが行なわれているところで，非連続的な圧縮部と連続した張力部から成っている。各部材は，長さ9フィート，直径6インチ，重さ6ポンドで，ポリエステル・ファイバーグラスでできている。この部材は，柱として使用すると，1本で1トンの荷重を支えることができる。この40フィートの張力構造体は完成時の重量が非常に小さく，中空構造による浮力は，構造体を宙に浮かすに充分だった。この球体自体が「穴だらけ」であるにもかかわらず，風船のように浮きあがるのである。

278 1958年，イリノイ大学にて，張力複合体を手にしたフラー。右手に持っているのは，張力四面体で，この内部には張力八面体が含まれ，その部材がしっかりした結構となって，内部と外部を連絡している。

279 1959年，オレゴン大学にて学生と，270の支柱による張力構造体。すべて，同じ部材でできている。このシステムで，フラーは，単一の部材を無限につなげて，楕円体を開発した。（初期の張力構造体は，何種類かの寸法の部材を必要とした。）

280 1959年，ニューヨークのメトロポリタン美術館にある，75S.T.アルミニウム合金支柱とモネル線でできた，単一部材張力構造体の球。フラーは，直径2マイルまでの張力構造体にかかる荷重を計算し，このような構造が，現在の航空機産業にとって，実用に耐えることを知った。この球は，大きな部分まで地上で組み立てることができ，後にヘリコプターで定位置へ運ぶ。16機の大きなシコルスキー・ヘリコプターから成る一隊は，3カ月で，高さ1マイル，幅2マイルのドームに組み込まれた全ての部材を，定位置に運ぶことができる。この大きさのドームはニューヨーク市の，東西方向では42番街のイースト川からハドソン川に至るまで，南北方向では62番街から22番街まで，1959年当時のマンハッタン地区摩天楼もすべて含んで全市を覆うことができる。この種ドームにより，これをかけた地域では雨も雪も避けることができるだろう。この地域の供給に当たっているニューヨーク・スチーム社やエジソン社の全工場がこの円の外側に位置しているので，このドームをかければ，現在の大気汚染の原因である主要な発煙を閉め出すことが可能である。電動式自動車のみをこのドーム内で許可するとすれば，現在ガソリンやディーゼルによる乗用車，トラック，バスから排出される汚染ガスも排除されることになるであろう。

オクテット・トラス

281 フォード・ロトンダ・ビルを覆うアルミニウム製ドームの一部分。三角格子のオクテット・トラス構造を示している。(1953年)

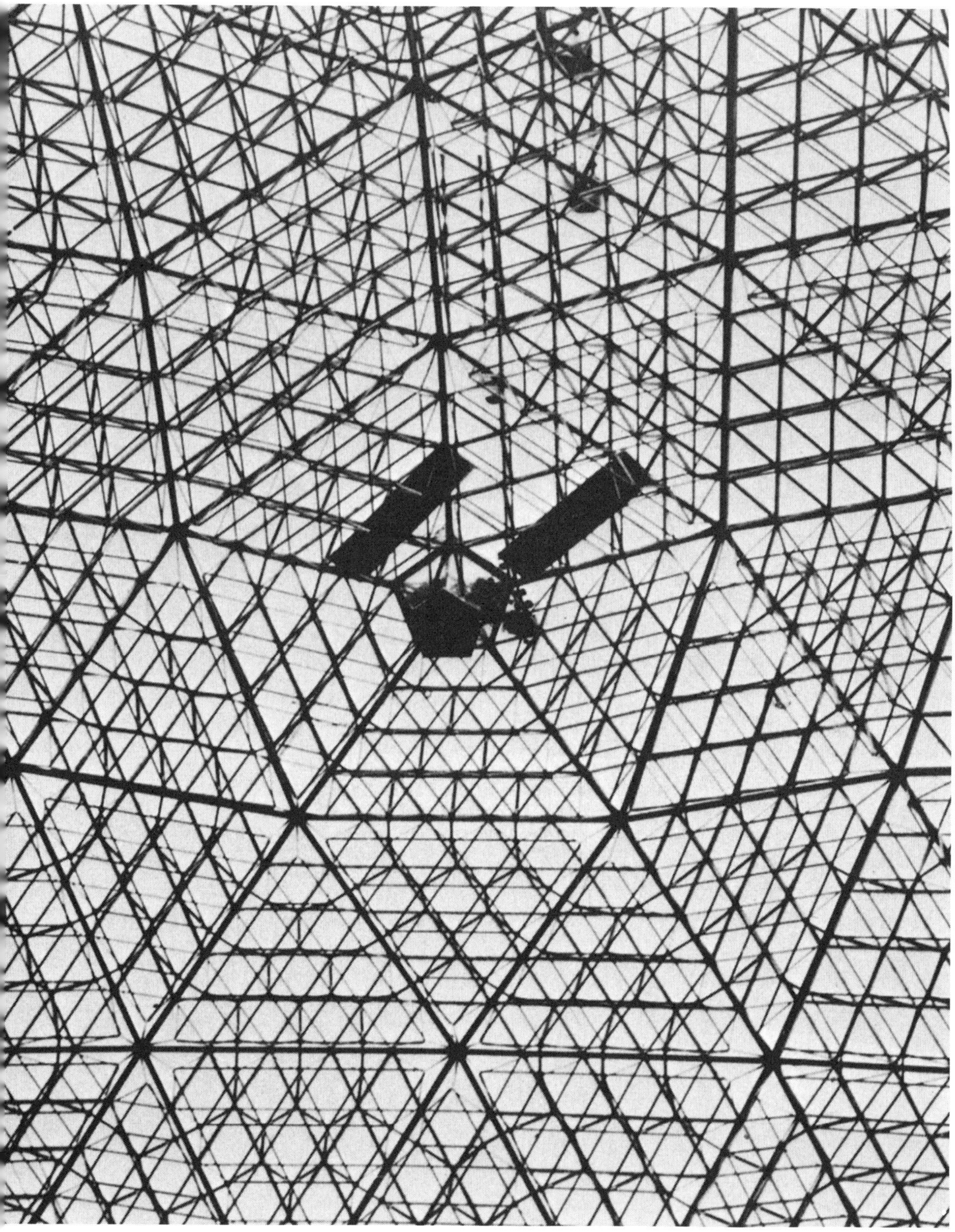

282 支柱のみで構成された八面・四面体（オクテット）トラス。軸受は必要とされていない。X型にあわされた支柱の末端が中核部へ集まって連結し、ベクトル平衡体の4面を構成する。このトラスは、外観上、3方向に対して「有限」な強度を有している。一方、従来の梁構造では支持部は互いに平行になって、支持材の末端は無限にのびている。（つまり、末端が構造体に戻ってくることがない。）したがって、互いに補強することもない。フラーの3方向グリッド、オクテット・トラス構造では、各ポイントにかかった荷重は、放射状に6方向へ配分され、これをすべて受け止めた6辺の環で即座に吸収される。各々の環は、荷重を隣接した環の18方向へ配分し、放射配分された荷重をそこで吸収してしまう。こうしてこの構造は、荷重を配分し、吸収して、「共エネルギー」的に作用し合っている。総荷重は、最終的には三つの支持点へ向かって3方向へ配分されることになる。フラーによる、長さ100フィート、幅35フィート、高さ4フィートのオクテット・トラスは、彼のジオデシック・レーダーム、張力支柱とともに、1959年9月、近代美術館に展示された。

283―285　オクテット・トラスは，局部溶接やその他の高速接合法で，平らな帯板からも作られる。

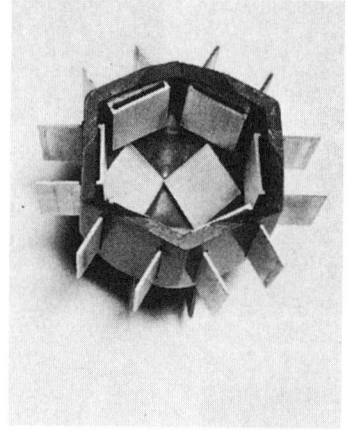

286―287　オクテット・トラスは，菱形十二面体の12の面を利用した車輪の軸受けから作ることができる。この2枚の写真は，支柱の端部を支える12方向のU字形受金物の内側と外側を示している。

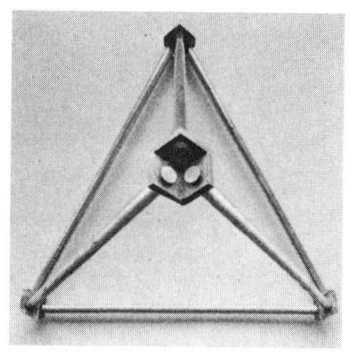

288　オクテット・トラスは，管状の部材と菱形12面体の核を組み立てて作ることができる。この場合，頭付きびょうをチューブにはめて固定する。

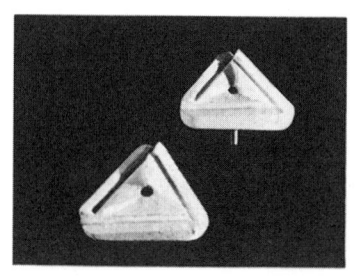

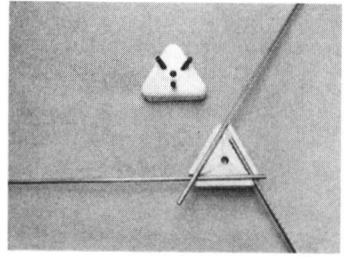

289―290　オクテット・トラスは，細長い棒と針金で編みあげることもでき，この場合雄雌の軸受けによって固定する。

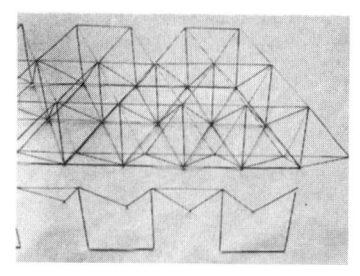

291　オクテット・トラスは，針金状の柵構造から連続して編みあげることもできる。

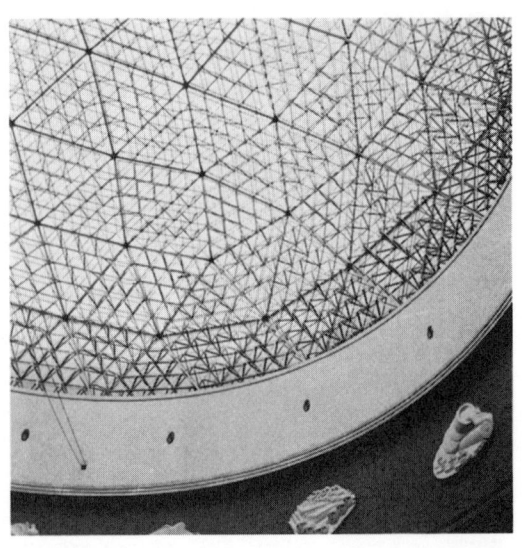

292―297 オクテット・トラス複合体となる4ポンドの八面体がすべて接合されて、直径93フィート、総重量8.5トンの、フォード・モーター社ロトンダ・ドームとなった。

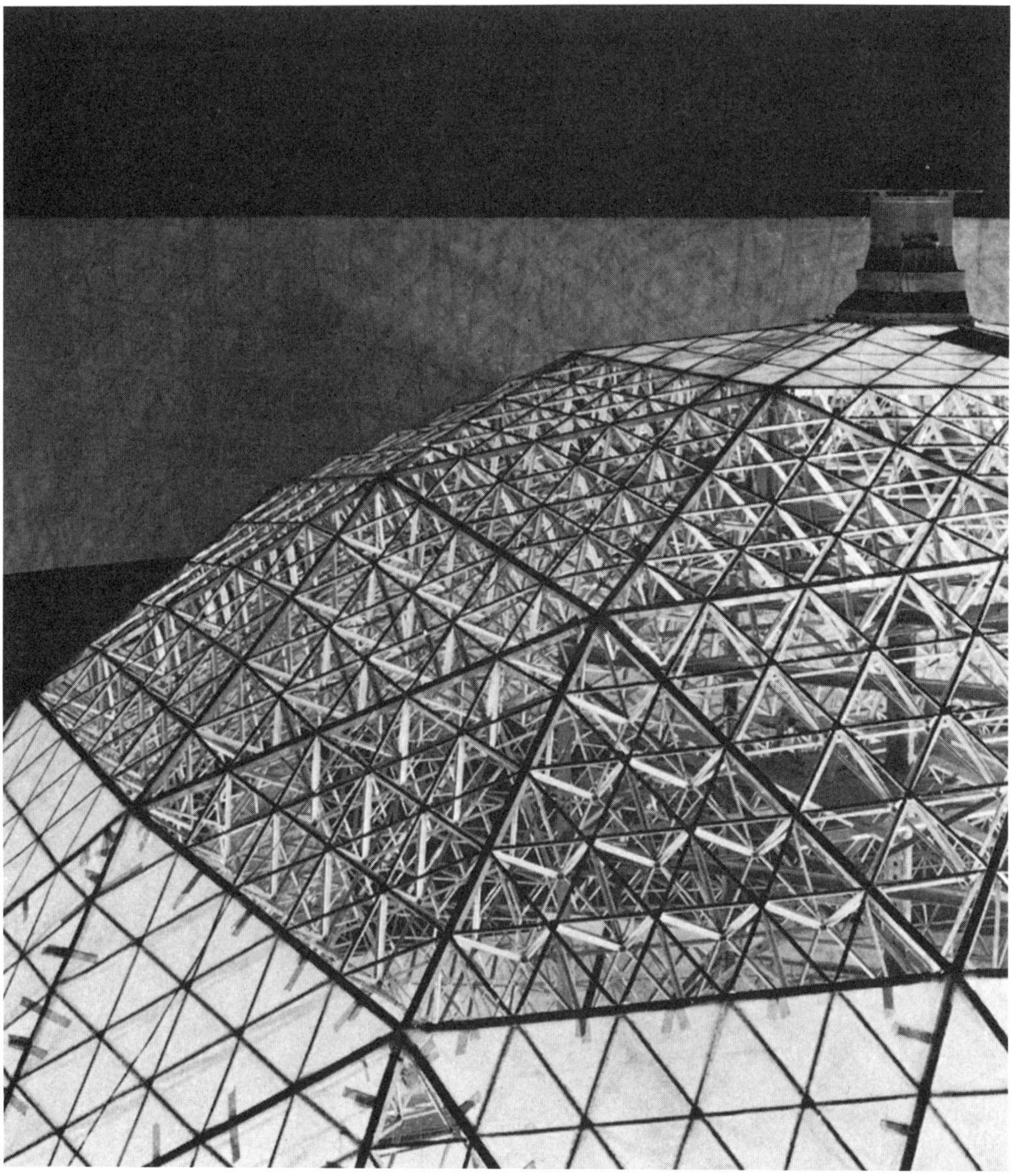

気のきいた発明品

298 フラーが1947年に開発した，チューブでできた双胴船(カタマラン)。この船の船首と船尾のチューブは，古い型のさし込み式の釣竿のように取りはずすことができた。船体の全体の長さは22フィートあったが，三つに分けることができて，乗用車の上のスキーラックに簡単にのせることができた。幅はスピードに応じて調節できた。人が乗る部分は軽いプラスチック製で，前後に移動する座席と足台が付いていた。従来の単純な型の船体では，ひっくりかえって漕ぎ手が放り出されると，再び船に戻って水を汲み出すことはできない。これに対して，カタマラン船には，安定のために平行なバーが備えられている。漕ぎ手はバーの間から簡単に船に戻ることができる。

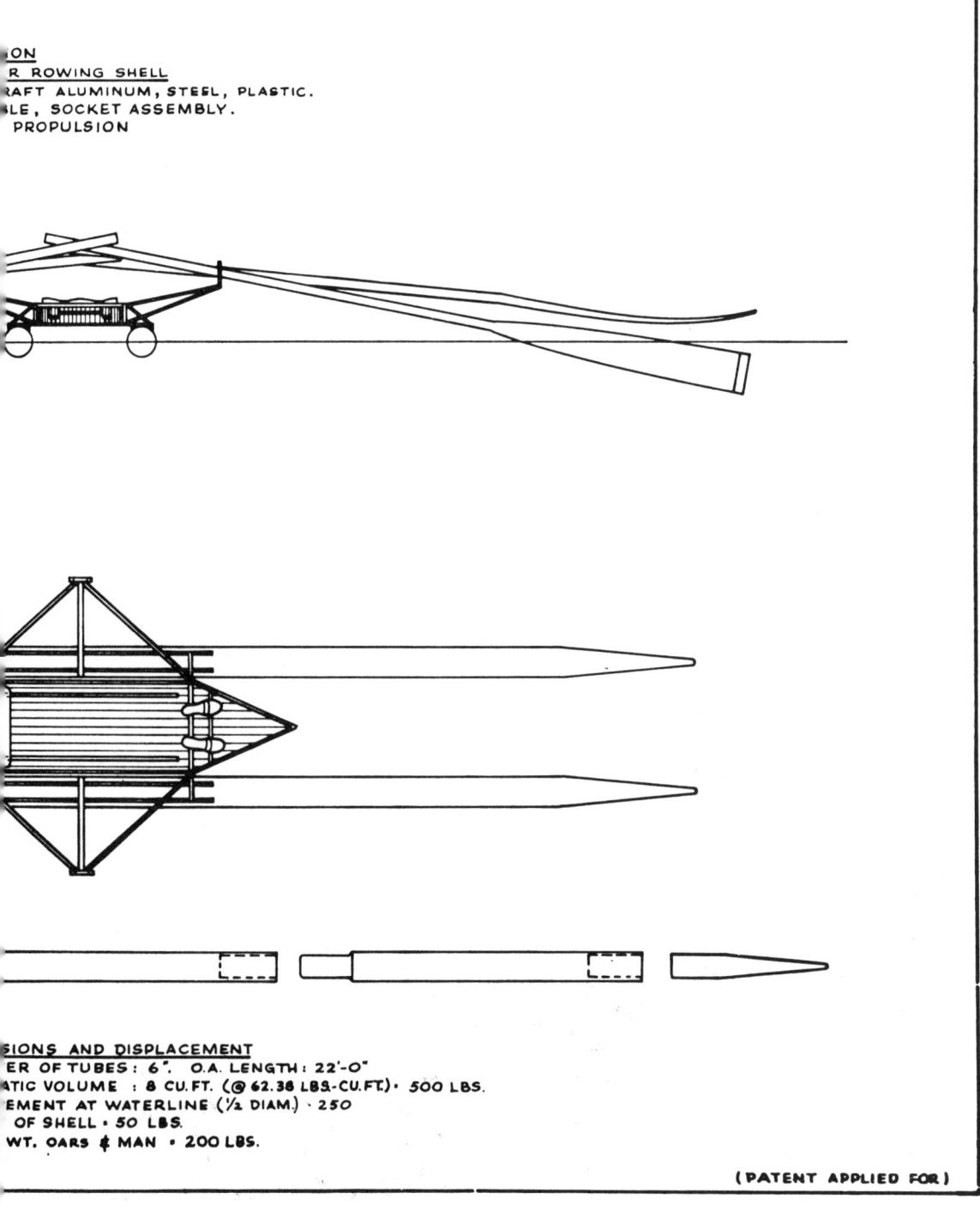

:ON
R ROWING SHELL
RAFT ALUMINUM, STEEL, PLASTIC.
LE, SOCKET ASSEMBLY.
PROPULSION

SIONS AND DISPLACEMENT
ER OF TUBES : 6". O.A. LENGTH: 22'-0"
ATIC VOLUME : 8 CU. FT. (@ 62.38 LBS-CU.FT.) · 500 LBS.
EMENT AT WATERLINE (½ DIAM.) · 250
OF SHELL · 50 LBS.
WT. OARS & MAN · 200 LBS.

(PATENT APPLIED FOR)

199

299 戦時制限により，1企業に1本しか電話が許可されていなかった時に，フラーは，ウィチタで，頭上のトロリーから吊り下げた電話を取り付けた。フラーの同僚であったハーマン・ウルフとシンシア・レイシーが電話を受け渡ししている。

300 1944—5年，カンザス州ウィチタのビーチ航空機社ダイマキシオン居住装置計画で，フラーが採用した，X型に吊り下げられたテーブル。このテーブルは，1928年，4Dハウスにおいて初めてフラーにより紹介された。

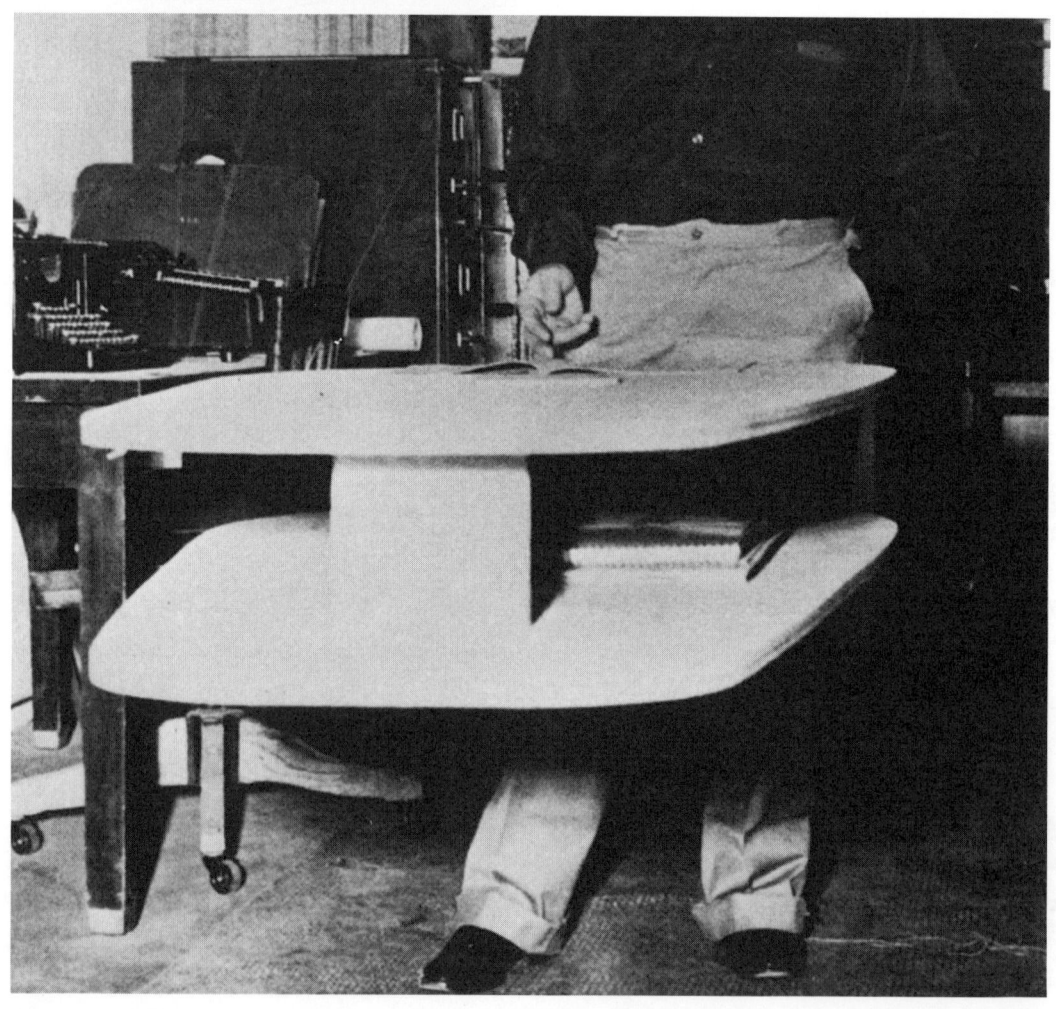

SIDE　　　　　　　　　FRONT

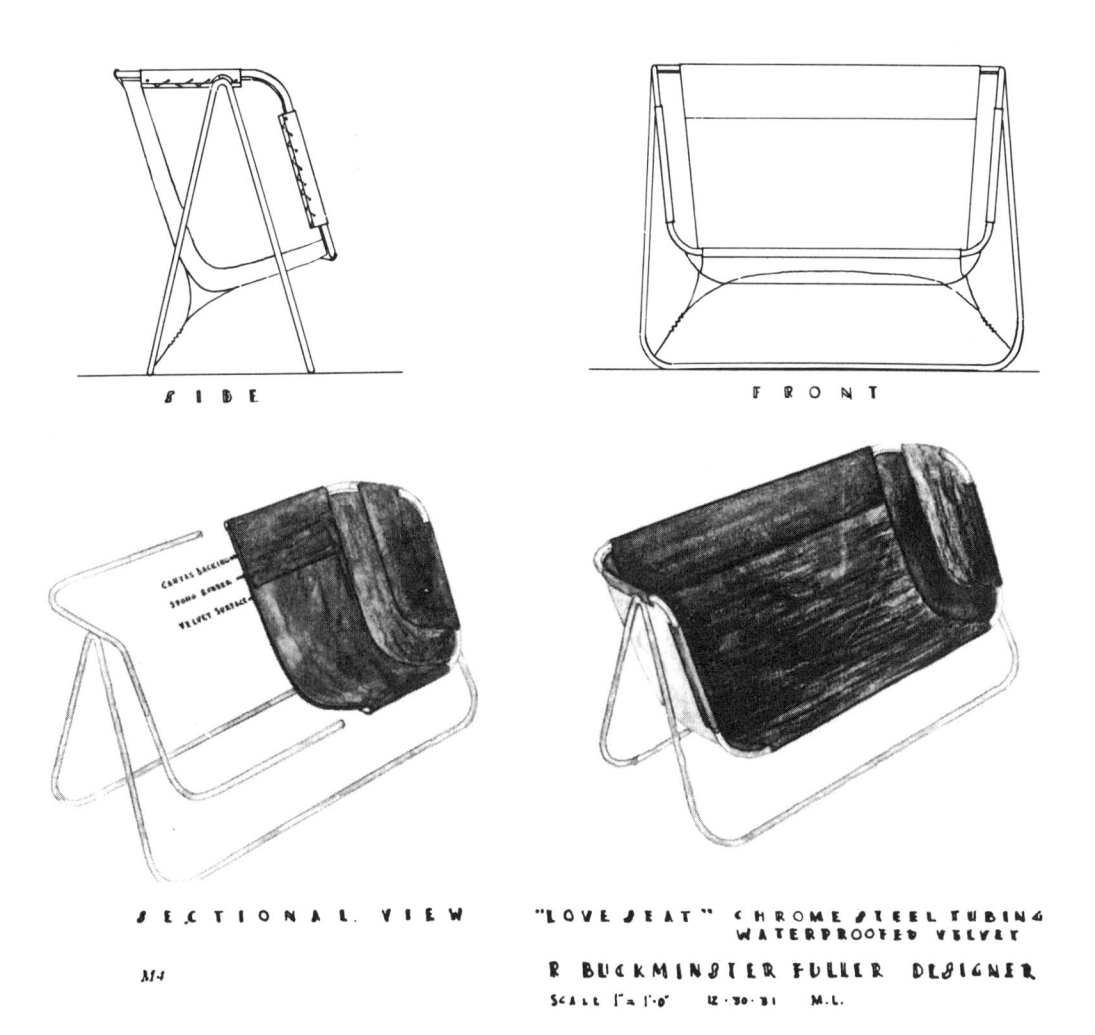

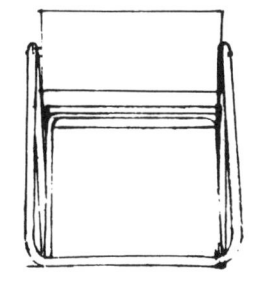

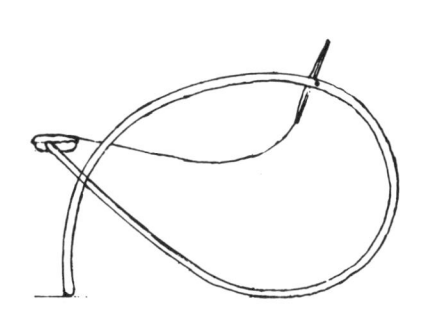

SECTIONAL VIEW　　　"LOVE SEAT" CHROME STEEL TUBING
　　　　　　　　　　　WATERPROOFED VELVET
M-1　　　　　　　　　R BUCKMINSTER FULLER DESIGNER
　　　　　　　　　　SCALE 1"=1'-0"　12-30-31　M.L.

301—302　1931年フラーがデザインしたラブシートとスプリングシート。両方とも座席が張力で支えられている。

自律的な箱

303—307　1948年，シカゴに古くからあるディアボーン・ストリート・デザイン学校でフラーの学生達が開発した，長さ25フィート，高さ8フィート，幅8フィートの法的に許可されている自動車用トレーラー・パッケージの模型。これは，蝶つがいでとめられた6枚のパネルから成っている。8×25フィートのパネル4枚と，8×8フィートのパネル2枚が家具や諸設備のためのシャーシを構成していた。さまざまな設備が作業の進行に従って取り付けられた。6人家族用の家具およびその他の所帯道具一式が，ぜいたく品も含めて，6枚のパネルに都合よく組み合わせられて取り付けられていたので，このパネルがT字型に開かれると，寝室1室，居間，台所，浴室二つすべてに配管，配線されていて，いつでも使える状態になっていた。住空間，作業空間は床面積にして 928 平方フィートあった。合衆国は，1級の5室の住宅に対して，1戸あたり 1,000 平方フィートまでを抵当基準と認めていた。学生達は，蝶つがいで止めるとトレーラー梱包形になるように，家具その他をパネルに一時的に

すえ付ける，うまい配置を見出した。パネルにとめられて突き出る物は，うまく他のパネルの空いた部分におさまるように配置された。輸送される設備の精密な配置は，「ジグ輸送」と呼ばれ，第2次世界大戦中に，微妙な航空機部品の自動車輸送のために開発された。この「自律的」詰め合わせの実験は，表面的結果に意味があったのではなく，高水準の生活用具一式の大量輸送が可能であり，経済的にも引き合うことが証明されたのである。このような大量の生産，購入，組立て，輸送を一括して行なうことによって，個々に輸送するよりも，全体のコストや重量をずっと減らすことができた。こうすることによって6人家族へ衛生，生活，趣味，自己開発のための，動産抵当の対象になる諸設備を1,500ドルでまかなえる。しかし，同じものを別々にそろえると18,000ドルを要するであろう。

ジオデシック 発明と改善

308 左に見られるワイヤーのユニットと同様のものをつなぎ合わせると、三角形から成る有限の凸面体ができる。

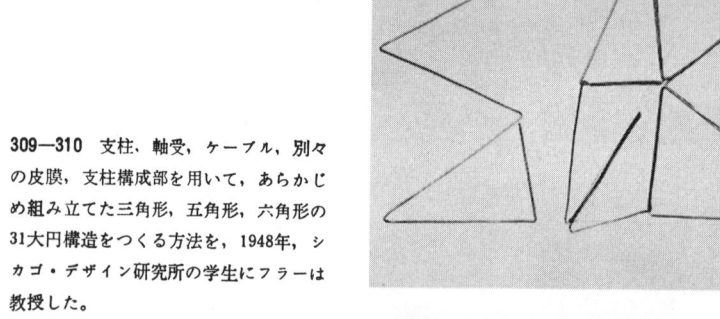

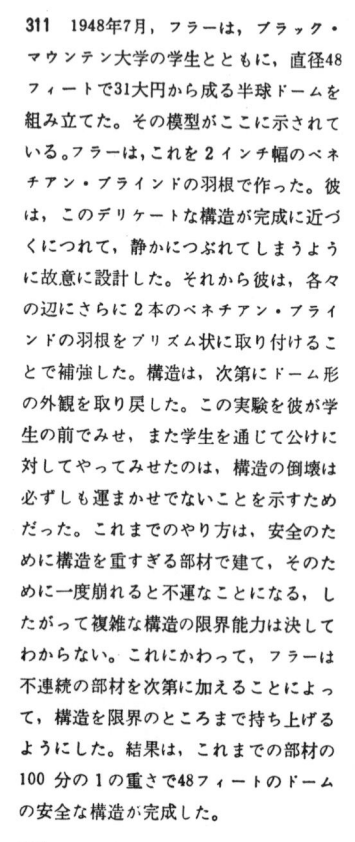

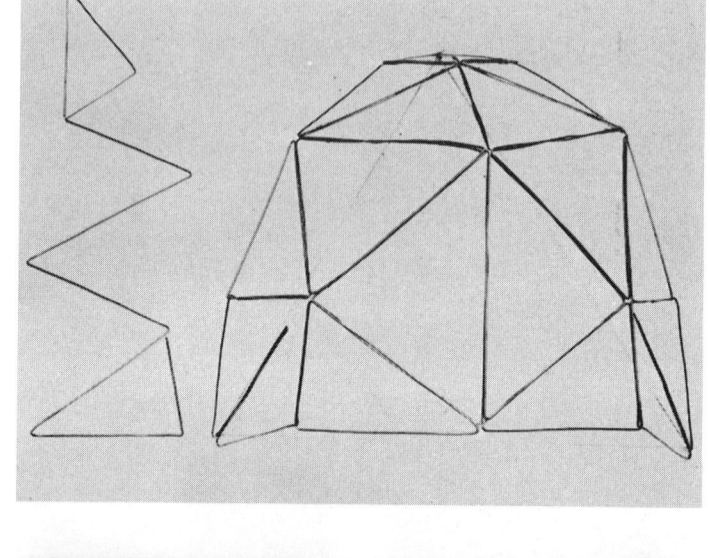

309—310 支柱、軸受、ケーブル、別々の皮膜、支柱構成部を用いて、あらかじめ組み立てた三角形、五角形、六角形の31大円構造をつくる方法を、1948年、シカゴ・デザイン研究所の学生にフラーは教授した。

311 1948年7月、フラーは、ブラック・マウンテン大学の学生とともに、直径48フィートで31大円から成る半球ドームを組み立てた。その模型がここに示されている。フラーは、これを2インチ幅のベネチアン・ブラインドの羽根で作った。彼は、このデリケートな構造が完成に近づくにつれて、静かにつぶれてしまうように故意に設計した。それから彼は、各々の辺にさらに2本のベネチアン・ブラインドの羽根をプリズム状に取り付けることで補強した。構造は、次第にドーム形の外観を取り戻した。この実験を彼が学生の前でみせ、また学生を通じて公けに対してやってみせたのは、構造の倒壊は必ずしも運まかせでないことを示すためだった。これまでのやり方は、安全のために構造を重すぎる部材で建て、そのために一度崩れると不運なことになる、したがって複雑な構造の限界能力は決してわからない。これにかわって、フラーは不連続の部材を次第に加えることによって、構造を限界のところまで持ち上げるようにした。結果は、これまでの部材の100分の1の重さで48フィートのドームの安全な構造が完成した。

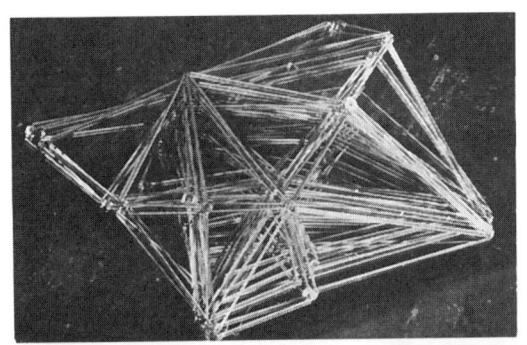

312—316 穴のあいた玉と、これを結ぶケーブルネットでできた31大円のネックレス構造。小さくパッケージ用に折りたたまれるが、広げるとこの球の赤道線上に、半球がしっかり出来上がる。これは、1949年2月、ワシントンのペンタゴン・ガーデンに置かれたもの。

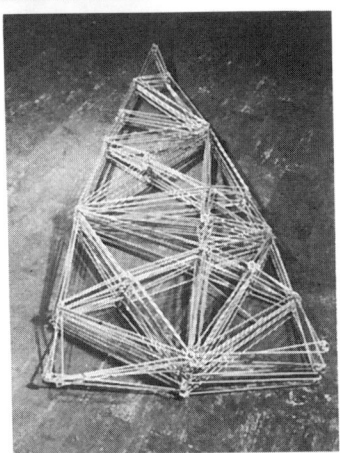

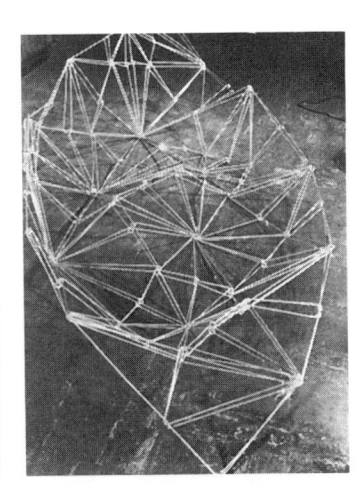

205

317—318 1949年，ノース・カロライナ州ブラック・マウンテン大学に建てられた同様のネックレス構造で，すばらしい強度が示されている。間に空気の入った二重の透明な皮膜で断熱効果がある部材で覆うと，太陽に照らされても，内部の温度は外気より10パーセント低く保たれた。

319—325 フラーの基本的ジオデシック・ドームの特許。

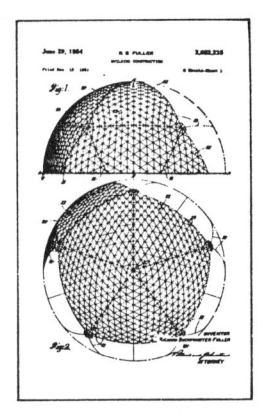

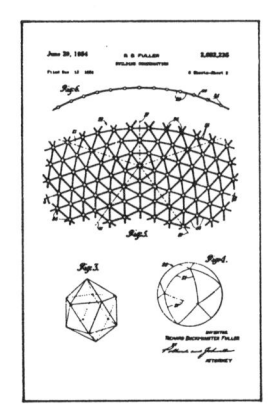

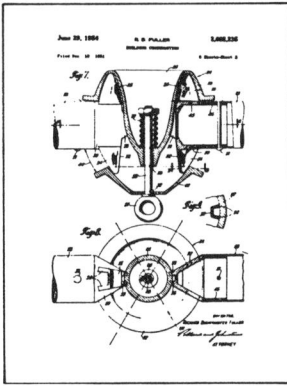

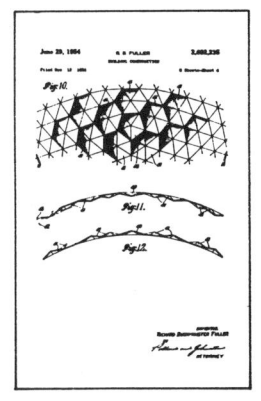

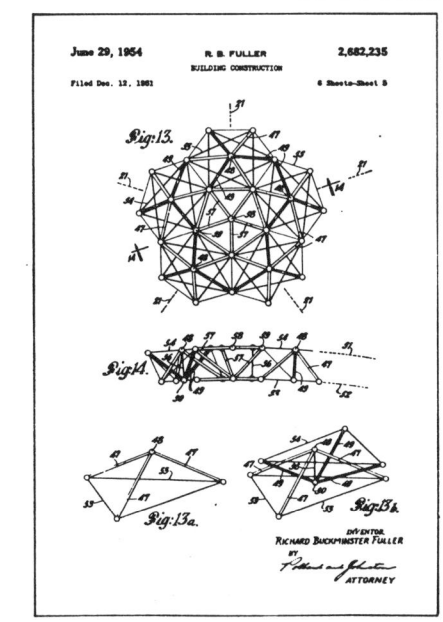

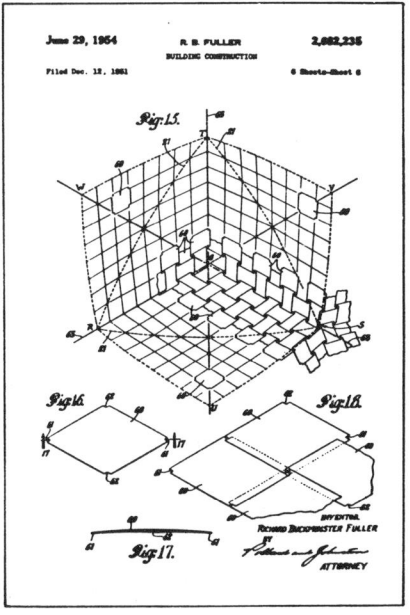

326—328 最初の大型ドーム（直径50フィート）のチューブと皮膜の構造。これは，フラー研究財団カナダ支部により1950年12月，モントリオールに建てられたもので，フラーのかつてのデザイン学校の学生であるジェフリー・リンゼイとドン・リヒターが計算し，指揮をとり，テッド・ポープが援助した。

329 1951年，ラブラドル，バフィンズ・ランドへ行った北極探険隊用の三角形半球のジオデシック構造。あらゆる振動を防ぐために，内側にずらして張られた「ハイパーカット」幕の双曲線（正と負の曲線）が見られる。

330 スチール線を溶接して作った，直径20フィートの4分の3球を形づくる16分割のジオデシック構造。1951年，ロング・アイランドのローレンスに，フラーとドン・リヒターにより建てられた。

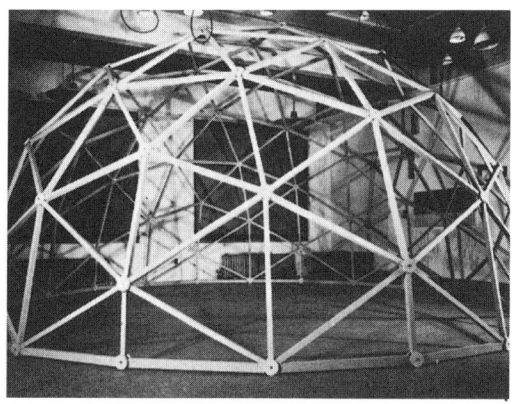

331 1951年，マサチューセッツ技術研究所のゼーン・イオストによる，最初の木造ジオデシック構造。

332 1951年，モントリオールでジェフリー・リンゼイにより建てられた，最初の木とプラスチックのジオデシック構造。

333 ジオデシック構造で覆われ，オクテット・トラスの床板を設置した，機械化された綿工場の模型。1951年，ノース・カロライナ州立大学でフラーと彼の学生達の手による。

334 ミネソタ大学のフラーの学生達が，1952年，コロラド州アスペンに，36フィートのジオデシック構造を1時間半で組み立てた。

335 コロラド州アスペンにあるミネソタ大学のドームの拡大写真。

336 プラスチック膜で覆われたミネソタ大学のジオデシック構造，1953年，コロラド州アスペンにて。

337—339 ミネソタ大学のジオデシック構造。マサチューセッツ州ウッズホールへトレーラーで運ばれて，組み立てられた。1953年7月。

340 55フィート,木とマイラー(プラスチック皮膜)でできた双曲線ジオデシックのレストラン。これは,1953—54年,マサチューセッツ州ウッズホールの建築家,ガナー・ピーターソンが所有していた。(この写真は地図製作法の章の扉にも掲載されている。)

341 36フィートの,木とマイラーでできた本球。1953年3月,オレゴン大学にて。これは,40人の学生が8日間3交代で組み立てた。これがマイラーで覆った最初の構造であった。

342—343 1953年,ノース・カロライナ州の建築と農業科学の学生によって組み立てられた,36フィートの透明なジオデシック「温室」。高さ18インチに開いたアコーディオン状のスクリーンを通して,低部の換気をうながすために,二重膜のドームは,基部から上に移動できる。

211

344 ミシガン大学建築学科のジオデシック・ドーム，1954年。

345 セント・ルイスにあるワシントン大学建築学科のジオデシック構造，1954年。

346—347 1954年，ミシガン大学研究開発計画により設計された「ダイナミック・ドーム」。雨を避け，空気を取り入れる，遠心分離の傘として作られた。

348 合衆国海兵隊のための，ヴァージニア工芸研究所建築科研究部によるドーム。1954年。

349 ラミネート加工の施された支柱とポリエステルファイバーグラス膜による，直径85フィートのドーム。1954年，モントリオールにおいて納屋として使用されるために，ジェフリー・リンゼイにより建てられた。

350—351 直径42フィートのマグネシウム製8分の5球のジオデシック構造。1954年，コロラド州アスペンに天然熱利用プールの覆いとして建てられた。

213

352　1955年，南イリノイ大学のための167フィート・ジオデシック構造の模型。

353　音響を考慮して膜をはった，合衆国空軍研究所のアルミニウム製プラネタリウム・ドーム。1957年，コロラド・スプリングスの研究所の敷地へ運ぶ前に，ノース・カロライナ州ラレーのジオデシック「ドーム農場」で試験的に建てられた。このスピッツ・プラネタリウム社のドームとミシガン州フリントの同タイプのものは，後にスピッツ社で作るプラネタリウムの原型となった。このようなプラネタリウムとして微妙な天文機器の役目を果たすためには，組立て時の，垂直方向と水平方向の半径の許容誤差は1/32インチであった。

354 ジラフ・クレーンは，114フィートのジオデシック・パビリオン建設を早めた。このパビリオンは，1956年，アーカンサス州ホット・スプリングスにあるウィンスロップ・ロックフェラーのウィンロック敷地に建てられた。

355 大陸中部の祭のために，1956年，ミシシッピ州セント・ルイスにあるミシシッピ河畔の祭の広場に，110フィートのジオデシック・パビリオンが建てられた。現在，このドームは，デトロイトのノースランド・ショッピング・センターのスケート・リンクを覆っている。

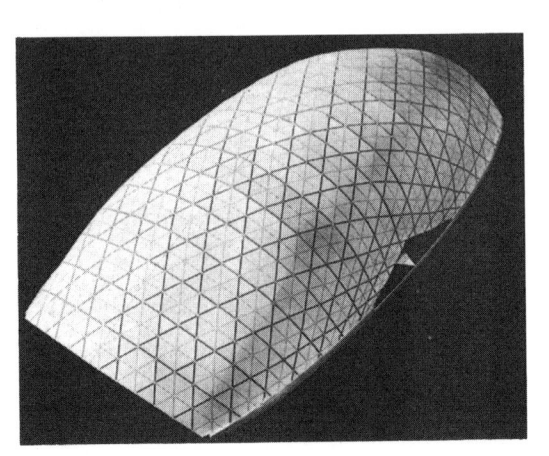

356 1955年，マサチューセッツ州アンドーバーのアンドーバー学校で，ホッケーリンク上を覆うジオデシック構造の模型。

357 1957年，大量生産されることになったジオデシック「プレイドーム」。ハーバード大学の学生達が乗っている。

破天荒な居住装置
スカイブレーク

358—363 フラーのドームによる「破天荒な居住」の可能性をさぐる、フラーと彼の学生による研究。雨，風，雪，さらには虫を排除したドームで囲われた完全な地所ができあがると，いわゆる住居それ自身も必要でなくなり，省略される。家族それぞれが，庭の中にある別棟に住める。最初の写真は，1949年に合衆国空軍のために開発されたモデルの外観である。2枚目の写真は，この住居の内部を見せている。3枚目は，1949年にノースカロライナ州のブラック・マウンテン大学に建てられたモデルの写真である。第4の写真は，1925年に展示されることになった近代美術館のためにマサチューセッツ工科大学のフラーの学生が作ったモデルである。最後の2枚は，1952年のフラーの研究プロジェクトでマサチューセッツ工科大学の学生が開発した研究である。絵はジョン・ローマによる。

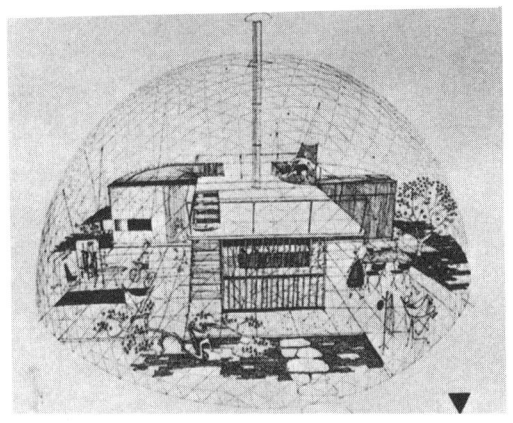

フォード ドーム

364 有名なフォード・リヴァー・ルージュ社工場。右手前が，ドーム建設前のロトンダ・ビルである。1952年，若きヘンリー・フォードは，祖父の意向を受け継いで，1953年6月の会社設立50周年記念の主たる呼び物として，ロトンダの中庭にドームをかけようとした。従来のドームでは時間的に間に合わず，そうしたドームでは，軽量に設計されたロトンダ・ビルでは支えられないと説得されて，フォードはジオデシック・ドームに頼ることになった。フラーは，フォード社の施設を用いて4カ月の間に，ドームを設計し，製作し，試験して，最終的に設置した。

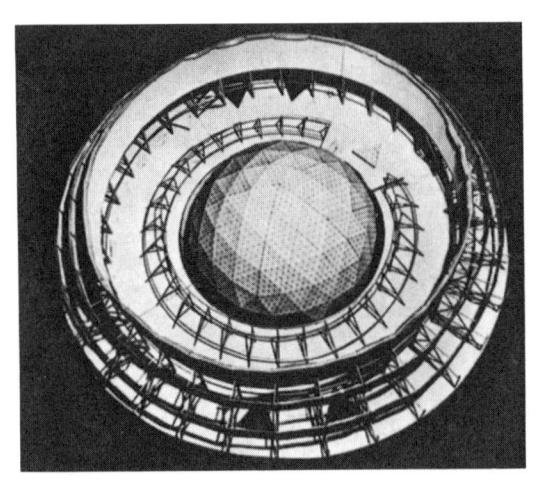

365 ロトンダの屋根の組立て作業の模型。

366 ドームの模型，八面体部材とフラー。

367 偏光プラスチックによるフォード・ロトンダ・ドームの模型。構造の張りのパターンを明らかにするために，ミシガン大学の学生によって作られた。

368 ドームは頂点から下へ向かって組み立てられ，回転しながら水圧で押し上げられ，傘のようであった。作業員はロトンダの中庭上にかけられた，幅広いブリッジに立っている。

369 仮設足場の上で部材を組み立てている作業員。

370 フォード・ロトンダ・ドームは、1953年4月、期限の2日前に完成した。

371 ポリエステルファイバーグラスで覆った後に、下から見上げた眺め。2人の作業員が構造上に登っているのが見える。オクテット・ジオデシック構造の特徴である、張力を一定におさえる同心円の環が数多くあることに注目したい。

372 『ライフ』誌の180度広角レンズがフォード・ロトンダ・ドームを見上げたところ。この下では、フォード・モーター社が初の株主会議を開き、その後も引続き用いられている。フォード社役員の、ドーム建設前に示した明らさまの懐疑ぶりは容易ならぬものだったが、これが完成すると、今度はまるで正反対に、熱心に歓迎したのであった。フラーの、これまで棚あげになっていた可能性が初めて産業に実用化され、以後ジオデシック・ドームは政府、産業界に急速に受け入れられていった。1959年までに約1,000のドームが建設された。

開閉可能 ジオデシック 種入れ

373 コーネルの20フィートの，折りたたみ可能なジオデシック球，1952年。〔右〕

374 1953年，ミシガン大学建築学科で作られた折りたたみ可能なジオデシック構造。〔下〕

375 1953年，オバリン大学での折りたたみ可能なジオデシック構造。〔右下〕

376—379 1954-55年，ミズーリ州セント・ルイスのワシントン大学で進められた，折りたたみ式ジオデシック「空飛ぶサヤ」計画。マグネシウム球（ボールジョイント）で接合され，各脚部も球（ボールジョイント）で接合された3脚が，ピストンで動く支柱で吊られて，広げられた。これは構造の各頂点に位置するシリンダーを，200ポンドのガス圧力で動かすのである。羽のように軽い車が直立すると，引きづなによって42フィートのドームが，45秒のうちに開いてできあがる。空中投下ができ，遠隔設置，制御が可能な環境の開発を，フラーは引き続きこの方法を用いて行なうこととなった。

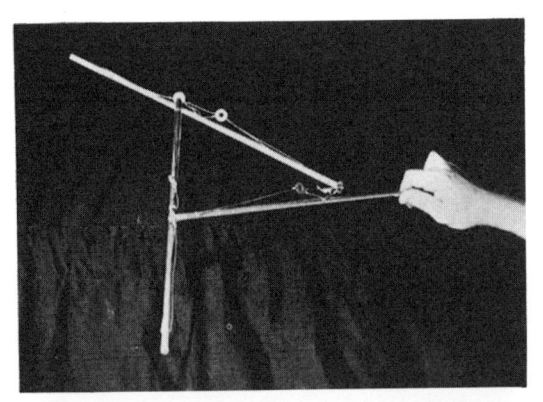

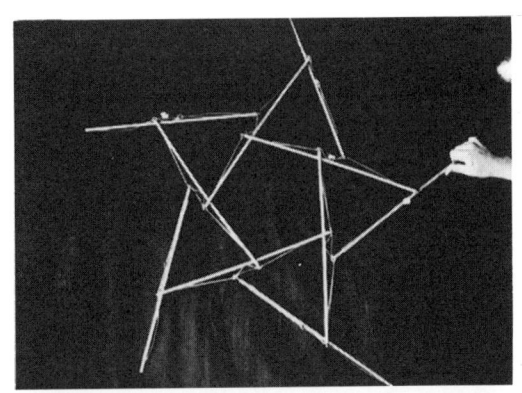

380—383 3脚部材の張力結合によって，ボールジョイントによる接合は不要となった。これで月の装置にも適した大きなジオデシック構造の部材全部を，平行の束にすることができるようになった。

384 1959年夏，ニューヨークのメトロポリタン美術館に設置された，水平折りたたみ式のジオデシック球。

385 55フィートの，空気入りキルティング式二重膜のジオデシック・ドーム。これは合衆国空軍のために，コネティカット州ニューヘヴンのバーガー兄弟によって開発され建てられた。これはバーガー兄弟による小さい方のユニットで，優れた隔離性能をもつ個人用の小屋として，北極へ向かう氷山の島にのせられた。

386 空軍用の，空気の圧力で固定した膜による構造に，人が登っている。圧縮した空気は膜の内側にしか入っておらず，普通の扉や窓で外部と通じているドームの室内には，圧力を加えていない。

ジオデシックとアメリカ海軍

387—388 フラーは，1954年2月1日，ノース・カロライナ州オーファンズ・ヒルで，彼の30フィートの，木とプラスチックのジオデシック構造を，海軍のヘリコプターが運び上げるのを検証している。海軍は，ドームを50ノットの速さで揺れもせずに吊って飛び，何の損傷もなく出発地点に戻った。この件で海軍はジオデシック構造についての厳しい調査を開始し，ついに採用に踏み切ったのである。

389—390 ヘリコプター3機用のマグネシウム製格納庫が空にされ，そこにあったヘリコプターで持ち上げられた。

391—393 ジオデシック・ドームの，1年間にわたる毎日の試験組立てで，海軍の若い乗員により，平均135分で一つの構造が組み立てられることが示された。

394 その年の最後の組立ての際に，ドームはしっかり地面にすえ付けられた。固定された飛行機の3,000馬力のプロペラから，時速120マイルの強風を1日中ドームに当てて実験したが，ドームはびくともしなかった。

395 ミルウォーキーのマグネシウム製造所で作成された，海軍の少人数用の小屋および格納庫のための標準的構造の部材。

396—400　ジオデシック構造が，空母の飛行甲板におかれている。これをヘリコプターが持ち上げ，60ノットの速さで運び，橋頭堡の航空機整備場の覆いとなる。

227

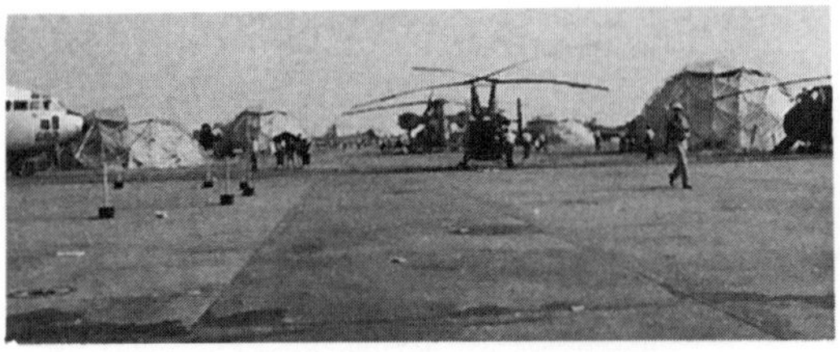

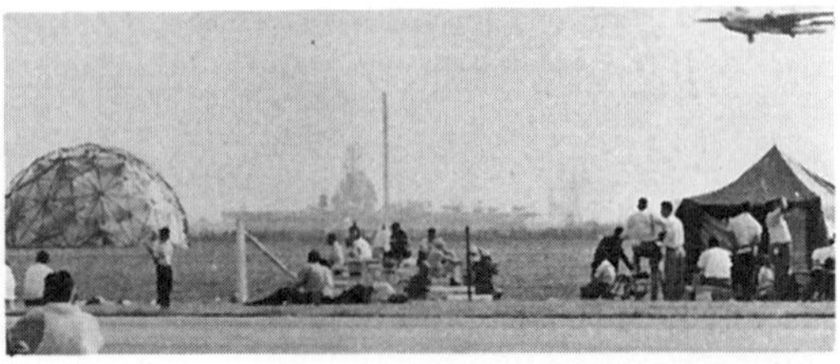

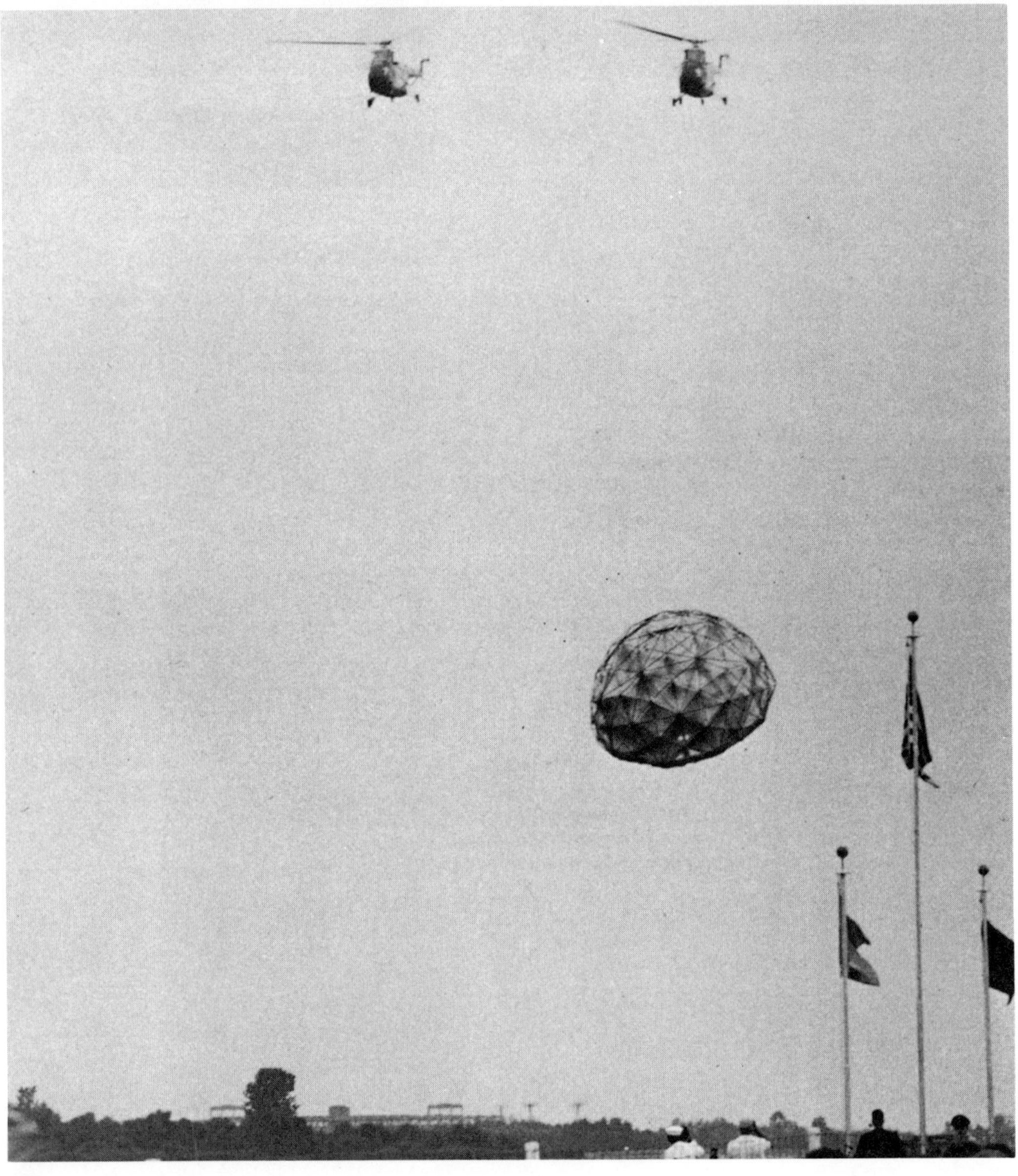

404 海軍のジオデシック個人用小屋の完成モデル。

405 アメリカ合衆国地球観測年の基地,南極大陸ウィルクス・ランドに設置された,五つの海軍ジオデシック設備のうちの1棟。

401—403 左ページ:1956年の労働感謝祭の日に,フィラデルフィアで開催された航空ショウでの合衆国海軍野営地。原爆爆発の想定のもとでの,模擬橋頭堡着陸を見せた。デラウェア州に停泊中の空母「ティコンドローガ」から,ヘリコプターで到着する海兵隊の先陣をきって,まずジオデシックが2機のヘリコプターで運ばれて来た。

229

レイドーム

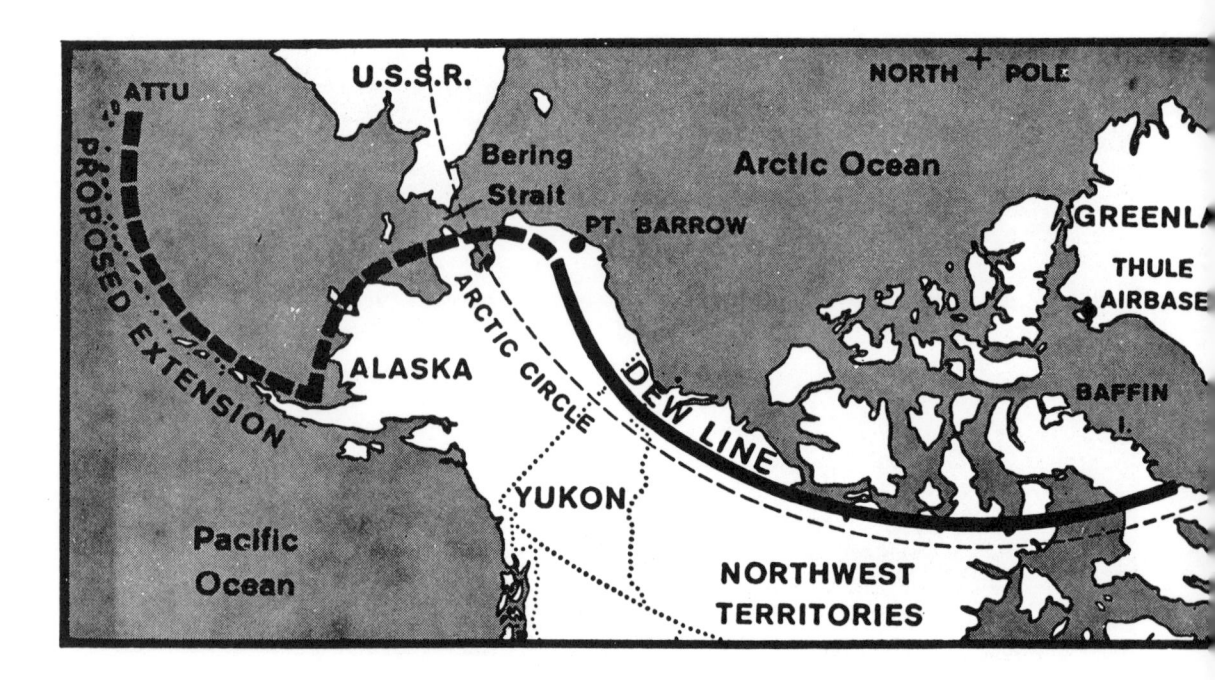

406 奇襲に対するアメリカの防衛の最前線をなすレーダー群によるDEWライン遠距離早期警報レーダー網の概略図。ポリエステルファイバーグラスのジオデシック・ドームが，全施設のレーダー設備を覆っている。

407 合衆国空軍 DEW ライン開発組織，リンカーン研究所の依頼を受けてフラーが製作した，ポリエステルファイバーグラス製ジオデシック第1試作の一部分。2年間の試験の結果，それまで具合のよくなかった空気入りの覆いにとってかわり，ジオデシックが充分その使用に耐えると，物理学者も信ずるに至った。

408 フラーのジオデシック会社により設置された，直径30フィートの初のジオデシック・レーダー・ドーム。ワシントン山の頂上での2年間の試験で，時速182マイルの風に耐え，凍りつくこともなかった。

409 六角形に区切られた完成途中の31フィート・ジオデシック・ドームが，リンカーン研究所の屋上に引き上げられている。

410 ポリエステルファイバーグラス製，ナベ底タイプのジオデシック・レーダー・ドームの基本部材である菱形部品。

411—413 最終試験準備完了の，完成した55フィート・レーダー・ドーム。試験の結果，実際生産に入ることに選定された。

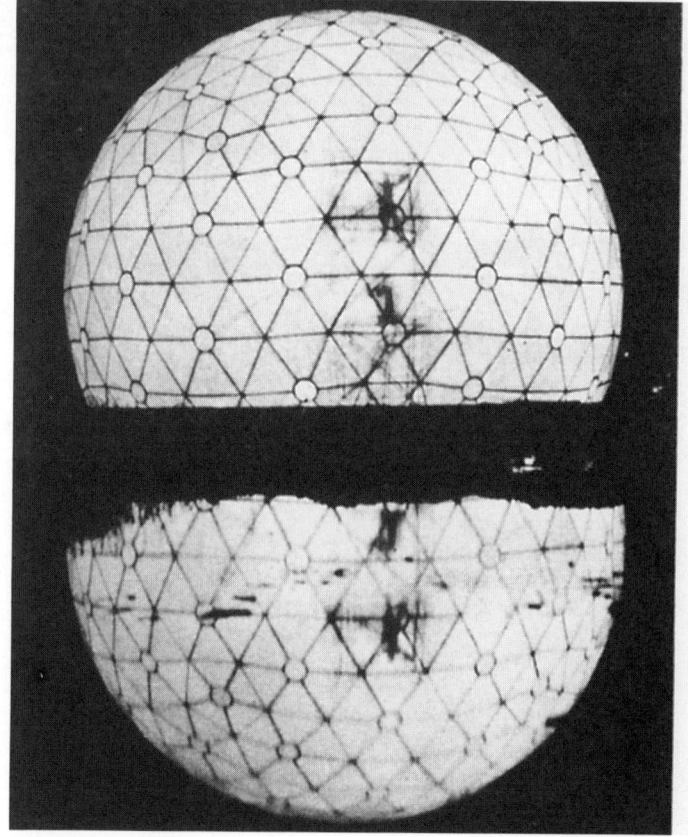

414 運び出されるところのレーダー・ドーム実作第1号モデル。これは，1956年にニュージャージー州ウィパニーのベル研究所に設置された。

415 DEW ライン第1の請負会社であるウェスタン・エレクトリック社により DEW ライン基地に設置されたジオデシック・レーダー・ドーム。

416 電波望遠鏡開発の予備段階として合衆国政府の要請により製作された，放物面鏡のついた天望ジオデシック球のモデル。直径は 600 フィートある。

厚紙 ドーム
ペーパーボード

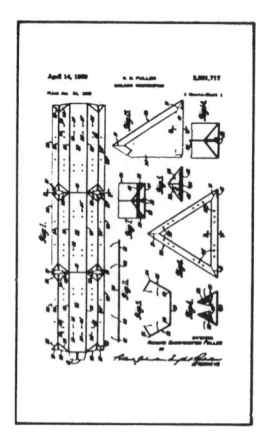

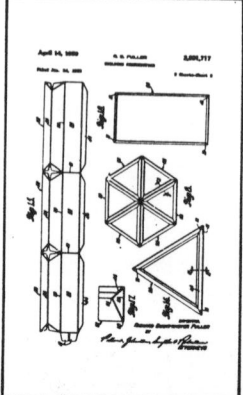

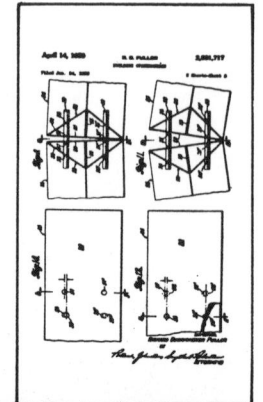

417—420 フラーの，厚紙製ジオデシック・ドームの特許。

421 最初の厚紙製30フィート・ドームの内部，これは，1951年，イェール大学建築学科の学生とフラーの手で作られた。

422 厚紙でできた折りたたみ式の菱形，蜂の巣状ジオデシック・ドーム，1952年。

423 ポリエステル樹脂塗装の厚紙製ジオデシック・ドーム。1954年，チュレーン大学にて。

424 ポリエステル樹脂塗装の厚紙製ジオデシック・ドーム。1954年，ノース・カロライナ州立大学にて。

425 ポリエステル樹脂塗装の厚紙製ジオデシック・ドームの4分の3球体。直径41フィートで，1954年にミシガン大学の学生によって，合衆国海軍用に開発された。

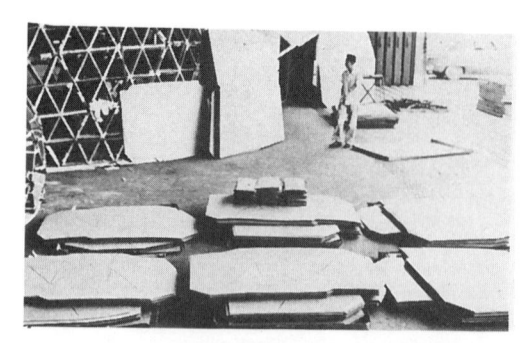

426—430 合衆国海軍用とミラノで3年ごとに開催されるトリエンナーレ展のための，42フィート，二重張りの厚紙製ジオデシック・ドームに用いる厚紙が，印刷され，刻み目が入れられ，切断される。これは，1954年8月，海軍基地のあるヴァージニア州カンティコで組み立てられた。

431—433 42フィートの厚紙製ジオデシック・ドームが，ミラノにある旧スフォルザ庭園に設置された。ここは，かつてレオナルド・ダ・ヴィンチが活躍した所でもある。1954年の二つの厚紙製ドームが，1954年トリエンナーレ展のグラン・プリを獲得した。（もう一つのドームは，独身者用アパートとして作られた。）

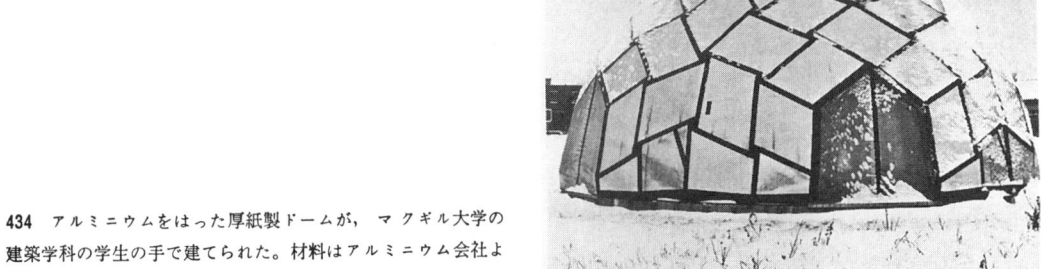

434 アルミニウムをはった厚紙製ドームが，マクギル大学の建築学科の学生の手で建てられた。材料はアルミニウム会社より寄贈されたもので，1957年，カナダの冬を見事に越した。

プライドーム

435—436　2方向性の合板製ジオデシック・ドーム。1957年，アイオワ州デモインにて。

437 印刷され、型に打ちぬかれた、42フィート・ドーム用の1/4インチ厚の合板部材が敷地に届く。

438—439 42フィートの合板ドームが建てられる。

440 内部に1本の骨組も使用していない1/4インチ厚合板のドームに上がった、フラーと彼の協力者。平らな板には5本の独立した湾曲軸線があり、数学的計算の結果、指示通りの継ぎ穴をあけると、合板全体で球体を構成するようになる。

441—442 1957年にミシガン州立大学に作られた農場用ジオデシック舎。2番目の写真は、トラクターが納められている。

443 「パイン型」42フィート合板ドーム。1957年,フラーとコーネル大学の学生によって建てられた。
444 1957年,シナージェティックス社のT・C・ハワードによる,螺旋状合板ドーム。
445 雨除けの屋根のあるジオデシック合板ドームのガレージ。1957年,アイオワ州。
446 アイオワ州の農場にある,屋根のついたジオデシック合板ドームの納屋。1957年。

447 コロンビア宗派のジオデシック合板ドームの礼拝堂。彼らは,フィリピン,韓国,南太平洋諸島の癩患者収容所として,このドームを採用した。この礼拝堂には彩色したプラスチック製の窓がある。

448—449 南カリフォルニアの子供達は，この合板ドームの「プレイドーム」に夢中になっている。

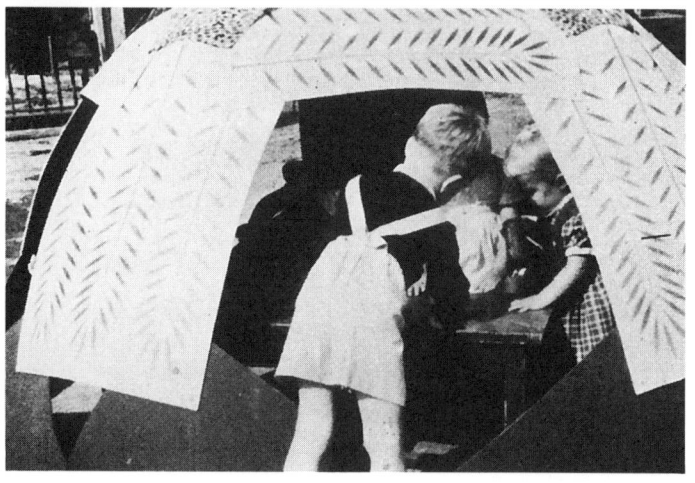

世界各地の実例

450 韓国における合衆国空軍の独身士官施設となるジオデシック・ドーム，1955年。

451—454　1956年8月，アフガニスタン，カブールで催される見本市のために，1人のアメリカ人技師の指揮のもとに，48時間で地元アフガニスタンの人が，100フィートのジオデシックによるアメリカ館を組み立てた。アフガニスタン人は，フラーのジオデシック構造を，モンゴル人の住居の新型，つまり古来のアフガンタイプの建築と考えた。

455—456　1956—57年の冬，タイ，バンコックに建てられた，ジオデシックのアメリカ館。

457—458　最初にカブールに建てられたジオデシックのアメリカ館は，次の敷地へ空輸された。ここにあるのは，1957年，東京での世界見本市の時の写真。

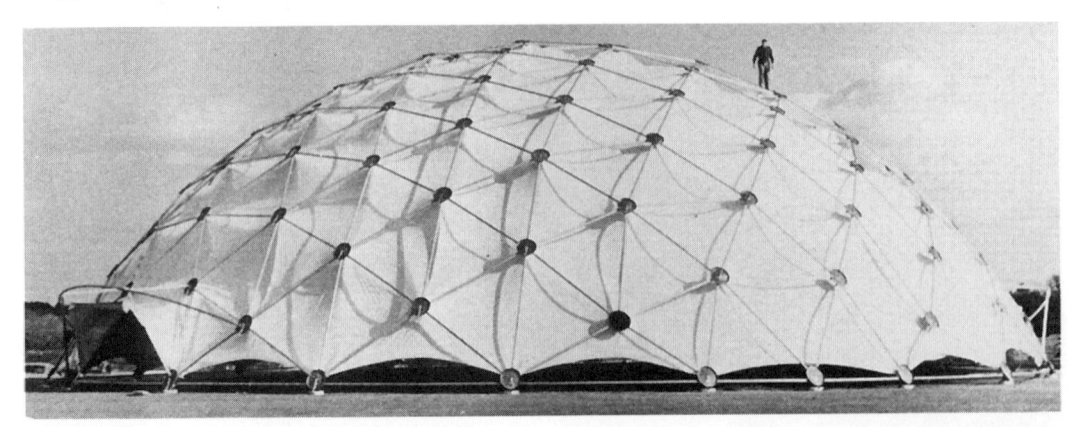

459　ポーランド，ポスナンの1958年見本市でのジオデシック・アメリカ館。これは，「鉄のカーテン」の向うで行なわれた初の見本市であった。

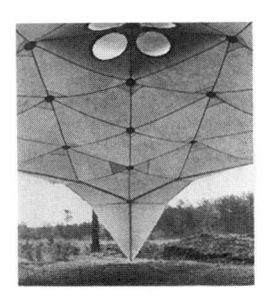

460—461 カサブランカ，チュニジア，ニューデリーでの建設に先立ち，ノース・カロライナ州ラリーに建てられたジオデシック「ドーム農場」に見られる，内側に閉じたものと外側に開いた二つの放物線によるジオデシック。

462 ジオデシックの合衆国商務省館は，1957年ミラノでのトリエンナーレ展でグランプリを受賞した。

463 1958年5月，南アフリカ，ケープタウン大学建築学科の学生の助けをかりて，フラーとダーバンのナタール大学の学生が建設した，アルミニウム波板18フィート・ジオデシック・ドーム。これはズールー族のために設計された。ズールー族の家畜は，インドルの屋根ふきに使われた草を食べてしまうのだった。プラスチックの窓とマゾナイト・ポリエチレンの床がついて，固定されている，この波型アルミニウム製の「インドル」（ドームは，ズールー族の間ではこう呼ばれた）は，原材量費としてはわずか150ドルで製作された。

464 インド，ボンベイで，フラーのインドでのライセンスを持つカリコ社が製造，建設した100フィート・ジオデシック館の内部。これは，織物展示会の劇場として使用された。以来，カリコ社は，ニューデリーにさらに大型のジオデシックの展示館を建設し，これは世界中を移動する予定になっている。

245

カイザー ジオデシックス

465—468 145フィートのジオデシックによるカイザー・ドームは、カリフォルニア州オークランドで製作され、1957年2月、ハワイ州ホノルルで22時間のうちに建設された。建設を始めて22時間後には、ハワイ交響楽団と聴衆が入場した。コンサートは、ドームの部材がホノルルに着陸して24時間の内に終了した。オーケストラの指揮者は、このドームの音響について、「これまでに経験したうちで最高のものだ」と語った。

469—470　カイザー・145フィート・ジオデシックの公会堂。1957年，ヴァージニア州ヴァージニア・ビーチ。

471　カイザー・145フィート・ジオデシックの公会堂。1957年，テキサス州バーガー。

472—475　徐々に膨張するドーナツ型風船の上に建てられた，カイザー・145 フィート・ジオデシック。1958年。これは，カンザス州アパレーンで，穀物袋詰め装置製造工場として使用されている。

476—477 カイザー・145 フィート・ジオデシックのカサ・マニャーナ（未来館）円形劇場。1958年，テキサス州フォート・ワース。

478—479 1958年，オクラホマ州オクラホマ・シティの州立市民銀行としてのカイザー・145フィート・ジオデシック。建築家，ベイリー，ボザリス，ディケンスン，ロロフの4名による。

480 1959年，モスクワで開かれたアメリカ貿易展での合衆国館本館として建てられた，カイザー・200フィート・ジオデシック。

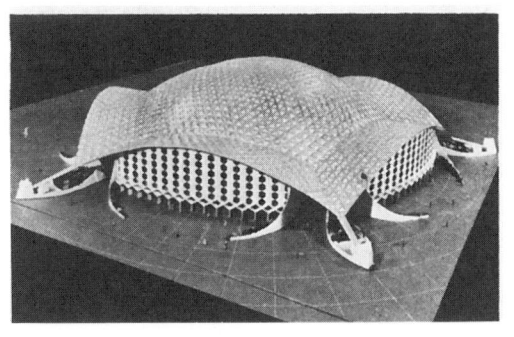

481 オクラホマ州に建設予定の，カイザー・407フィート・ジオデシック・スポーツ・パレス。

249

ユニオン・タンク車会社のジオデシック

482—483 ユニオン・タンク車会社の総スチール製ジオデシック・ドームの外観と内部。直径が384フィートで高さは116フィート。これは，1958年10月，ルイジアナ州バトン・ルージュで，タンク車再生工場として開館された。当時，これほど大きな，さえぎるもののないスパンの長さを持つ内部空間を有する建物は，他に見られなかった。

484 ユニオン・タンク車会社の第2のジオデシックで，直径354フィートある。これは「ユニオン・ドーム」として，社のグレイヴァー・タンク部によって市場に出された。これは，1958-59年の冬，イリノイ州ウッド・リヴァーで，空気クッションで持ち上げられて建設中のところである。

金属構造アメリカ協会

485 六角形に囲まれた車輪構造トラスの二重ドーム，長径は250フィート。これは，1959年春，オハイオ州クリーヴランドにある，アメリカ金属協会全国本部の新しい建物と敷地両方の上に，ノース・アメリカン航空会社が建設した。建築家，ジョン・ケリー，技術設計，フラー・シナージェティックス社による。

包括的全体計画

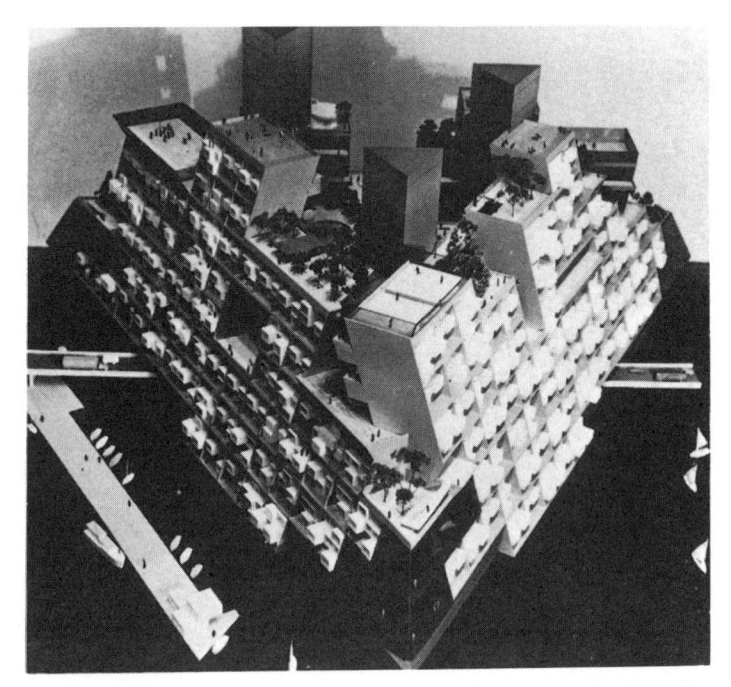

486　100万人以上の人口を有する都市の80パーセント以上が，水上都市を設置するのに充分な規模の水域に臨んでいる。ほとんどは，船の出入りに充分な水深（25—30フィート）があり，それに付帯する港湾がある。このような水深の位置では，最高の高さとして平均20階建てのものを浮かせることが可能である。

　海面をハイウェイとして使用し，造船所やドックのような場所で全体を仕上げて，最後に一つになったものを指定位置へ引いてくることができる。このような工場での組立てによる節約が，従来最終敷地内でしか解決できなかった建設問題を解決することになる。

　トライトンの都市には，いくつかに分けられた近隣のプラットフォームが4エーカーもあって，5,000人の居住者を収容する。こうした骨組み構造があることによって，アパート，学校教室，店舗，事務所などの配置が自由自在であり，これらの組立て前の部材は，大量生産による経済性も備えている。さらには，都市全体の配列を乱すことなく，流行遅れのユニットを取りはずしたり，設置しなおしたりすることも可能である。一つの集合区画は，機能的にはすべての設備が集中管理されているので，一つのビルとして考えることが可能である。

　全体構造が一つの完全な集合体となるので，新しい意味での美観や安全性が実現できる。駐車は，すべて浮きに収容されるので，現在もっとも目ざわりなものである駐車場が，視界から消えることになる。入口レベル以上は車両進入禁止となるので，街路は歩行者にとって安全なものとなる。高層の建物内のエレベーターや階段は，側面がガラス張りとなって，内側にいる人は常に見えるようにしてある。

　トライトンの都市は，二つのすばらしい世界を提供する。一つは，高密度社会でのすばらしく質の高い環境であり，もう一つは，従来は郊外や田舎でしか望めなかった，間近に開けた広い視界である。この集合体は，都市の補充をなすものであるから，さまざまな催し，教育，あらゆる文化活動など，都会の快適さすべてを備えることになる。

254

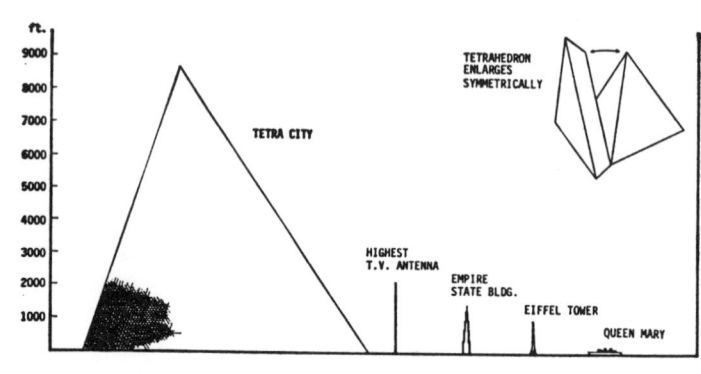

487 100万人の人口を収容する四面体都市が，技術的にも経済的にも可能なことがわかった。上にのびる四面体都市は，外側にバルコニーが付いた，床面積2,000平方フィートを有する，30万世帯のアパートから構成されている。これを操作するのに必要な機械設備は，すべて，この四面体内に収納できる。この100万都市の四面体は，構造上効率的で，比較的軽いので，空洞の箱形に区切られ，補強されたコンクリートの基礎部も付いた状態で，浮くことが可能なことがわかっている。この水上の四面体都市は1辺が2マイルで，三角形の水路に浮かべることができる。構造全体に耐震性が備えられる。都市全体が大洋へ出て，好きな所に停泊できる。基礎の深さは波の起こる部分よりも下まで達するので，この浮遊している四面体は結果的に三角形の浮遊環礁である。2マイルの「船」の基礎は，ジェット機の滑走路にもなる。内側の2マイルの港は大小の船にとっては避難所となる。このような都市をいくつか建設するのに必要な構造，機械の総量は，現在地球上のいくつかの主な工業国でならば，1社の製造能力の範囲内でまかなえる量である。四面体都市は，まず1,000人の居住者でスタートし，常に1戸あたり200平方フィートの床面積を供給しつつ，全体の形を変えずに均整をとって100万都市に発展してゆける。地上の古くなった建物から部材を回収してゆくことで，地球上いたるところの海上で，いくつもの水上都市が，頻繁にスペースをひろげてゆくことが可能となる。こうなることによって，海洋中での荷物輸送が可能となり，人びとの交通だけでなく，原料，製品の国際的配分が驚くほど効率的に行なわれるようになる。地球の4分の3は海である。世界をとりまく海の生物，化学資源として海底をも利用しようとしているし，人間はあらゆる方法でこの海を貫通しようと，明確に意図している。常に移動する人間の居所を近付ける，このような海路によって，自由に飛び，航海し，経済的に飛び石を旅して，地球上のあらゆる方向へむかうことが可能になる。

488 世界の大都市での消費曲線がむかう方向は，われわれがエネルギーを使い果たそうとしている事を明らかに示している。したがって，資源，時間，エネルギーの次元で空間を覆うより良い方法を政府が学ぶのは，重要なことである。なにかより良い方法があるとしたら，社会はそれを知る必要がある。

ドームをかけた都市では，直接太陽の光を避けながら，昼光の明るさで照明できる。直接日射しの入ってこないドームの部分は透明になっている。夏には，ドームは偏光ガラスで保護され，日照のある時間はドームは熱くならず，冬には太陽はドーム全体を貫く。大気にはほこりがまったくない。

ドームを利用して環境をコントロールすることにより，プライバシーは外へ向き，コミュニティは内向化し，著しい利得がもたらされる。

489　直径100フィート，重量3トンのジオデシック球に，7トンの空気が含まれている。空気対構造物の重量の比率は2対1である。ジオデシック球のサイズを倍にして直径を200フィートとすると，構造の重量は7トンになり，一方で空気の重量は56トンに増加する。空気対構造の比率は8対1となる。さらに，直径を400フィートにすると——このサイズのジオデシック・ドームが現在いくつかつくられているのだが——構造が15トン，空気が500トンになる。この比は33対1となる。このジオデシック球を直径1マイルにすると，内包される空気の重量が非常に大きくなり，構造自体の重量は，比率で1,000対1となって，相対的には無視できる数字になってしまう。太陽が，直径1.5マイルのアルミニウム製，内部骨組なしのジオデシック球にあたると，光線はフレームを貫き，向こう側の凹面に反射し，球体の中をはね返って，内部の空気をしだいに温めてゆく。内部の温度が華氏で1度上昇すると，球体の外へ押し出された空気の重量は，ジオデシック球の構造物より重くなるのである。つまり，内包される空気と構造自体の重量の合計は，周囲の大気よりもずっと軽いということである。さらには，ジオデシック球とその内部の空気による総合体は当然浮かびあがり，周囲の重たい空気と位置交換しながら，上空へ漂うことになる。朝，谷間にかかった濃い霧の層に太陽があたると，太陽は霧の内側の空気を温める。温められた空気は膨張して，そのいく分かは霧の層の外側へ押し出る。霧の層全体の重量は周囲の空気よりも軽くなり，空中に浮かび上がる。こうして雲が発生する。ジオデシック球が直径1.5マイルより大きくなると，これは浮遊する雲の構造体となる。もしこの球体の外側にポリエチレン製カーテンを吊って襞をとり，夜の間に戻って来る空気の量をおさえると，球体と内包される空気は，さらに軽くなり続けて，浮いたままでいる。このように，空中を浮遊するジオデシック球は，何千フィートでも都合の良い高さに浮くように設計できる。このような人工的につくられた「雲のチーム」に加えられる人間の重量などは，相対的に無視できる。何千人もの人間が直径1マイル以上の雲構造の中に収容される。この雲は地球のまわりを浮遊したり，山の頂上に停止していたりするので，人びとは雲から雲へ，雲から地面へと移動できる。このような浮遊する雲の建設が数十年後のことになると，浮遊する四面体都市，空輸できる摩天楼，潜水島，半乾燥地の居住装置，ドームで覆われた都市，飛行する居住装置，賃貸できるもの，自己所有のもの，ブラック・ボックス（飛行記録装置）といったものを加えて，人間が，地球を涸渇させることなく，集まったり，分散したりできるようになるだろう，と考えてよいのではないだろうか。

訳者あとがき

　バックミンスター・フラーを単に建築家として紹介するわけにはいかないことは，この本を読み終った読者にはあたりまえのこととして了解してもらえると思う。ある意味では建築家というよりも，もっと狭い意味で建築技術者と呼ぶべきであるのに，その像が鮮明でありながら他方思想家としての別の像があざやかに描かれるのがフラーの特徴である。
　この本の翻訳を始める頃，共訳者の梅澤と私とはフラーについて長い時間おしゃべりをした。フラーが何故魅力的であるのか，お互いの考えをそれぞれつき合わせたのである。結論はフラーの実践とそれを支える論理だということになった。それは単なる合理性にとどまらないものである。建築学科に学んだ者は，フラーを見る時，どうしても建築構造という面に注目しがちである。フラーに限らず20世紀に入ってからでも，私達二人の関心を強くひく構造家は少なくない。例えばイタリア人のピエール・ルイジ・ネルビやスペイン人のエドアルド・トロハなどがいる。この二人とも自分達の構造理論を机上に止めず，その考えを実行するための組織をつくり大いに実践してきた。ネルビは建設会社を経営しているし，トロハの研究所は現在では国立の材料・工法の研究所となっている。私も15年程前トロハの研究所に半年間お世話になったことがある。私がトロハにひかれた理由は，その構造の美しさにあった。梅沢もネルビやトロハに強く共感している。このような構造への共鳴は，1960年代に建築を日本の学校で学んだ者に共通の風潮かもしれない。
　トロハやネルビの他にも最近活躍している人として，イギリス人のアラップやドイツ人のフライ・オットーなどを挙げることができる。これ等の人々は自分の特技をのばし，いつまでも研究し，技術にますますみがきをかけている。フラーもその点は同じであるが，そうした構造設計の他の天才達とどこか違っているように思える。それはフラーが，広い分野にその能力を発揮しながら，共通してある思想を読者に投げかけてきているからである。
　私がその典型として挙げたい絵は，この本のおしまいの方に載っている二つである。例のニューヨークのマンハッタン島を覆う大ドームと，地球の外へ浮かぶジオデシック球なのである。そこには足を地につけてなければならない技術の体系と，その論理の究極の姿が，同時にしかも美しく描かれているではないか。巨大なジオデシック球が太陽の光をうけてゆっくりと上昇していく様は，非常にファンタジックな光景なのであるが，その根拠は全く冷静な物理的世界の認識に基づいているのである。
　私が梅澤と夜遅くまで話し込んだ理由は，フラーの思考と行動の軌跡があまりにも自由でありながら，その一つ一つの中に刻み込まれている諸事実の相互関連が明白であり，そのような理知的世界が自由奔放に描けるフラーに魅了されたからである。それは，私達をとりまいている現在の混迷を見事に切り裂く鋭い刃のように感じられたからであった。それは単なる技術主義ではないし，未来思考でもないのだと私達は信じている。例えば，私達が日本の現状から考えて，100年程前の日本が外部とのつながりを全く欠きながら一つの完結した生活圏が営まれていたことを充分に理解できるであろうか。少なくとも当時はそれが可能だったのに，二，三年前の石油ショックの時にはまるで日本が全滅

しそうに叫んでいた。もし100年前の状況に日本をもどせるならば，日本は外国との関連を全く失っても存立しうるのではないかと仮想したのである。この仮定に欠かせない第一の条件は恐らく人口であろう。現在の一億を越える日本の人口を当時と同じ現在の1/3〜1/4に減らすことができれば，まず第一の条件は解決したことになる。しかし，こうした議論を積み重ねていくと，大方の人々は感情的に激昂するものである。人口を減らすことは，人を殺すことだとすぐ短絡させるからである。もちろん現在の1億人を来年に3000万人に減らそうとすれば，大量殺人以外にはその手段はないであろう。しかし落着いて考えるならば，100年かかって増加したものを100年かけて減少させることが不可能だとはいえないのである。こうした思考をさせる力がフラーにはある。フラーの中では，時間を論理のつながりとして想定し，決してある歴史的に固定した期間としてとらえてないようである。したがってフラーの着想から具体案までのプロセスには，通常の人がすぐわずらわされる生活の時間はスケールとして存在していないのであり，むしろ発想の連鎖が時間なのだといえる。その点を非難して，人はフラーが空想家であると決めつけたのである。

同じように，時間とは別に物質についてもフラーの考え方は独特といえよう。物質の集中化と分散化にも先にみた逆理のカラクリがある。たしかに20世紀は工業が急速に発展した時代である。大量生産を基礎とした産業社会の異常な発達を日本でもここ20年間に経験した。その原理は集中化の方法にあることは大方の指摘するところである。例えば，製鉄をとりあげてみても，本来さまざまな物質が世界に散在しているのだが，多少鉄の含有量が多い鉱石を集め一つの物質に集中化させた作業である。化学方面での発展は，合成し，単一の物質に精選し，濃縮する技術の歴史であったと結論づけられるだろう。こうした傾向は生産面に限らず，われわれが社会で果たす役割についてもいえることで，知識の専門化はいまやその限界にまで達しているといえよう。最近の数年間，日本を悩まし続けている公害にしても，いかに稀釈する技術をわれわれが欠いているかを知らされるのである。ある単一の物質が一部の地区なり地域に異常なまでに集中した現象が公害の因だとすれば，これを分散化する方法をわれわれはまだ見出していない。

私達の思考が部品化されてしまった現状で，分解し，それぞれ個別に整理することはできたものの，組立て，再生し，総合化する知恵は見当たらない。フラーはある特殊な部門で非常に専門的であることにおいてまさしく現代的である。しかし単に専門を部品として分解したままに止めていないところが通常の人と大いに異なるのである。原著者のマークスが本文の中で述べているが，この部分と全体に関わる関係を全くユニークにフラーは構想している。フラーの世界観は「宇宙は，すべての人々が，意識のうえで，理解し，互いに伝達し合った集合体である」といった表現によく現われている。一人一人の個人を基本に踏まえながら，その個人が相互に働きかける具体的存在として宇宙を考えている。

フラーは全体というものを事象の集合とみなしている。この発想は，ジオデシック・ドームをみるとよく理解できるのではないだろうか。単一の部品の役割をつきつめて個性化したところに全体の関

係が実り，全体像が具体化する。全体を分解して生み出された部材ではないのである。むしろ一つ一つの部材を完結した事象として把握しているからこそ，その事象の増殖した全体がつぎつぎと豊かに生まれてくるようである。

フラーのスケッチを一目みた人は，フラーは未来指向だと想像するかもしれない。事実今から50年前にフラーが提案したことは，当時途方もない空想と考えられ，未来を夢みている人と受けとられた。フラーが提案し，計画したものの多くが実現した今日でも，日常的でないがために，すべて未来の烙印が押されてしまうことに変りはない。われわれは自分にとって未知なものはすべて空想的なものか，あるいは過去の幻影と決めがちである。理知的世界の上で論理的につながっているものは，生活時間上の過去，現在，未来にかかわらず，同時性を持っている。それ等は一人の人間の感性の上で同定される。

石油ショックを受け，高度経済成長を過去のあだ花と考える現在では未来指向は忌避される。そこには単なる時間の経過があっても人間の経験の相互作用としての歴史は見られない。だからフラーはまた夢想者として受けとられる恐れは充分にある。しかしフラーの未来とは，そんな概念に決めつけられたものではなく，事象の相互関係が描き出す全体像の一つであり，事象の相互関係はその状況によって決められる自由性を常に保持しているのだと思われる。フラーが求めている豊かさとは，言辞にほんろうされた幻想ではなく，自分の経験した諸事実を秩序づけ，その結果得られた包括的で，予測されたものである。だからたとえそれが抽象的段階にあっても，確実に具体的であり，裏づけられるものといえよう。

私が最初にフラーのドームをみたのはコロラド州のアスペンであった。またモントリオールのアメリカ館には感激した。アフリカからの帰りギリシャのデロス島にエキスティックスのツアーで寄った時，円形劇場でフラーが丁度講演していた*。エネルギッシュな好好爺といった風貌が，夕焼に赤く染りはじめた地中海を背景として印象的であった。この本は Anchor Books N. Y. 1973 年発行の "*The Dymaxion World of Buckminster Fuller* by R. Buckminster Fuller and Robert Marks" を訳したものである。数多くの写真をできる限り鮮明に印刷するため，編集部の人達は苦労したし，私達もフラーの造語や分り難い用語についてフラー氏に問い合わせるなど思いの外時間がかかった。加藤正博さんから世話役を引き継がれた矢島さんも困惑されることが多かったようである。ともかく数年振りにまとまった。不充分な点は私どもの責任であり読者諸賢の御叱責を願うと同時に，フラー氏の助手である Mrs. Sharkey さんへの感謝をここにあらためて記したい。

1978年1月

木島安史
梅澤忠雄

* 巻末に写真を掲げた。

ギリシャのデロス島円形劇場で講演中のフラー氏（1969年）

略歴

リチャード・バックミンスター・フラー
(R. Buckminster Fuller)

1895年	米国マサチューセッツ州ミルトンに生まる
1913〜15年	ハーバード大学在学(中途退学)
1917〜19年	米国海軍軍役
1927年	Dymaxion Houseのプロトタイプ発表
1933年	ダイマキシオン・カー,バスルーム・ユニットを考察
1950年	大型ドーム,モントリオールに完成
1960年	ミズーリ州セント・ルイス市にジオデシック・ドーム完成
1964年	ニューヨーク世界博(パビリオン)
1967年	モントリオール万国博(米国パビリオン)
1973年	富士山頂,ジオデシックレイドーム
1983年	ロサンジェルスで死去
主な著作	『4D』(1927)
	『月への九つの鎖』(リビンコット社,1938)
	『宇宙船地球号』(ダイヤモンド社,東野芳明訳)

ロバート・マークス
(Robert Marks)

理学博士
1930年代後半〜1940年代 雑誌『エスクワイアー』の編集者
『ニューヨーク・イブニング・ポスト』のコラムニストも併務
後バンタム・ブックス社の編集者
ニューヨーク市,社会科学研究新学校の政治学教授(1972年引退)
現在,南カロライナ州,チャールストン在住

訳者紹介

木島安史
(きじま・やすふみ)

1937年5月	朝鮮黄海道海州市に生まる
1962年	早稲田大学理工学部建築学科卒業, スペイン政府給費留学生エドアルド・トロハ研究所研究生
1966年	早稲田大学大学院修士課程修了, 丹下健三+都市・建築研究所勤務
1967年	エチオピア国ハイレ・セラシエ1世大学講師
1971年	熊本大学工学部助教授
1982年	熊本大学工学部教授,工学博士
1991年	千葉大学工学部教授
1992年	4月没
主な著作	『建築:行動と計画』ピーター・クック(共訳,美術出版社)
	『統地中海建築—中近東バルカン編』(共著,鹿島出版会)
	『大図説世界の建築』J.J.ノリッジ(共訳,小学館)
	『半過去の建築から』(鹿島出版会)
	『内なるコスモポリタン』(明現社)
	『建築の背景』(学芸出版社)
	『紺碧の幾何学』(丸善)

梅澤忠雄
(うめざわ・ただお)

1943年2月	東京に生まる
1966年	東京大学工学部都市工学科卒業 野生司建築設計事務所都市計画部入所
1969年	株式会社UG都市設計設立,代表取締役
1991年	梅澤忠雄都市計画設計事務所設立
1994年〜	東京工業大学工学部講師
1997年〜	立教大学観光学部観光学科講師
2000〜03年	東京大学大学院工学系研究科客員教授
2003年〜	東京大学大学院講師
主な著書	『コンベンション都市戦略』(日本地域社会研究所)
	『コンベンション都市最前線』(電通出版)
	『着眼発想の科学』(大和出版)
	『地下空間の活用とその可能性』(監修,地域科学研究会)
	『ニッポンカジノ&メガリゾート革命』(編著,扶桑社)

本書は、1978年に小社から刊行された
『バックミンスター・フラーのダイマキシオンの世界』を
新装し、再版するものです。

バックミンスター・フラーの
ダイマキシオンの世界［新装版］

発行	2008年7月30日　第1刷	
著者	R・バックミンスター・フラー＋ロバート・W・マークス	
訳者	木島安史＋梅澤忠雄	
発行者	鹿島光一	
発行所	鹿島出版会	
	〒107-0052　東京都港区赤坂6-2-8	
	電話：03-5574-8600　振替：00160-2-180883	
再版装幀	伊藤滋章	
印刷	三美印刷	
製本	牧製本	

©Chika Kijima, Tadao Umezawa, 2008
ISBN978-4-306-04512-5 C3052
Printed in Japan
無断転載を禁じます。落丁・乱丁本はお取替えいたします。

本書の内容に関するご意見・ご感想は下記までお寄せ下さい。
e-mail：info@kajima-publishing.co.jp
URL：http://www.kajima-publishing.co.jp